.

本书为教育部人文社会科学重点研究基地重大项目——"少数民族地区生育水平与个体生育意愿研究"（项目批准号：13JJD840002）的部分成果集

少数民族
生育意愿
新观察

NEW PERSPECTIVES ON
FERTILITY INTENTION AMONG
CHINESE ETHNIC MINORITIES

周　云　秦婷婷　主编

社会科学文献出版社
SOCIAL SCIENCES ACADEMIC PRESS (CHINA)

编者序

　　在教育部的支持下，我们从 2013 年开始开展"少数民族地区生育水平与个体生育意愿"的研究。这是缘于当时中国对生育水平的讨论和生育政策调整的考虑、多民族国家的具体情况以及我们多年来对这一问题的关注与兴趣。多民族国家中各民族人口的自然变动会改变该民族人口的总数及其占总人口的比例。例如，中国 2010 年人口普查最新数据显示，汉族人口占 91.51%，比 2000 年人口普查下降 0.08 个百分点，而少数民族虽然只占总人口的 8.49%，但相对 10 年之前却上升了 0.08 个百分点。少数民族人口 10 年年均增长 0.67%，高于汉族 0.11 个百分点。[①] 民族人口的变化为各民族自身发展分别带来挑战和机遇，也对国家的发展产生一定的甚至是深远的影响。在人口自然发展的过程中最重要的因素是生育，少数民族人口也如此。因此我们认为"少数民族生育水平及其个体生育意愿"的研究具有非常重要的现实意义与学术价值。

　　从现实意义来看，少数民族生育水平的变化不仅关系到各少数民族自身人口的健康发展，而且直接影响到中国 56 个民族的分布特征和国家发展方向。中国各民族的人口发展经历了相对自然发展和政府干预发展的历史过程。1950 年代之前，中国民族界定模糊，人口数量不确定性大，缺少全国性的民族人口资料。虽然人们不知相对具体的少数民族人口数量且对其概念界定不清，但

[①]　引自第六次全国人口普查主要数据（http://www.stats.gov.cn/zgrkpc/dlc/yw/t20110428_ 402722384.htm）。

人口数量没有过多人为干预的痕迹。1950 年代以来，中央政府进行了民族识别工作，逐步将少数民族大群体具体民族化，识别出包括汉族在内的 56 个民族。在这一民族大框架变动的背景下，少数民族人口规模变化的轮廓逐渐清晰，六次人口普查收集的信息可以反映这种现象。1980 年代以来汉族接受严格的人口数量控制政策时，在少数民族中实施的是略宽松甚至是无限制的人口政策。因而，近期少数民族的发展与中国当前的人口政策有直接和间接的关系。本研究的现实意义也体现在探讨少数民族人口规模变化的轨迹，特别是生育在人口变动中的角色。我们期望通过研究来揭示近期全国和部分少数民族人口规模有怎样的变化、生育对这一变化的贡献以及人口政策对生育水平变化的促进或抑制作用。

同时本项研究也具有重要的学术价值。首先，本研究将促进我们深入了解在同一地理大区域、同类行政管理下，不同民族生育水平差异产生的原因，解释文化因素（例如生育和家庭习俗、信仰等）在生育研究领域的重要性，推动生育相关学术研究在深度和广度上的发展。其次，通过实证研究发现少数民族人口当前的生育意愿水平，改变目前生育研究中重视汉族研究和政策研究的倾向和现状，平衡中国生育研究中民族的侧重方向，增加少数民族人口自然变动的学术研究。最后，研究将充分发挥人口人类学独特的研究视角和研究方法的优势，通过定性研究发现左右人们生育水平和意愿的因素，推动、充实当前有关生育的理论探索和相关结论。同时，在增加对少数民族生育问题深入研究的基础上期待与国际人类学和人口学界展开对话。

生育水平和生育意愿研究历来是社会科学研究的一个重要领域。在中国，这一问题的研究具有很强的政策和社会现实意义，这主要归结于中国人口发展的态势及社会发展的需要。30 多年前，中国政府面对快速增长的人口及规模采取了世界上少有的严格控制人口的社会政策。经过多年大量人力、物力、财力的投入，中国在控制人口规模方面取得了一些成就。我们在肯定国家人口政策和人口工作成就的同时，也应该看到个体生育意愿的转变是决定人口增长速度能否得到控制的主要内在原因，而生育意愿的转变对每个家庭的影响意义深远，对国家生育水平和社会发展意义深远。

中国国内有关少数民族生育方面的研究已有积累。相关研究也说明，目前针对汉民族生育水平的研究较多，针对少数民族生育水平的研究偏少。生育意愿是生育研究中的一个重要内容，有关个体生育意愿的研究由来已久。人们对这一主题进行研究有学术的目的（例如找出普世的生育水平下降的影响因素），也有社会实践的原因（例如为降低生育水平，思考高生育水平下个体高生育意愿背后的决定因素，进而形成降低个体生育意愿的各类社会政策，以期阻止人口过度增长）。在人口发展速度极快的阶段，人们热衷于生育意愿的研究，研究目的是降低人们的生育意愿、降低发展中国家的高生育水平。然而多年过去之后，我们又看到另一种研究目的悄然出现，但这种研究针对的更多的是发达国家的人口现象。发达国家在经历了人口"成功"转变之后又开始担心超低生育率、超低甚至负人口增长的问题。现在世界上很多学者在研究人口超低增长地区人们的生育意愿，研究为什么生育意愿虽然很高但实际生育水平却低出很多，希望找出提高生育水平的途径，扭转总和生育率超低于更替水平的现状。

中国进入 21 世纪以来，很多学者对中国计划生育多年后的个体生育意愿开展了研究。多数研究的对象是生育意愿本身，关注生育意愿的高与低或其水平。有人考虑影响这种意愿的因素，也有人关注"传统生育观念"转变的问题，部分研究人员还思考生育意愿与生育行为之间的关系，特别是两者之间的正向差距。从目前国内外关于生育意愿的主流研究中可以发现，目前国内外的学者已经在（急切）关注生育意愿的问题。这种关注与世界发达国家和部分发展中国家近些年来的生育水平始终保持在低水平状态上或急剧下降到低水平上有关。在这些国家，总和生育率多低于或超低于更替水平，人口结构的平衡被打破，人口变动处于缓慢、停滞甚至负增长的状态。中国目前已进入低生育水平国家的行列，这与国家政策的引导密不可分，但个体的生育意愿已与以往有很大的不同，这在中国学者对这一问题的研究成果中有所体现。这类研究成果有以下两个主要特点。（1）多关注育龄妇女的生育意愿。这一特点有它的合理性，因为生育的主体是妇女，育龄妇女本身的生育意愿既可代表其自身的意愿，也可反映其周围社会环境的影响，因此研究育龄妇女的生育意愿可以直接把握影响人口变动的原因。（2）多侧重不同区域的育龄妇女的生育意愿。这一特点也有其合理性，因为中国是一个广阔的国家，地域发展、国家人口政策、文化风俗的差异造成研究人员无法也不可能在一项研究中涵盖整个国家，针对一个地区的研究更可以做到深入和全面。我们认为这些特点都是以往研究的优点，但以往研究也存在一定的遗憾。这主要体现为对汉族人口关注多，对不同生育政策下不同民族生育问题的研究少。正是基于这种现状，我们开展了此项少数民族地区生育意愿的研究。

在确立研究主题之后，我们形成了相对明晰的研究总框架，明示本研究的三大基本研究目标。目标1：总结少数民族生育水平变化特征，发现民族间生育水平变化的不同路径。这里主要利用2010年第六次人口普查公布的数据，分析少数民族生育水平现状，并结合以往普查资料和局部研究结果，展现宏观层面的民族生育水平的变化，分析和说明变化的趋势。目标2：研究部分民族地区的人口政策，主要是梳理人口政策在相关民族地区的演变和落实，分析人口政策在民族地区与汉族地区人口发展中所扮演的不同角色，说明人口政策在少数民族地区的变通性。目标3：特别关注相关地区少数民族的生育意愿现状，解释个体生育意愿的影响因素。本研究希望由此了解少数民族人口发展的势能，这有助于预测不同民族生育水平的走向。

本书所呈现的内容就是如上研究目标完成的状况。全书涵盖

了研究人员在广西壮族自治区、西藏和新疆维吾尔自治区的部分
地区开展的生育相关研究的结果。调研地点主要在广西几个瑶族
集中村落、西藏的拉萨市和部分农牧区、新疆哈密地区。北京市
部分藏族青年人群也被邀参与研究。本书涉及的民族主要是瑶族、
藏族和维吾尔族。选择这几大地区和民族的考虑是多样的。例如，
在研究项目限定时间内本研究小组成员能够完成研究的民族数量，
研究人员研究资源的拥有状况，少数民族地域分布的特点以及少
数民族文化特殊性等。

　　广西壮族自治区明显是一个少数民族聚集地，拥有全国最多
的少数民族人口，却并不是壮族占多数的行政区域。尽管广西的
少数民族人口总数是全国少数民族人口之首，但在当地，少数民
族人口只占到 37% 左右，仍然是一个汉族占多数的地区。具体到
所研究的瑶族，其地区人口所占的比例就更小。西藏的少数民族
人口总数占比排不到全国的前五；但在当地，藏族人口占到总人
口的 90% 以上。新疆维吾尔自治区同广西壮族自治区一样，并不
是维吾尔族占多数的地区。然而，在当地，维吾尔族的人口比例
接近 50%。因此，从区域代表性来看，相比中国其他省份，三个
地区都是少数民族聚集地区，但所研究的民族，则有占人口多数
（西藏）、占人口一半（维吾尔族）和占人口少量（瑶族）比例的
特点。三个民族都有自己特有的文化：瑶族文化、藏族文化和维
吾尔族文化。我们认为，民族人口结构和各自不同的文化对人们
的生育意愿和行为会有不同的影响，因而本项研究最终将少数民
族生育的研究具体到这三个民族。全书试图从宏观和微观层面展
现中国少数民族 21 世纪的生育水平以及影响这一水平的主要外因
（如政策和文化）和主要内因（个体生育意愿）。我们期望这些研
究成果对少数民族人口研究做出一定的贡献，并推动少数民族人
口深入研究的开展。

　　自本项研究开始以来，中国的人口政策发生了"天翻地覆"
的变化，从研究开始时仍坚持严格的"一孩"政策，转向"单独"

二孩，再到"全面放开二孩"。尽管本书没有体现出政策转变过程中及其之后人们生育意愿可能发生的变化，但在很大程度上展示出政策变化之前人们的意愿。研究成果为今后比较意愿的变化提供了资料，带来了可能。在此，我们感谢所有参加本项研究的藏族、维吾尔族和瑶族的被访者。感谢西藏大学政法学院、石河子大学政法学院以及广西富川瑶族自治县政府对本项研究所提供的大力支持。同时，我们也非常感谢社会科学文献出版社以及出版社的各位编辑为本书的出版所付出的各种努力。

周　云

2017 年 3 月 22 日

目　录

第一章　少数民族人口与生育水平的发展

　　章节摘要：中国是一个多民族的国家，几千年的历史就是多民族交往、融合和共同发展的历史。中国如何界定民族，共有多少民族，汉族之外的民族如何分类等问题直接影响到社会发展、社会政策的制定甚至个人的发展。本章在简要介绍少数民族概念及类别之后，将着重分析少数民族人口的发展及其生育水平的变动趋势。本章将说明中国人口变动趋势背后的民族差异以及生育水平在少数民族人口发展中的作用，启发人们认识到研究少数民族生育水平的重要性并思考未来多民族国家人口均衡发展的路径。

一　中国的民族

　　"民族"一词并不是汉语本土词语。人们并不十分清楚"民族"一词什么时间开始在中文中使用，但多认为，"民族"一词最早是在19世纪左右由国学大师、革命家和思想家章太炎及思想家、政治家和教育家梁启超开始使用的（如金天明、王庆仁，1981；黄兴涛，2002），也有人认为"民族"是以外来语的形式由日本传入中国的（马戎，2000）。目前人们很少关心民族的概念是什么，或者已经基本接受非常正式的民族定义，也就是《现代汉语词典》所给出的高度概括。首先"民族指历史上形成的、处于不同社会发展阶段的各种人的共同体";其次又"特指具有共同语言、共同地域、共同经济生活以及表现于共同文化上的共同心理素质的人的共同体"(中国社会科学院语言研究所词典编辑室编,2002)。这是我们目前公认的对民族的定义。

中国有多少个民族现在已经不再是一个议题。经过 1950 年代的民族识别,中国现在有 56 个民族。民族识别是由政府倡导,民族学家、语言学家、历史学家以及地方干部和精英人士参与的针对少数民族确认的一项大型社会活动或工作,前后跨越 30 多年。1979 年云南省基诺族成为确认的最后一个民族,至此形成了含汉族的 56 个民族。在确定 56 个民族之前,特别是 1950 年代之前,中国的少数民族数量多、随意性强。例如第一次人口普查时,自称的民族数量超过 400 个。[①] 通过民族识别确认国家和社会承认的民族有利于中国民族政策的制定与执行。中国民族政策涉及面广,但基本原则是保证各民族的平等、团结和共同繁荣。

中国的少数民族主要是指占人口绝大多数的汉族之外的民族。他们仅仅在人口数量上少于汉族,在民族间的分量并没有强弱之分。中国各民族的分布特点是"大杂居、小聚居"。汉族地区中可见少数民族,而在少数民族地区也有汉族居住。在汉族地区,少数民族确为人口少的少数民族;但在少数民族聚集区,如西藏和新疆,汉族则实为人口数量少的"少数民族"。与汉族相比,少数民族的人口虽然少,但他们的分布区域广泛。最近四次的人口普查发现,1982 年全国有少数民族的省区市个数为 18 个,到 2010 年则增加到 34 个;2000 年全国有 11 个省区市拥有 56 个民族,10 年之后的 2010 年拥有所有民族的省区市的个数增加到 20 个(徐世英等,2014:1303)。人口流动是少数民族分布区域变广的一个主要原因。

---

① 《中华民族概况》,http://www.seac.gov.cn/col/col110/index.html,最后访问日期:2017 年 2 月 24 日。

二 中国民族人口的变化

中国民族人口在不断变化是一个事实，但不同民族人口变动的方向和幅度不尽相同。从大类别的角度考察，汉族和少数民族人口总量都在增长，但两大类民族的总量变化特征不同。

首先，总量上的差异虽然明显存在但差距在缩小（见表1-1）。2010年中国总人口达到了13.39亿，其中占90%以上的汉族人口的总量为12.26亿，少数民族为1.14亿。2010年汉族的人口是1953年的2.24倍，少数民族人口则是1953年的3.22倍。1953年人口普查资料中显示的汉族人口是少数民族人口15.5倍的事实到2010年变成10.7倍多。第一次人口普查时少数民族占中国人口的6.06%，除1964年，其他普查年份的比例在不断提高，2010年则达到总人口的8.49%。少数民族在近60年的时间里，人口总量与汉族人口总量的差距在逐步缩小。

表1-1 六次人口普查的人口总数

普查年份	总人口（万人）	汉族人口（万人）	少数民族人口（万人）	少数民族人口占总人口比重（%）
1953年	58260	54728	3532	6.06
1964年	69458	65456	4002	5.76
1982年	100818	94088	6730	6.68
1990年	113368	104248	9120	8.04
2000年	126583	115940	10643	8.41
2010年	133972	122593	11379	8.49

资料来源：国务院第六次全国人口普查办公室、国家统计局人口和就业统计司，2011：10。

其次，人口增长速度出现反转，汉族人口增长速度逐步低于少数民族（见图1-1）。以1953年为起点，第一次和第二次人口普查说明汉族人口的年均增长率要高于少数民族。从第三次人口普查开始，少数民族人口的年均增长率高于汉族。第四次人口普查时汉族和少数民族人口增长率的差距达到 2.58 个百分点，当时汉族人口的年均增长率为 1.29%，少数民族的达到 3.87%。3.87% 的年均增长率表达的是少数民族整体的人口会在 18 年的时间翻一番，汉族人口要 54 年。然而，少数民族的人口年均增长率自 1990 年以来也在下降，下降速度也较快。到 2010 年第六次人口普查，少数民族人口的增长率已降至 0.67%，比 1990 年的增长率降低了 3.2 个百分点；然而其增长率还是高于汉族人口的年均增长率 0.11 个百分点。因此，汉族和少数民族人口年均增长率变化的特征是汉族的水平先高于少数民族，但很快低于少数民族，至今仍以少数民族人口的增长率略高为特点，少数民族人口规模增加的势能大于汉族。

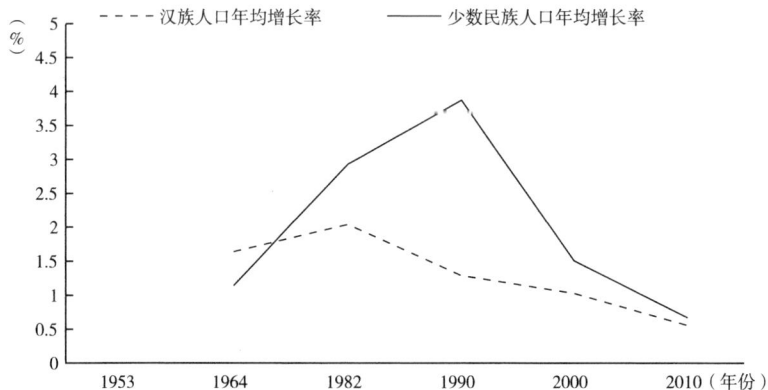

图 1-1 按民族大类分的人口年均增长率

资料来源：国务院第六次全国人口普查办公室、国家统计局人口和就业统计司，2011：10。

最后，人口自然变动促成了民族人口构成的现实。聚焦最近 10 年来民族人口的自然变动，数据显示，无论是汉族还是少数民族，表现生育与死亡之间差距的自然增长率都在下降（见图1-2）。

第五次和第六次人口普查期间，少数民族人口自然增长率始终是汉族的2倍以上；但少数民族自然增长率的下降幅度大，且大于汉族。这种现象的背后是死亡水平的下降和生育水平的变化。从死亡率的角度看，少数民族人口的死亡率下降幅度大于汉族。"五普"至"六普"的10年间，汉族死亡率下降了0.26个千分点，少数民族则下降了0.89个千分点。至于生育水平，2000年时汉族的生育率低于少数民族4.8个千分点，2010年则仅相差不到3个千分点。这说明民族间的生育率在都下降的前提下呈现少数民族下降快、汉族下降慢的特点。汉族生育水平已经下降到较低水平，再降低的空间已被大大挤压；而少数民族的生育水平则有继续下降的可能。

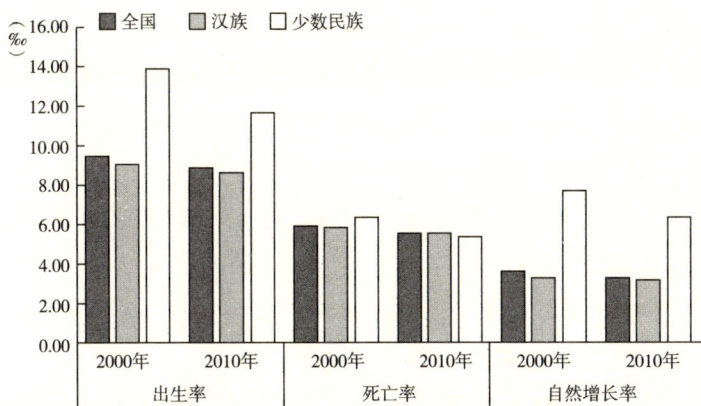

图1-2 十年间人口的自然变动

资料来源：2000年数据根据《中国民族统计年鉴2011》中的资料计算（国家民族事务委员会经济发展司、国家统计局国民经济综合统计司，2012：493、495）；2010年数据根据《中国民族统计年鉴2013》中的资料计算（国家民族事务委员会经济发展司、国家统计局人口和就业统计司，2014：701、703）。

总和生育率（TFR）从另一个侧面显示了少数民族生育水平的下降趋势。由于少数民族生育信息收集的时间较晚，我们很难找到多年来少数民族总和生育率下降趋势的信息。为数不多的学者孜孜不倦，对此做过专门的研究。例如，张丽萍根据各种能够利用的调查资料以及间接估计的方法，分析了1949年以来中国少数民族生育水平的变动，把少数民族生育转变的过程分为四大阶段：1950~1968年的上升阶段，总和生育率从1950年的4.23升至1968年的7.11，少数民族与汉族的TFR之差为0.7~0.9；1969~1981年的急剧下降阶段（TFR从6.66降至4.54），民族间的生育水平差距拉大；1982~1992年的生育转变完成阶段（TFR从4.01降至1992年的1.65），民族间生育水平差距在缩小；1993~2010年的低生育水平阶段，TFR自1994年起从2.0左右降至2009年的1.8以下，少数民族与汉族生育水平的差距在继续缩小（张丽萍，2013：97~99）。张丽萍的研究说明，在政策干预下汉族生育水平明显快速下降至低位，但少数民族生育水平明显下降至更替水平则是其他一些因素造成的生育自然转变的结果。根据张丽萍的分析资料和徐世英等对近两次人口普查的深入研究，我们可以看出少数民族总和生育率在逐年下降（见图1-3）。图1-3直观地反映出60年来少数民族作为整体的生育变化水平。值得注意的是，1980年代之后少数民族的生育水平在大幅度降低。1992年其水平还能维持在更替水平之上，但2000年之后总和生育率远离更替水平，而且相差越来越远。造成少数民族总和生育率下降的因素值得深思。

　　尽管少数民族死亡率已经降低到相当水平，生育水平的下降幅度也比汉族的大，但因为其整体人口的年均增长率较高，少数民族人口在中华民族人口中的比例在不断攀升。少数民族是由55个民族组成的，一些民族的人口超过千万，部分民族的人口却少于1万。根据徐世英等对2010年人口普查资料的分析，超过千万人口的少数民族有4个，100万~1000万的有14个，10万~100万的有18个，1万~10万的有13个，不足万人的有6个（徐世英等，2014：1305）。各个民族的人口发展变动趋势也各有特色。了解他们的人口变化历程是一项有意义的工作，本章着重考虑了广西、新疆和西藏三个自治区人口变化的历程，因为这三个自治区中的主要少数民族是本书研究的重点。

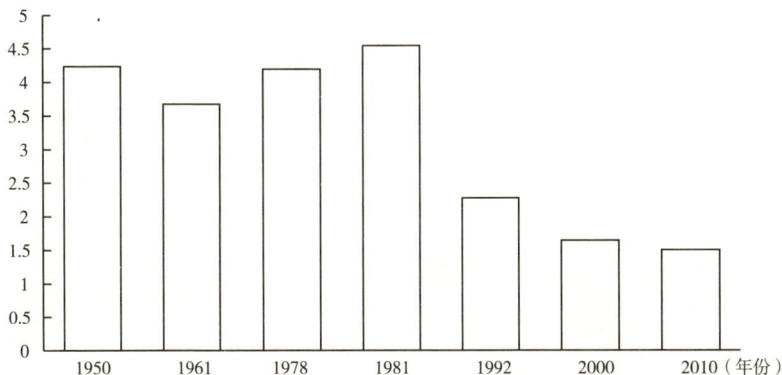

图 1-3 少数民族总和生育率的变化

资料来源：1950~1992 年的数据来自张丽萍（2013：97~98），2000、2010 年的数据来自徐世英等（2014：13~25）。

三 广西、新疆、西藏的人口变化

中国的民族人口分布在全国各地，但在一些地区民族分布是有差异的。在分析民族人口变化时需要考虑所分析的是全国范围内的各民族人口还是一个地区内的各民族人口。例如，藏族人口可以是居住在全国各地的藏族人口，也可以是居住在西藏的藏族人口。我们在这里要讨论的是地域范围内的民族人口的变化，结合本书将要呈现的研究结果，本章仅考察广西、新疆、西藏区域内民族人口的变化，也将主要从人口总量、人口结构以及人口变动的角度进行描述。

在这三个少数民族聚集地区，人口最少的是西藏，新疆次之，最多的为广西（见表 1-2）。2010 年时的人口密度也是西藏最低、新疆次之、广西最密（表 1-2）。三个地区在人口总量上相差很大；

各地的人口变化趋势也各有特点。

表1-2　广西、西藏、新疆三个地区人口总量（万人）及人口密度

	1990年	2000年	2010年	土地面积（万平方千米）	2010年人口密度（人/平方千米）
广西	4225	4489	4603	23.76	193.7
西藏	219	262	301	122.84	2.45
新疆	1516	1925	2182	166.49	13.1

资料来源：（1）人口数量根据国务院第六次全国人口普查办公室、国家统计局人口和就业统计司（2011：32页）的资料整理。

（2）各地区的土地面积分别来自广西壮族自治区统计局（2016：173）、新疆维吾尔自治区统计局（2015：95）、西藏自治区统计局（1999：5）。

（3）人口密度根据表内数据计算。

首先，从人口总量的增长率考虑，广西人口20年（1990~2010年）的增长率为8.9%，西藏的为37.4%，新疆的为43.9%。如果从人口年均增长率的角度考察（图1-4），在1982~1990年，三地的人口年均增长率都在1.88%上下，极为相似。但从1990年开始，三地人口年均增长率的变化模式发生了改变。广西人口的年均增长率出现了断崖式的下降，从前期的1.87%直接下滑至0.59%，之后又减半至0.25%。在西藏，1990年之后的人口年均增长率也略有下降；到2000~2010年，其下降幅度更为明显。再看新疆，其变化趋势与广西和西藏有所不同，表现在1990~2000年，人口年均增长率出现了上升，而不是像其他两个地区那样下降。这一上升趋势到2000~2010年得到缓解，或者说2000~2010年的年均增长率不仅比1990~2000年低1.08个百分点，还比1982~1990年的增长率低0.6个百分点。这充分说明广西、西藏、新疆的人口变动有共性，也就是在近30年间呈现下降趋势，但三地之间有差异，表现在各地下降的幅度不同以及在下降过程中方向的变换特点（如新疆）。

其次，各地民族人口结构有各自的特点，也就是说上述的一

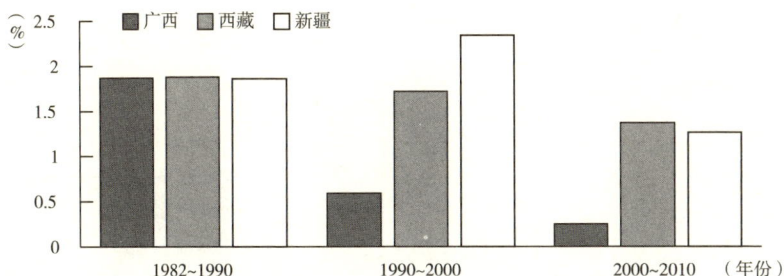

图1-4　广西、西藏、新疆人口年均增长率

资料来源：根据国务院第六次全国人口普查办公室、国家统计局人口和就业统计司（2011：24~25）资料整理。

些差异（无论是人口总量的增长率还是人口总量的年均增长率）与各地民族构成有一定的关系，例如广西的少数民族比例要比西藏和新疆的低，汉族比例更高。汉族的生育水平受到人口政策的影响更多，因此在一定程度上拉低了整个地区的人口增长率。图1-5的资料确实可以说明三地的汉族比例有较大的差别。广西的汉族人口一直占到其总人口的60%，20年间这一比例稍有上升，大约上升了1.9个百分点。西藏的汉族人口占比小，尽管20年间汉族人口的比例从3.7%增加到8.3%，但其总量始终不到当地人口的9%。藏族人口在西藏始终占到90%以上，为名副其实的主体人口。而在新疆，从少数民族人口占到当地总人口60%左右的角度看，汉族人口的占比在20年间从37.6%增加到2010年的40.1%，其百分比略有增加，增加幅度为2.5个百分点。

再次，在民族人口年均增长率的差别背后有各地民族结构差异的影子，这与人口自然增长率紧密相关。图1-6展示了广西、西藏和新疆的生育率、死亡率和自然增长率数据。受数据限制，西藏的数据从1990年开始。仅看死亡率，多年来西藏的死亡率要高于其他地区，下降幅度却是各地之首。1990~2010年的20年间，西藏的死亡率从8.9‰降至5.3‰，下降了3.6个千分点。新疆的

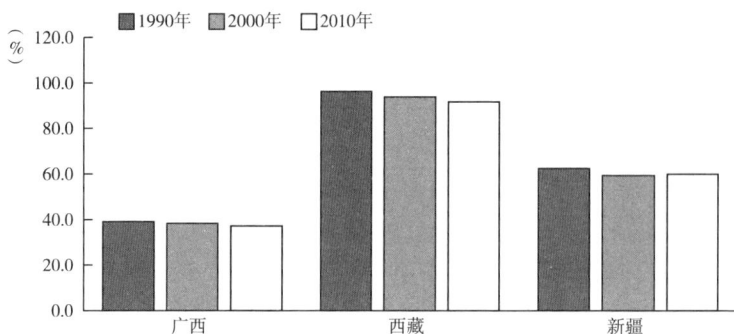

图 1-5 广西、西藏、新疆少数民族比例

资料来源：根据国务院第六次全国人口普查办公室、国家统计局人口和就业统计司（2011：32）数据计算。

死亡率在 30 年间（1980~2010 年）下降了 3.48 个千分点。死亡率的下降是有一定限度的，因为死亡是一个不可避免的生命现象。广西的数据说明，当死亡水平降到一定程度时，其下降的幅度会大大降低。如果单纯考察死亡率，受到人口结构的影响（例如老龄化），死亡率还有升高的可能性。多年来，广西的死亡率水平相比其他两个地区变化不显著，因此人口自然增长率的变化更多受到出生率的影响。在广西，1980 年的自然增长率达到了 19.37‰，接近 20‰，之后则在出生率逐步下降的作用下，降至两位数以下，到 2010 年达到 8.65‰。西藏 1990 年的出生率与广西相似，达到 26‰，但逐年有所下降，不过始终保持在两位数的水平，直到 2010 年西藏人口的自然增长率还接近 10‰。新疆的自然增长率在 1980 年代并不比广西的高，但 1990 年代之后开始略高于广西的出生率，略低于西藏的出生率。这些比较分析说明，广西、西藏和新疆的人口自然增长率在各自出生率和死亡率的作用下，较其自身更早年份都在降低。然而三地人口的自然增长率都比全国水平高出很多，也高出汉族和少数民族总计的自然增长率（图 1-6 与图 1-2 的比较）。

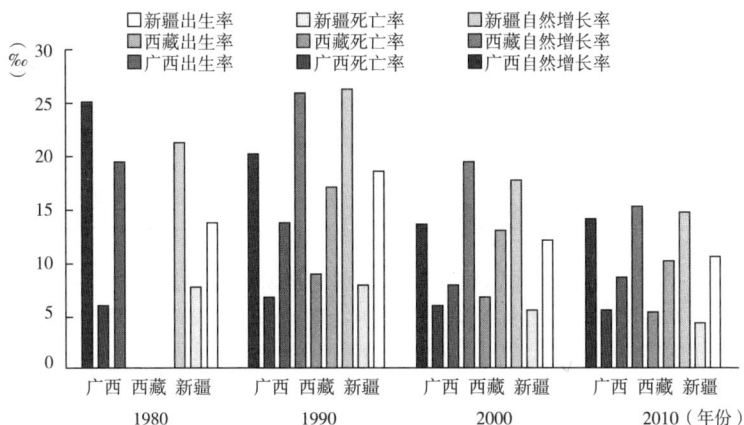

图 1-6 广西、西藏、新疆人口的自然增长

资料来源：广西资料来自邱祖强（2011：62），新疆资料来自金建新（2012：95），西藏资料来自多吉战都（2015：29）。

总和生育率也可以反映生育水平对一个地区人口增长的推动作用。2000～2010 年，三个地区的总和生育率发生了一定的变化。根据人口普查的资料，全国各民族的总和生育率在 2000 年时已低至 1.22，到 2010 年更是跌破 1.20（图 1-7）。在这一期间，少数民族人口居多的西藏、新疆和广西的总和生育率也都低于更替水平。应该看到，在 2000 年时，三地的总和生育率都高于全国水平，2010 年时西藏的水平低于全国 1.18 的水平。在三个地区中西藏的总和生育率降速较快，从 1.85 下降至 1.05，新疆的总和生育率维持在 1.52 左右，而广西的总和生育率 10 年间则从 1.54 上升至 1.79。

各地区人口总量多，但其人口的增长速度不一定高；相反，一个地区的人口总量少，增长速度却可以较快或者很快。广西、西藏和新疆三地人口总量和生育水平的变化让人联想到中国的人口政策。

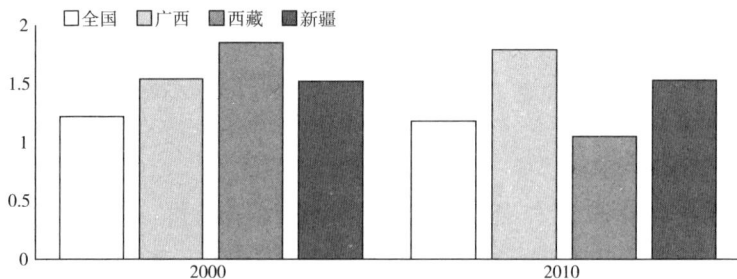

图 1-7 广西、西藏、新疆及全国总和生育率

资料来源：2000 年数据来自国务院人口普查办公室、国家统计局人口和社会科技统计司（2002：1696），2010 年数据来自国务院人口普查办公室、国家统计局人口和就业统计司（2012：2103）。

四 中国的人口政策

中国的人口政策在中国人口发展的大背景下，更多偏重的是计划生育政策。中国的计划生育政策在不同时期的政策目标有所不同。1950 年代和 1960 年代计划生育的目标主要是保护母婴安全。如果一位妇女身体不适合怀孕，她可以采用避孕措施；如果怀孕后母婴的健康会受到威胁，孕妇可以采用人工流产的方式中止妊娠。当时国家并没有大面积或大张旗鼓地宣传和鼓励妇女控制生育。自 1970 年代，中国开始感受到人口规模对社会发展的压力，逐步采用了以控制人口总量为目的的人口政策，控制人口的目标落实在个体的生育层面。1970 年代的政策目标是在人群中宣传"两个（孩子）正好"的理念，推广晚婚晚育，并在《中华人民共和国宪法》中规定"国家提倡和推行计划生育"（第 53 条）。1980 年，中国明确提出了"一对夫妇只生一个孩子"的独生子女政策，[①] 这一政策的推广有城乡、地域、民族的差别。城市居民执行严格的一孩政策，农村居民遵从"农村普遍提倡一对夫妇只生

---

① 《我国计划生育历程》，http://www.nhfpc.gov.cn/jczds/s7952/201512/feb3d2975aa44e6faf821182cea0480d.shtml，最后访问日期：2017 年 3 月 15 日。

育一个孩子，某些群众确有实际困难要求生二胎的，经过审批可以有计划地安排"（彭佩云，1997：25）。人们通常对此的理解或现实展现的是第一个孩子是女孩的农村夫妇可以申请生育第二个孩子。时任总理李鹏在听取全国计生委主任会议汇报时的讲话中对此有说明："在农村，也要提倡一对夫妇只生育一个孩子，某些群众确有实际困难，包括独女户，要求生二胎的，经过批准可以间隔几年以后生二胎……照顾独女户生二胎，是指确有困难，自己有要求的，还要经过批准、间隔几年。"（国家计划生育委员会政策法规司，1992：118）根据中央人口政策的基本方针，各地会有微调政策，特别是在执行人口政策的过程中，例如对一些人口（如矿工、渔民、不同婚姻状况的居民）实行更为灵活的生育数量的控制，对于不同民族也有特殊的民族人口政策。因此，在所有人群中，城市汉族夫妇执行的是最为严格的一孩政策。中国计划生育政策的发展是一个过程。

关于中国人口政策或计划生育政策发展过程的阶段特点，史成礼早在1980年代就做过概括性总结（史成礼，1988：17~26）。他认为，1949~1952年是中国鼓励人口增长时期，但很快就从1953年开始着手计划生育的宣传工作。在这一准备阶段，国家领导人和知识分子对是否应该计划生育以及如何进行计划生育展开了倡导与讨论。1958~1961年在极"左"思潮和三年困难时期的影响下，计划生育处于反复阶段。1962~1965年在国家经济迅速好转、人口出现补偿性增长时，国家开始重视人口控制，还于1964年在国务院成立了计划生育办公室。"文化大革命"期间属于无计划的人口失控阶段（1966~1970年）。1971年开始，也就是"文化大革命"还没有完全结束之前，国家就又开始推进人口控制工作，进入计划生育大力推行阶段（1971~1980年），其结果就是全面倡导计划生育、推行人口控制政策，其标志为1980年9月25日中共中央发表的"致全体共产党员、共青团员的公开信"。之后就是计划生育深入开展阶段（1981~1983年）和政策完善阶段

（1984～1986 年）。

　　这一数量控制的人口政策直到 2013 年才有所松动，国家启动了只要夫妻一方为独生子女就可以生育第二孩的政策，也就是所谓"单独二孩"政策。仅三年之后，国家就在 2016 年开始全面放开二孩，[1] 所有夫妇，无论是不是独生子女，只要自己有意愿就可以生育两个孩子。这是中国最新制定的人口政策。这一新政策还是有人口数量的考虑，并没有全面放开生育，国家不鼓励年轻夫妇生育三孩。例如 2016 年正式开始执行的《中华人民共和国人口与计划生育法（修订版）》（2001 年最早通过），就在第三章生育调节中明确写有"国家提倡一对夫妻生育两个子女"（第十八条）。[2]

　　新的二孩政策明显缩小了汉族与少数民族生育数量方面的限制差异，因为中国 1980 年代开展计划生育以来，汉族与少数民族一直采取着不同的人口政策，主要表现在生育数量限制方面。然而少数民族人口政策的制定与实施也经历了一个较长的过程。其转变过程的特点是从"鼓励生育"到"相对节制生育"，不过在节制生育方面，其政策内容和执行严格程度上明显宽松于汉族。张天路（1989）把少数民族人口政策变化过程分为三个阶段：1950～1970 年代初的鼓励生育阶段、1971～1981 年的酝酿计划生育阶段和 1982 年以来的少数民族正式开展计划生育阶段。罗淳则认为这一转变过程可大致分为五大阶段（罗淳，1997）。第一阶段为 1950 年代初的鼓励生育阶段，政策的依据是少数民族地区地广人稀，民族人口增长缓慢。第二阶段为 1950 年代中后期的不提倡、不推行计划生育阶段，依据依旧是少数民族聚集地的人口实况，但这一阶段开始尊重个体的需求，为有需求的少数民族夫妻提供计划生育服务。第三阶段为 1970 年代末 1980 年代初的酝酿和倡导阶

---

① 《我国计划生育历程》，http：//www.nhfpc.gov.cn/jczds/s7952/201512/feb3d2975aa44e6faf821182cea0480d.shtml，最后访问日期：2017 年 3 月 15 日。

② 《中华人民共和国人口与计划生育法》，http：//www.npc.gov.cn/npc/xinwen/2015-12/28/content_1957360.htm，最后访问日期：2017 年 3 月 10 日。

段，这是在少数民族地区推行计划生育政策的过渡阶段。第四阶段为计划生育政策实施阶段（1980 年代中后期），理由是少数民族人口规模在加速增长。第五阶段为计划生育政策的加强阶段（1980 年代末之后），目标是将少数民族地区的计划生育工作规范化和法制化。这些对政策阶段划分的总结显示了少数民族的计划生育政策的制定与落实与汉族相比有一个明显的滞后。

在没有全面开展少数民族计划生育工作之前，国家并不是不关注这一群体。1971 年国务院颁发的《国务院转发卫生部军管委、商业部、燃料化学工业部〈关于做好计划生育工作的报告〉》（国发〔1971〕51 号）[①] 中便有提及少数民族。文件要求各级领导认识到："人类在生育上完全无政府主义是不行的，也要有计划生育……除人口稀少的少数民族地区和其他地区外，都要加强对这项工作的领导，深入开展宣传教育，使晚婚和计划生育变成城乡广大群众的自觉行动，力争在第四个五年计划期间做出显著成绩。"在同一文件中，国家也规定，"在人口稀少或少数民族地区，对有节育要求的，也要做好计划生育的技术指导工作"。

1980 年，标志着计划生育全面严格开展的《中共中央关于控制我国人口增长问题致全体共产党员共青团员的公开信》中，国家明确说明"对于少数民族，按照政策规定，也可以放宽一些"。[②] 言外之意，少数民族不受严格的一对夫妇只生育一个孩子的政策影响。然而在 1982 年，《中共中央、国务院关于进一步做好计划生育工作的指示》（中发〔1982〕11 号）中开始提出："对于少数民族，也要提倡计划生育，在要求上，要适当放宽一些。具体规定由民族自治地方和有关省、自治区，根据当地实际情况制定，报上一级人

---

① 卫生部军管会、商业部、燃料化学工业部：《关于做好计划生育工作的报告》，http：//www.gov.cn/zhengce/content/2015-11/19/content_ 10304.htm，最后访问日期：2017 年 3 月 21 日。

② 《中共中央关于控制我国人口增长问题致全体共产党员共青团员的公开信》，http：//www.chinalawedu.com/falvfagui/fg22598/11983.shtml，最后访问日期：2017 年 3 月 21 日。

大常委会或人民政府批准后执行。"① 国家在同年召开的"全国计划生育工作会议"上也要求各级党委和人民政府主要领导干部过问并力抓计划生育工作;少数民族地区要根据国家计划生育工作的精神,研究和制定适合本地区的具体计划生育政策和办法。②

1982 年经五届人大第五次会议批准的《中华人民共和国国民经济和社会发展第六个五年计划(1981~1985)》中第五编第二十章人口部分,也明确指出"少数民族聚居的地区,也要实行计划生育,并根据各个地区的经济、自然条件和人口状况,制定计划生育工作规划"。③ 2001 年通过的《中华人民共和国人口与计划生育法》进一步规定,"少数民族也要实行计划生育,具体办法由省、自治区、直辖市人民代表大会或者其常务委员会规定"(第三章第十八条)。④

少数民族人口政策具体到生育的内容主要包括生育数量和生育间隔。最早关于数量的规定出现在中共中央批转的国家计划生育委员会党组《关于计划生育工作情况的汇报》(中发〔1984〕7号):"对少数民族的计划生育问题,要规定适当的政策。可以考虑,人口在一千万以下的少数民族,允许一对夫妇生育二胎,个别的可以生育三胎,不准生四胎。具体规定由民族自治地方的人大和政府,有关的省、自治区,根据当地实际情况制定,报上一级人大常委会或人民政府批准后执行"(彭佩云,1997:24);而一千万人以上的少数民族,原则上与汉族的政策一样(彭佩云,1997:26)。国家干部和职工、城镇居民中的少数民族,除当地特殊规定外,要坚持一对夫妇只生育一个孩子的政策(转引自彭佩

---

① 《中共中央、国务院关于进一步做好计划生育工作的指示》,www. pkulaw. cn,法宝引证码 CLI. 5. 1195,最后访问日期:2017 年 3 月 10 日。

② 《中共中央办公厅、国务院办公厅转发〈全国计划生育工作会议纪要〉的通知》,www. pkulaw. cn,法宝引证码 CLI. 5. 174417,最后访问日期:2017 年 3 月 10 日。

③ 《中华人民共和国国民经济和社会发展第六个五年计划(1981~1985)》,http://www. npc. gov. cn/wxzl/gongbao/2000 - 12/26/content_ 5001347. htm,最后访问日期:2017 年 3 月 16 日。

④ 《中华人民共和国人口与计划生育法》,http://www. npc. gov. cn/npc/xinwen/2015-12/28/content_ 1957360. htm,最后访问日期:2017 年 3 月 16 日。

云，1997：715）。但根据《国民经济和社会发展第七个五年计划（1986-1990）》，在提倡一对夫妇只生育一个孩子的同时，允许"少数民族夫妇，一般可以生育两个孩子，个别可以生育三个孩子。所有地区都要做好宣传教育工作和节育服务工作，严禁超计划的二胎和多胎生育"（国家计划生育委员会政策法规司，1992：109）。

国家人口政策中始终强调少数民族也要实行计划生育，但具体的政策要由各省、自治区、直辖市人民代表大会或者其常务委员会制定，给予各地拥有更大、更灵活的政策制定权力，这在广西、西藏和新疆的计划生育政策中有所体现。各地计划生育政策的总目标与国家的一致，即"为了实现人口与经济、社会、资源、环境的协调发展，推行计划生育，维护公民的合法权益，促进家庭幸福、民族繁荣与社会进步……"[1] 但在细节，特别是生育调节的细节上，各地有自己的规定。

广西壮族自治区的计划生育条例于1988年制定，之后多次修订，与少数民族相关的规定也体现在之后多次修订的版本中。例如，1997年的修正版中规定，一对夫妻只能生育一个孩子，但例外情况可以生育第二个孩子，其中就包括"夫妻双方为瑶、苗、侗、仫佬、毛南、回、京、彝、水、仡佬等一千万以下人口少数民族的"已经生育一孩的夫妻（第二章第九条）。[2] 2002年条例修正版中出现了"夫妻双方均是一千万人口以下的少数民族，由本人提出申请，经夫妻双方所在单位或者乡（镇）人民政府、城市街道办事处审查，报县级计划生育行政部门批准，可以安排生育第二个子女"（第三章第十四条）。[3] 最新的计划生育条例是2016

---

[1]　《中华人民共和国人口与计划生育法》，http：//www.npc.gov.cn/npc/xinwen/2015-12/28/content_1957360.htm，最后访问日期：2017年3月11日。

[2]　《广西壮族自治区计划生育条例（1997年修正版）》，http：//www.cdpsn.org.cn/policy/dt202l641.htm，最后访问日期：2017年2月20日。

[3]　《广西壮族自治区人口与计划生育条例（2002年修正版）》，http：//www.china.com.cn/chinese/renkou/224010.htm，最后访问日期：2017年2月20日。

年1月出台的。这是广西壮族自治区第十二届人民代表大会常务委员会第二十一次会议依据国家最新的二孩政策，对《关于修改〈广西壮族自治区人口和计划生育条例〉的决定》的第二次修正。在最新版的条例中，广西壮族自治区人民政府提倡一对夫妻生育两个子女，但符合一定条件的个人，经过批准，可以再生育一胎子女（第三章第十三、十四条）。① 最新的计划生育政策中少了直接针对少数民族的内容，只说明，如果夫妻双方定居在国境线五公里以内的乡村且连续居住十年以上的已生育两个子女的可以再生育一个子女（第三胎）。许多少数民族居住在国境线附近，因此这一规定与少数民族可能更相关。总之，广西壮族自治区是一个少数民族聚集的地区，计划生育政策从无到有。计划生育政策的名称不含任何民族信息，适合自治区内各个民族。若从少数民族角度考虑，广西的计划生育政策开始关注人口较少的少数民族，现在则弱化民族观念，更加注重通过边境居住地居民的身份来规定生育数量。

西藏自治区于1980年开始实施《西藏自治区关于对在藏工作的汉族干部职工计划生育的暂行规定》（1997年11月12日失效），这一暂行规定的发布机构是西藏自治区人民代表大会常务委员会。② 这一暂行规定主要针对在藏工作的汉族干部职工，意在使西藏的汉族干部职工与内地的汉族实行同样的计划生育政策，但在政策表述上不是坚决的一孩政策。"当前的重点是降低人口出生率，基本要求是晚婚晚育和少生，鼓励生一胎，控制生两胎，杜绝生三胎。"（见上述规定基本要求中的第一条）西藏自治区对少数民族没有特殊的控制生育的政策，"根据国家对少数民族地区计

---

① 《广西壮族自治区人口和计划生育条例》，http：//www.liuzhou.gov.cn/ggfw/zdywx/jhsyfwsc/ysglfw/syzc/201703/t20170317_969736.html，最后访问日期：2017年2月21日。

② 《西藏自治区关于对在藏工作的汉族干部职工计划生育的暂行规定》，http：//fgk.chinalaw.gov.cn/article/dffg/197912/19791200425239.shtml#，最后访问日期：2017年2月15日。

划生育的政策规定，我区藏族与其他少数民族不实行节制生育"
（见附则中的"二十一"）。其后的计划生育相关政策的发展体现
在政府工作的总结中。以此为起点，1992 年西藏自治区对 1980 年
的暂行规定做了修改并以藏计育字〔1992〕第 06 号文件的形式发
布。该文件规定了多种类别人群的计划生育原则，主要包括西藏
自治区内工作的汉族干部职工（提倡只生一个孩子，夫妇双方均
为独生子女的除外）、自治区内工作的汉族人与区内少数民族通婚
的夫妻（可有间隔地生育两胎）、来自自治区外的少数民族（按原
籍规定生育）、自治区内藏族干部职工（可有间隔地生育两胎）、
自治区内腹心农牧区牧民（宣传为主，提倡已有三孩的夫妇不再
生育）、边境农牧区的少数民族（指门巴族、珞巴族、夏尔巴人、
僜人，没有具体生育指标的要求，但开展宣传活动）。[1] 针对占西
藏总人口 88% 的农牧民，西藏自治区政府说明，从未有针对他们
的计划生育控制政策，只开展科学节育方法、合理安排生育、优
生优育的教育和宣传。[2]

　　当内地开始实施"单独二孩"政策后，西藏也于 2014 年开始
实施这一对当地汉族影响更大的生育调节政策。[3] 到目前为止，还
没看到西藏自治区在全国全面实行二孩政策之后的任何政策调
整。[4] 这可能与二孩政策和西藏地区目前执行的计划生育政策的差
异不大有关。然而从以往或现行的西藏自治区计划生育政策内容
来看，当地实行的是分类指导的计划生育政策，相比汉族地区，
其人口政策面向群体的类别更多、差异性更大，其政策名称也有

---

[1] 《西藏自治区计划生育暂行管理办法（试行）》，http://www.zgxzqw.gov.cn/fbt/dwwj/201505/t20150514_43036.htm，最后访问日期：2017 年 2 月 15 日。

[2] 《藏族是西藏主体民族的事实从未改变》，http://www.xizang.gov.cn/xwzx/qnyw/200804/t20080417_30971.html，最后访问日期：2017 年 2 月 15 日。

[3] 《西藏正式启动实施"单独两孩"政策》，http://qh.people.com.cn/n/2014/1107/c346768-22836086.html，最后访问日期：2015 年 8 月 31 日。

[4] 《基层女干部咨询西藏二孩政策何时出台获回复》，http://leaders.people.com.cn/n1/2016/0322/c178291-28216434.html，最后访问日期：2017 年 2 月 15 日。

别于其他地区，特别强调在藏的汉族干部职工，因为在一个针对少数民族计划生育数量方面的政策极为宽松的地区，汉族是唯一一个受到计划生育影响和控制的民族。

新疆地区的全称是新疆维吾尔自治区，但除维吾尔族外当地还有许多民族，如汉族、哈萨克族、回族、柯尔克孜族等。新疆维吾尔自治区人民政府早在1988年就实施了《新疆维吾尔自治区少数民族计划生育暂行规定》（新政发〔1988〕56号）。这一计划生育政策允许新疆所有居民都可生育两个孩子（第六条）。在此基础上，划分出城乡的差别，城市和县镇的夫妻若符合一定的条件可申请生育三胎（第七条）；居住在农村和牧区的夫妻一般可以直接生育三胎，符合规定的可以申请生育第四个孩子（第八条）。如果自己所在的民族人口不到五万人，那可以比城镇、农牧区的上限要求再多生一个孩子（第十条）。① 正因为这是暂行规定，自治区政府有机会不断调整地方生育政策。2002年新疆制定了《新疆维吾尔自治区人口与计划生育条例》，这一条例经过了2004、2006和2010年的几次修正，其生育调节中心内容的确定依据为城镇和民族。在城镇，汉族居民只能生育一个子女，少数民族居民可生育两个子女；在农牧区，汉族农牧民可生育两个子女，少数民族农牧民可以生育三个子女（第十五条）。② 无论在城镇还是农牧区，少数民族居民总可比汉族多生一个子女。全国全面放开二孩后，新疆也在调整其生育政策。例如自治区卫计委决定2016年1月1日起在全区实施全面两孩政策。③ 2016年年中，自治区形成了《新疆维吾尔自治区人口与计划生育条例（修正案征求意见稿）》，请当地各级相关

---

① 《新疆维吾尔自治区少数民族计划生育暂行规定》，http：//fgk. chinalaw. gov. cn/article/dfgz/198804/19880400292350. shtml#，最后访问日期：2017年3月22日。

② 《新疆维吾尔自治区人口与计划生育条例》，http：//www. xjhfpc. gov. cn/info/1391/3051. htm，最后访问日期：2017年3月22日。

③ 《自治区卫生计生委关于做好实施全面两孩政策相关工作的通知》，http：//www. xjhfpc. gov. cn/info/1391/5046. htm，最后访问日期：2017年3月22日。

部门对此提出意见和建议。这一征求意见稿中希望将原来的控制生育数量的政策内容改为"提倡城乡一对夫妻可生育两个子女；农村少数民族及喀什地区、和田地区、阿克苏地区、克孜勒苏柯尔克孜自治州的农村汉族一对夫妻可生育三个子女"。[1]

　　至此，我们对少数民族的人口发展、生育水平的变化，以及对人口发展有特殊作用的中国人口政策中有关少数民族的内容有了较为明确的了解。

　　我们始终强调，在人口发展过程中，生育的作用不容忽略。尽管少数民族的生育受到计划生育政策的影响比汉族的更小一些，但其生育率下降的趋势十分明显。这种现象更可能是个体自主选择的结果，而不是国家政策作用的结果。这种趋势与个体的生育意愿有关，而研究少数民族的生育意愿更可以发现宏观政策与个体决策对一个群体生育水平合力影响的结果。因此，研究个体的生育意愿和生育行为不仅可以了解当下一个民族人口发展现状背后的基础或原因，也能够推测一个国家中不同民族人口未来发展的趋势，还能够推知掌控未来生育水平的主因。

参考文献

多吉战都主编，2015，《西藏统计年鉴2015》，中国统计出版社。

广西壮族自治区统计局编，2016，《广西统计年鉴2016》，中国统计出版社。

国家计划生育委员会政策法规司编，1992，《少数民族计划生育工作文献汇编》，中国民主法制出版社。

国家民族事务委员会经济发展司、国家统计局国民经济综合统计司编，2012，《中国民族统计年鉴2011》，中国统计出版社。

国家民族事务委员会经济发展司、国家统计局国民经济综合统计司编，2014，《中国民族统计年鉴2013》，中国统计出版社。

---

[1]　《关于征求〈新疆维吾尔自治区人口与计划生育条例（修正案征求意见稿）〉意见的通知》，http：//fzb.aks.gov.cn/art/2016/8/3/art_1790_108152.html，最后访问日期：2017年3月22日。

国务院第六次全国人口普查办公室、国家统计局人口和就业统计司编，2011，《2010 年第六次全国人口普查主要数据》，中国统计出版社。

国务院人口普查办公室、国家统计局人口和社会科技统计司编，2002，《中国 2000 年人口普查资料》，中国统计出版社。

黄兴涛，2002，《"民族"一词究竟何时在中文里出现?》，《浙江学刊》第 1 期。

金建新主编，2012，《新疆统计年鉴 2012》，中国统计出版社。

金天明、王庆仁，1981，《"民族"一词在我国的出现及其使用问题》，《社会科学辑刊》第 4 卷。

罗淳，1997，《论中国少数民族人口的生育政策》，《民族研究》第 2 期。

马戎，2000，《关于"民族"定义》，《云南民族学院学报》（哲学社会科学版）第 1 期。

彭佩云主编，1997，《中国计划生育全书》，中国人口出版社。

邱祖强主编，2011，《广西统计年鉴 2011》，中国统计出版社。

史成礼，1988，《中国计划生育活动史》，新疆人民出版社。

西藏自治区统计局编，1999，《西藏统计年鉴》，中国统计出版社。

新疆维吾尔自治区统计局编，2015，《新疆统计年鉴》，中国统计出版社。

徐世英、魏传华、马胜春、沈思，2014，《中国少数民族人口的规模、结构、分布、再生产类型的现状与变动分析研究》，载国务院人口普查办公室、国家统计局人口和就业统计司编《发展中的中国人口——2010 年全国人口普查研究课题论文集》中册，中国统计出版社。

徐晓光，1995，《我国少数民族计划生育立法状况》，《中央民族大学学报》第 4 期。

张丽萍，2013，《中国少数民族人口的生育转变》，《黑龙江社会科学》第 5 期。

张天路，1989，《中国少数民族人口政策及其转变》，《人口与经济》第 5 期。

中国社会科学院语言研究所词典编辑室编，2002，《现代汉语词典（2002 年增补本）》，商务印书馆。

（北京大学社会学系　周　云）

第二章　拉萨藏族妇女的生育意愿及影响因素调查

章节摘要： 在人口政策的影响下，中国关于汉族群体生育意愿的研究较多，针对少数民族的相关研究相对匮乏。本章利用笔者在西藏拉萨收集的藏族妇女个人访谈资料，分析与讨论了拉萨藏族妇女在没有生育数量限制下的个体生育意愿及她们对生育意愿的解释。研究发现，当地妇女的意愿子女数为1~2个。家庭经济条件、个人精力和生产经历是人们不想多生的主要原因。文章也讨论了西藏文化因素对个体当前生育意愿的潜在影响，这些文化因素包括宗教信仰、婚姻形式、婚姻状态和宽松的人口政策。

一　引言

当一个社会希望控制或扩大人口规模时，人们会将目光转向生育，转向个体的生育意愿，试图通过对个体生育意愿和行为的把握左右未来人口规模的发展。近40年前，中国开展严格的生育数量控制政策时，个体的生育意愿就给政府制定政策带来过有益信息。今天，在中国面临低生育水平甚至是超低生育水平的现实时，生育意愿再次受到人们的关注。大家更多讨论的是面对人口政策转型、人们有机会多生时，个体是否会根据社会政策来调整自我的生育意愿与行为。有关生育意愿，我国对汉民族地区的研究较多，对少数民族的关注较少，对西藏自治区民众生育意愿的研究更是少之又少。这与中国的计划生育的基本原则以及政策推行的优先顺序有关，也与西藏地区自身人口发展的特点相关。如今中国的社会与经济已经发展到一个新水平，我们应该更有精力、能力和热情去研究文化与人口的新议题，例如西藏人口的生育意愿。

本章重点讨论西藏妇女的生育意愿，具体而言就是探讨当下她们的意愿子女数以及个人对这种意愿的解释。研究资料主要来自现有资料，例如他人前期的研究成果、官方发表的统计资料（如人口普查资料、统计公报等）以及笔者2013年秋季在西藏拉萨市收集的有关个体生育意愿的个人访谈资料。本章主要分为三大部分，第一部分讨论西藏人口的发展，特别是中国人口普查资料显示的人口变动，为讨论个体的生育意愿提供人口大背景信息；第二部分利用笔者实地收集到的访谈资料，从人们想生几个孩子及其背后的个体理性思考入手，描述分析个体的生育意愿；第三部分试图走出访谈资料的范围，利用其他来源的资料，理解与解释影响个体当前生育意愿的文化与社会因素。

二　西藏人口的变动历史

生育是人口变动的主要推动因素，从人口数量的变化可以间接感知生育水平的变动。有关西藏人口数量问题，刘瑞和马戎曾先后收集了大量西藏历史人口的资料，根据琐碎且间接的信息回顾了西藏人口的变化（刘瑞，1988；马戎，1996），特别是人口减少的趋势。但他们都指出，藏族地区缺乏确切历史人口资料，所有数字皆建立在推测之上。国外藏学家 Goldstein 曾认为藏族人口在7~13世纪时可能经历过减少，但1268~1950年确实有所增长（Goldstein，1981：734），Goldstein 试图推翻 Ekvall 关于藏族人

口自公元 7 世纪开始显著减少的论断。从具体数字看，西藏人口
在 1730 年代约有 200 万人，到 1951 年约有 120 万人，200 余年
间下降了 40% 左右（杨一星、张天路、熊郁，1988：203）。自从
我国开展人口普查以来，我们逐步对西藏自治区的人口规模和
人口变动有了较为清晰的把握。表 2-1 列出的人口普查数据显
示西藏自治区的人口自 1950 年代以来发生了巨大的变化。人
口数量并没有出现减少的情况，而更多展示出快速的增长。
2010 年全区人口总量已是 1952 年的 2.61 倍，年均增长率为
1.7%。若以这种增长速度发展，西藏人口用 40 多年就可翻
一番。

随着西藏地区对内地民众吸引力的增加和西藏其他民族人口
的发展，藏族人口占当地人口的总比重逐年略有下降，然而始终
保持在 90% 以上（见表 2-1）。因此在西藏自治区，其他任何民族
从人口数量上看都是名副其实的"少数民族"。

表 2-1　西藏自治区历次人口普查的人口资料

年份	全区总人口（人）	藏族人口（人）	藏族人口比例（%）
1952	1150000	—	—
1964	1346700	1208663	89.7
1982	1892500	1786544	94.4
1990	2196000	2096700	95.5
2000	2616329	2411100	92.2
2010	3002166	2716389	90.5

资料来源：全区人口总数中 1952~1982 年数据引自西藏自治区统计局（2002：33~
34，表 3-1），1990 和 2000 年的资料来自《第五次人口普查公报——西藏》，http://
www.stats.gov.cn/tjsj/tjgb/rkpcgb/dfrkpcgb/200203/t20020331_30336.html，2010 年的资
料来自《西藏自治区 2010 年第六次全国人口普查主要数据公报》，http://www.
stats.gov.cn/tjsj/tjgb/rkpcgb/dfrkpcgb/201202/t20120228_30406.html。
藏族人口与其比例中 1964 和 1982 年数据来自西藏自治区统计局（2002：38，表
3-4），1990、2000、2010 的资料来自人口普查公报。

三 西藏人口的生育水平与生育意愿

生育水平多体现人们的生育意愿，前提是人们有生育意愿，愿意通过生育行为来满足自己的意愿，也有计划生育知识与手段调整个体的意愿与行为之间的差距。在这种情况下，生育水平间接传达了人们的生育意愿信息，而对个体生育意愿的了解有助于推测未来的生育水平或对过去的人口变动做出一些解释。

（一）过去的生育水平

历次人口普查提供了西藏地区总人口的信息，然而由于过去的西藏缺少其他地区常用的生命登记与统计系统，普查历史也相对短，因此西藏人口信息的收集与确认常需要依靠间接估计的方法。第一次和第二次全国人口普查时西藏的人口数据就是间接调查汇总的结果；第三次人口普查西藏的部分数据也依据了间接调查，在全国普查项目为 19 项的情况下，西藏只集中调查了 9 项（多杰欧珠、席津生，1992：4）；1990 年的第四次人口普查中，西藏开展的普查项目也比全国的少 3 项，共 18 项，这是西藏第一次从普查中收集到人们的婚育状况、出生和死亡等重要人口项目信息（多杰欧珠、席津生，1992：1、6）。

西藏早期和出生相关的资料十分缺乏，至 1965 年西藏自治区成立后才逐步开始收集相关信息。1965～1984 年出生率的变化可分为三个阶段（刘瑞，1988：81～82）。开始开展统计工作的 1965～1969 年，年均出生率为 15.72‰；统计工作正常运转的 1970～1979 年，年均出生率为 24.25‰，总体显示出下降的趋势；1980～1984 年，年均出生率无明显变化。后两个时期的生育水平多少受到我国计划生育政策的影响。进入 1990 年代，西藏人口的出生率依旧保持在 23‰～26‰的高位水平，但进入 2000 年以来，西藏的出生率低于 20‰，2010 年更低至 15.23‰（见表 2-2）。尽管 2014 年西藏 15.76‰的出生率要比全国 12.37‰的水平[1]高出 3.39 个千分点，但相比其 1970 年代的水平，已下降近 10 个千分点。

表 2-2 西藏的生育水平

年份	出生率（‰）	总和生育率
1965	14.13	—
1970	25.26	—
1975	24.34	—
1980	21.36	—
1985	23.32	—
1990	26	4.31
1995	24.9	—
2000	19.5	1.85*
2005	17.9	—
2010	15.23	1.05
2014	15.76	—

* 王谦和郭震威（2011：76）对 2000 年第五次人口普查数据的分析发现，西藏的总和生育率为 1.85，但终身生育率为 2.69。然而他们认为普查登记的出生人口有漏报现象。

资料来源：1965～1985 年出生率，引自西藏自治区统计局（1991：123）表 3-1，1990～2014 年数据引自西藏自治区统计局、国家统计局西藏调查总队（2015：29）表 3-2。

1990 年的总和生育率（TFR）实为 1989 年的资料（查瑞传、曾毅、郭志刚，1996：253）；2000 年和 2010 年的 TFR 分别根据两次人口普查数据计算（西藏自治区人口普查办公室，2002：884；西藏自治区第六次全国人口普查领导小组办公室、西藏自治区统计局、国家统计局西藏调查总队，2012：2271）。

与生育水平相关的另一个指标是总和生育率。有学者将 1950～1990 年代西藏的总和生育率分为中低生育水平（1950～1958 年）和高生育水平两个阶段［1959～1990 年的 4 孩以上（石建华、杨书章，1992：281～282）］。第四次人口普查结果显示，1989 年

---

[1] 参见《中国统计年鉴 2015》表 2-2，http://www.stats.gov.cn/tjsj/ndsj/2015/indexch.htm，最后访问日期：2016 年 2 月 16 日。

西藏藏族育龄妇女的总和生育率为 4.31（见表 2-2），与 1970 年代初的全国生育水平相似。在此之前的 1986 年，西藏藏族已婚妇女终身生育率为 3.9（王大犇、陈华、索朗仁青，1993：49）。之后几次的人口普查资料显示，2000 年西藏 15~50 岁妇女平均活产 1.41 个子女、平均存活 1.3 人（西藏自治区人口普查办公室，2002：872~873）；2010 年 15~64 岁妇女平均活产 1.38 个子女，平均存活 1.33 个子女（西藏自治区第六次全国人口普查领导小组办公室、西藏自治区统计局、国家统计局西藏调查总队，2012：2285）。2010 年人口普查得出的 1.05 的总和生育率（见表 2-2）引起了人们的关注。有学者发现，西藏自治区统计局调整过 2010 年西藏的总和生育率，将其上调至 2.07（王娜，2015：118）。总体来说，在中国全面实行计划生育之前，西藏的总和生育率略低于全国水平，之后则高于全国水平。

（二）现在的生育意愿

生育意愿并不能完全代表实际的生育行为，但它是实际生育行为的基础，意愿引导着行为。汉族各地民众的生育意愿已经受到各界学者和政策制定者的关注（如"江苏生育意愿和生育行为研究"课题组，2008；郑真真，2004；顾宝昌、王丰，2009；杨菊华，2008）。针对藏族也有点滴研究，例如，1980 年代进行的调查显示，西藏农牧区绝大多数妇女认为最多要三四个孩子，已经没有人还想生五六个孩子，调查当时只有少数人认为两个孩子正好（代欣言，1992：387）。绝大多数牧区群众希望自己的男孩多于女孩，城镇居民倾向于要两个孩子，2/3 的城镇干部职工倾向于生一男一女[①]（王大犇、陈华、索朗仁青，1993：49）。2000 年左右藏族农村妇女的理想子女数是 3.4 个，仅有 35.5% 的妇女希望生育 4 个以上子女（Goldstein et al.，2002：33）。但近年来缺乏相关的研究，因此我们难以了解近几十年来藏族群众对生育的一些看法。

---

① 1986 年的调查。

针对这种缺憾，笔者以西藏近年来人口发展、生育水平变动以及中国 2013 年开始调整计划生育政策为大背景，描述与分析笔者在西藏拉萨开展的一项有关藏族妇女生育意愿的小型定性研究的主要结果。

本次调研的主要目的是了解当下藏族百姓的生育意愿，包括人们对生育数量的看法以及可能影响他们看法的各种人口与社会相关因素。调研时段为 2013 年 10 月 10 日至 11 月 17 日，具体调研时间主要集中在下午和傍晚。调研方法为个人访谈。调研内容主要围绕人们现在想生几个孩子，为什么是这样一些数字，想生与不想生的原因这三大问题。调研地点包括西藏大学老校区、色拉北路与娘惹北路东南角的小公园、大昭寺附近、江苏路拉萨市妇幼保健院、热杰园小公园、河坝林公园、宗角禄康公园、拉萨一中外、小昭寺外的次巴拉康、八朗学一街/五街交汇处等。

被访者是研究人员在各个公共场所随机访问的妇女。寻找被访者的基本考虑是有探讨生育数量基础的已婚或已有生育史的 49 岁以下，且愿意一起交流的藏族育龄妇女。在这一原则下，研究人员在上述各地区通过目测和个人感觉寻找被访者。上述调研期间，研究人员共试图接触了 29 位藏族妇女，其中 25 人不同程度地参与了讨论，另有 4 人因未婚或拒访而没有开展访谈。在访谈的25 人中 15 人为西藏其他地方来到拉萨的流动人口，10 人为拉萨常住居民。① 大多数被访者已生育 1 个子女，近一半被访者目前无业。因访谈者不通藏语，所有访谈都以普通话进行，被访者普通话的交流程度令人佩服。本章对调研结果的分析主要围绕人们想生几个孩子以及不想再生的原因两大部分展开。

----

① 这种状况反映出西藏人口流动的活跃性。例如，2010 年流入拉萨、户口登记在外乡镇街道的人口达到 128393 人，是拉萨当地人口 559423 人的 23%（西藏自治区第六次全国人口普查领导小组办公室、西藏自治区统计局、国家统计局西藏调查总队，2012：2、36）；2011 年跨省流入西藏的人口占到西藏常住人口的4.89%（国家统计局人口和就业统计司，2013：105）。

1. 妇女想生孩子的数量

在访谈中针对生育意愿的直白问话"想或愿意生几个孩子"，并不是人人都能马上给出回答，常需要多问或追问几次才能获得一些信息。有人要经过思考，回答却不确定："暂时想生一个，等条件好时想生两个。"（ZW，28 岁，已有一个儿子）有人在追问下始终说不出想生几个，似乎数量的问题不是她们平日考虑生育的因素（如 43 岁的 BZ）。有人则直接回答"四个吧"（FBL）。近一半的被访者只想生一个孩子，另有不到一半的人想生两个孩子。想生许多孩子的被访者少之又少（见表 2-3）。

在今天的西藏，人们对子女的性别没有太多的偏好。① 男孩女孩无所谓，生出孩子就要好好养，这是人们生养孩子的主要想法。在问到性别平衡时，有人能说出当地与内地的不同，也就是藏族没有重男轻女的习俗。"一样……我还觉得女孩好呢，乖；男孩调皮……也有喜欢男孩的"，已有一个男孩的 LYY 这样回答。

调查是在拉萨——西藏自治区的文化与经济发展中心开展的，今天的拉萨吸引了大量流动人口，所以人口流动势必影响到生活在这里的个体，也影响到被访者中流动人口对生育的看法。有被访者能看到家乡亲友的生育意愿与自己的不同。家乡亲友当中还是有人想要男孩，主要是老家农村需要劳动力，因此有人生有两个女孩后还是要再生一个男孩（ZW）。"老家那边的人想要的孩子多，在老家人们都想要生两个孩子，最多的会要 4~5 个"，来自拉萨东面不远的达孜县的 43 岁只要了一个孩子的 BZ 这样看待老家与来拉萨生活和工作的人之间在生育数量方面的差别。西藏好多年轻人多是生一个或两个，但"那曲那边小孩多……五六个、七八个的都有，多得很……（那边）有虫草，一年（收入）几十万元，可以养得起"，专门到拉萨市妇幼保健院进行产前检查的 27 岁的 FB 如此解释。但来自尼木的 CLN 认为老家那边的年轻人，如

---

① 有学者提及，西藏历史上甚至有重女轻男的习俗，例如《西藏志》中记录有藏族"女强男弱""生育以女为喜"（王大犇、陈华、索朗仁青，1993：49）。

自己的好朋友一般也只生两个。

表 2-3　生育数量及原因的访谈回答汇总（共 25 人）

想生几个	回答人次	不想多生的原因	回答人次
1 个	12	经济条件	12
2 个	11	累、麻烦、精力不够、没有时间带孩子	7
3 个	0	没什么困难	3
4 个以上	1	生产疼痛	2
未想过	1	国家政策	1
合计	25	合计	25

2. 人们不想多生孩子的原因

基本掌握人们想要几个孩子的信息后，我们更想知道为什么会是这样的结果，因为我们假设意愿决定行为，行为又将对一个地区人口的发展带来深远的影响。从被访者提到的影响他们更少生育的原因中我们归纳了"经济条件""累、麻烦、精力不够、没有时间带孩子""生产疼痛""国家政策""没什么困难"五大类别（见表 2-3）。其中被访者最多提到的是经济因素。[①] 她们常提到的经济因素主要是指高生活费用。"拉萨生活贵，要能养得起孩子（才能再生孩子）。"（ZW）"一个就够了，多生养不起；现在打工不容易，要给儿子挣学费，因为孩子是外地人，上学学费贵，不给免学费。"（BZ，43 岁，有一个儿子）"生得嘞，养不得嘞。"（Z3，24 岁，已有一男孩）这位妇女（Z3）在学校做治安工作，每月能有 1400 元工资，丈夫在居委会做临时工。她把"贵"形象地讲述为"拿 100 块钱出去买菜，一回来就没有了"，钱不禁花；

[①] Goldstein 等 1997~2000 年的调查也曾发现在西藏农村地区，经济状况正面影响人们的生育意愿。更为富有的家庭的妇女比贫穷的妇女想生更多子女，"（生多生少）要看有多少地、多少牲口。想要更多孩子得有更多的地和牲口"（Goldstein et al.，2002：33）。

此外，小孩子上学的文具也是一笔花销。因此她每月的工资很难能存下多少。

即使是在政府部门工作的个人，工作和收入固定，多生子女也有"供不起学"的担忧。ZT 已有两个女儿，多亏妈妈每天帮她带管小孩。因为是公务员，工资固定，ZT 认为不能多生除首要指出的人口政策因素外还有费用的原因。大家都希望自己的子女进入教学质量好的学校，她五岁的小女儿现在去的是私立幼儿园，幼儿园每天派专车接送上幼儿园的小朋友（见到她也是因为她在路边等校车送女儿回来）。那是一个私立的双语幼儿园（藏语和汉语，而不是内地人脑海中的英语和汉语），每学期的学费为 3000多元。他们似乎不认为这特别昂贵，但年轻妈妈更多想到的是以后的教育费用肯定要远远多于这个数字，费用因素也阻止了她们更多地生育。

女儿正在上初中的 LYE 认为"生一个就够了"，小孩子上大学要花钱。她对经济负担的参照系是自己过去的经历，有七个兄弟姐妹的她并没有感觉到自己父母当初养育他们有多大的经济负担，现在和以前则有很大的差别。见到她时她在中学学校外等女儿放学，接女儿回家，她认为女儿上高中后就不用再接送了。在拉萨，小孩上学没有居住地的特别限制，外地户口也可以在拉萨上初中和高中。考大学时不必回原籍，只说明原来的户籍，利用"借考"的方式或途径就可以在拉萨考大学。因此家长没有必要额外付费，但就是这样许多人还是认为小孩上学是一个不小的负担。

许多人提到如果经济条件好，和现在相比有改善或者更有钱时，生两个孩子比较好。"生还是可以再生，主要是看那个钱嘛。"RJH（33 岁）19 岁时按她的话说糊里糊涂地嫁给了大自己 1 岁的藏式画的画家。"当时糊里糊涂地结婚，糊里糊涂地生了小孩……现在想来，应该找一个有单位的人……有单位的人主要是工作有保证……有养老金。"RJH 一家人现在在拉萨租了一间 20 平方米的住房，每月的租金是 300~400 元。从与她的交谈中可以感受到其家庭收入不是很稳定，这使她始终有种经济危机感；但在现实中，她自己又没有采取任何行动在外找份工作，补贴家用，而是专职在家带小孩。

现年 30 岁的 SN 是从昌都下面的一个县城来到拉萨打工的。她 19 岁结婚，现在已经是两个女孩的妈妈。两个小孩相差 9 岁，都是自然怀上的，没有采取任何避孕措施。她想要个男孩，但也接受生下来都是女孩的现实。因自己不工作，丈夫的工作又不稳定，SN 觉得两个就够了。丈夫在拉萨做小工，每天有 120 元的工资，有事就做，没活就没有钱的进项，"我的老公他好累啦"（SN 是一位身着藏服、很干净的女性，两个小孩也很利索。当时访谈地点在色拉寺附近，两个小女孩的鼻子上抹着"黑灰"，据说是为辟邪）。至少在现阶段，经济状况制约了 SN 想再生孩子的念头。少有被访者认为生养孩子是没有经济负担的，但想生两个孩子也确实生了两个儿子的 LYS 则不认为有两个孩子有多大的经济负担。LYS 中专毕业，从未工作过，两年前为了孩子的教育从林芝搬到拉萨，目前自己带着孩子租房住，老公在林芝工作，为他们提供经济支持。

"累、麻烦、精力不够、没有时间带孩子"是被访者给出的不想再生的第二大原因。笔者在拉萨几个小学（如拉萨市实验小学、城关区第二小学、吉崩岗小学）和中学（如拉萨市一中）周边的观察发现，每天上学和放学时都可以看到大量的家长（父母或祖父母辈的亲人）。早上 7 点多钟坐公交时能看到学生和送孩子上学的家长，放学时公交车内也挤满了放学的学生。接送孩子上下学的方式还包括私人轿车和电动车等，当然还有步行的家长和小孩。因此，每到上学和放学时，一些学校（如拉萨市一中附近）周边都可以看到额外的警力帮助疏导交通。有的家长因为家离学校（如城关区第二小学）较远，为接送孩子上学（电动车），每天送完孩子后一般就在学校附近等到孩子放学（RJL，32 岁）。RJL 是从外地来拉萨的，已有十几年。爱人在外打工，自己没有工作，"专职"照顾女儿。在她看来，因自己没有文化，除做清洁工外其他工作很难找到，因此不如只管孩子；照顾孩子"身体上轻松一点，（但）精神上不轻松"。

儿子正上初一的 LYY 自儿子上小学开始就接送孩子上下学。她生孩子之前曾有过工作，之后就成了全职妈妈，"为了小孩一直没有工作"。一家人全靠做电工、常在外跑业务的丈夫提供经济保障。她认为要等到孩子上了高中才不用再接送，接送的目的是看管好小孩，别让小孩学坏，"别上网呀、受人欺负……"，安全也是考虑之一。正是要接送孩子上学，一些父母将"接送小孩上下学"归为养孩子难的一个原因。替小孩操心，从生下来就开始的操心使得一些人不愿意多生。"小孩要担心的事情太多了。有了孩子才知道要操这么多心，再生就操不过来心了"，刚有一个近 5 个月大儿子的 ZLL 如此解释。

有几位受访者提到不想再生的原因是身体状况。例如已有一个儿子的 Z3 去年曾怀上第二胎，但在 6 个月时孩子"掉"了（死胎）。虽然大夫告诉她过段时间还可以再怀孕，但她说"我怕死，不要了"。生产过程的记忆也是一些被访者提出不想再生的原因。一位接近 24 岁来自林芝的女性（ZLL）刚生了一个儿子（近 5 个月）。21 岁时她与老乡结婚，两人都在拉萨做旅游生意。生孩子时她回林芝老家生产，生后不久就又回到拉萨。从她使用的小孩车、宝宝穿的保暖衣以及毛茸茸小毯子上可以看出她家的生活应当很舒适甚至富裕。ZLL 认为生一个孩子就够了，养孩子太难。太难的原因之一是生孩子太疼。她从晚上开始阵痛，直到第二天中午才生，疼了 13 个小时才生出来。生产的经历让她目前不想再多生一个孩子。但在追问"以后会不会变主意（不只生一个孩子）"时，她给出了"这个也说不准，也许会变"的答复。生产只用了 3 个小时的 BXJ 也只想生一个孩子，她给出的原因是"太累……累……生太疼"，始终说只生一个。

有关生产方式，有生产信息的 19 位受访妇女均为自然生产。19 人中 15 人在医院生产，包括拉萨的藏医院和人民医院或者是来拉萨之前所在地区的医院，另有 4 人回答说是在家中生产的，可见传统接生在当地的重要性。[①] 例如，29 岁的 ZW 来自西藏昌都，她 2009 年来拉萨打工时遇到了现在的爱人，已有一个小孩。怀孕时 ZW 只去医院（拉萨市人民医院）检查过两次。第一次是怀孕 1 个月时，第二次是胎儿 8 个月大时。第二次检查主要是准备回家生产，路上需要三天的时间，所以想去医院查一下胎儿的成长状况。"我们怀孕不信医院，相信自己。有人害怕怪胎什么的，我不信。"怀孕最后的两个月 ZW 回到家乡，在自己家中自然生产。"我们都在家生，不去医院。"她生产 3 天后就起床，开始做些小活，但不做太重的活，也不洗衣服。ZW 的儿子现在已经 2 岁半，但还是依靠母乳喂养，主要是小孩子总吵着要吃奶，不喂奶孩子就不好好睡觉。

被访者在回答生育意愿问题时很少提及国家人口政策，但也有例外。在政府机关工作的 ZT 已有两个女儿，她提到不能再多生的第一个因素是"国家政策"，因为在她们机关工作的藏族同胞有可生两胎的数量限制。而来自尼木的 CLN 知道可以多生，没有什么政策限制。已有一个男孩的她现在正怀着第二个孩子，但自己只想生两个，"两个就够了"。其他一些没有工作单位的被访者则很少关心人口政策的约束。"不知道这边有什么政策，好像藏族可以生两个。"（LYY，36 岁）她们的生育更多是自我选择和现实生活平衡的结果，而很少像内地民众那样，生育意愿和数量多受人

① 相关统计资料也说明西藏在家接生的流行程度。例如在全国住院分娩率 2010 年达到 97.8% 的情况下，西藏整体的比例仅为 53.6%，城市的比例高于县级地区，分别为 67.8% 和 53%。这一比例低于相邻的新疆 97.6% 的比例（中国社会科学院人口与劳动经济研究所，2011：455）。西藏当地也有一些自己的特殊生育习俗。例如，有妇女回忆 1950 年代的生产，人们多在家中的牛棚、羊圈、厨房等地生产。一方面这些地方远离家中的卧室和佛堂，另一方面厨房这类地方与生产时避寒和保暖相关（"民主改革以来西藏妇女社会地位变迁研究"课题组，2011）。

口政策的影响。

有被访者认为生养小孩"没什么困难"。给出这一回答的妇女有三位。其中拉萨当地人 DZ（25 岁）已有一个女孩，她还想再生一个，无所谓男女。她自己带着女儿，并不觉得累或麻烦。她平日在自己开的裁缝铺做藏式衣服，丈夫来自四川康定，也是夫妻裁缝铺的主人。每年旅游季节都会有许多游人光顾小店，购买漂亮的藏式服装。虽然访谈没有提及她的收入问题，但笔者感觉这个裁缝铺给他们经济上很大的保障。因此 DZ 有再生孩子的想法，但生育数量有限度。问她"生四个小孩怎么样"，DZ 回答说生四个不行，生太多就不行了。另一位认为带孩子没有什么困难的妇女是笔者在公园内遇到的。那天天气特别好，阳光充足，当时看到公园内一个较安静的角落坐着一位穿着藏式服装的妇女，头上的辫子用红色头绳装扮，头发编成辫子后盘绕在头顶上，离她不远的地上晒着一块婴儿小方棉被，更靠近草地的地方躺着她的儿子。小宝宝看上去很瘦小，不过已有三个月大。看上去疲惫的她是四天前才从日喀则周边来到拉萨的。丈夫在拉萨做室内装修，她无业，目前的住处不稳定，还住在亲戚家里。在这种状况卜她说生一个孩子就可以了，不想多生。多问了几次同样的问题后她说想生三个孩子，而且都想要男孩。也许是因为刚从日喀则那边过来，还有其他被访者提到的家乡亲友生得多的原因，她要比其他被访者想多生几个孩子。因为语言交流上有些困难，笔者无法了解和体会其他人认为带孩子有困难的问题在她这里却不是问题的原因。

西藏地区藏族的生育水平比汉族高；汉族地区实行严格计划生育政策之后，两个民族间的生育水平差距拉大。但相比藏族过去的水平，当前的总和生育率已经有所下降。访谈获得的信息说明人们的生育意愿（生 1~2 个孩子）和近年来的总和生育率相当，想要一个孩子的受访者与想要两个的人数基本相当。在没有严格计划生育政策的西藏拉萨，人们的生育意愿并不高，人们并不想多生，哪怕只是生出超过人口更替水平 2.1 的子女数。除去访谈中人们提到的经济条件、个人生产经历以及养育子女不易的因素，应当还有一些深层的文化因素促使当前藏族妇女形成这种生育意愿。

四　对当前生育意愿形成的可能解释

访谈中人们提出了对其个人生育意愿有影响的具体因素。为什么人们会给出这样的因素？是否有其他宏观的社会文化因素左右或影响着人们的回答？在此我们讨论对人们的各种回答可能产生影响的一些宏观因素，主要包括当地的婚姻形式、妇女在婚状态、宗教信仰和人口政策。宏观因素对藏族整体低生育水平和个体的生育意愿会产生不同程度的影响。一些因素（如宗教信仰和人口政策）对整体的生育水平和个体的生育意愿都有影响，而其他一些因素（如一妻多夫、不婚）则对整体的生育水平有更强的直接影响，对多数个体的生育意愿的直接影响较弱，或者说可能存在间接的微弱影响。

表 2-4　对整体和个体生育产生影响的因素举例

	对整体的生育水平	对个体的生育意愿
宗教信仰	直接	直接
人口政策	直接	直接
一妻多夫	直接	间接
不婚	直接	间接

在此我们首先考虑婚姻形式和在婚状态对个体生育意愿的影响。这种影响可能是微弱、间接的，却不可忽略。西藏的婚姻形式较为特殊，含有一妻多夫、一夫多妻、一夫一妻甚至多妻多夫的形式。这一制度也有区域差异。① 例如，1949 年之前，西藏黑河

———————

① 有关各种婚姻形式在藏族人群中分布的信息可参见马戎 2000 年的文章。

一妻多夫家庭比例为 1.85%、山南地区为 7.1%、西藏东部为 15%、西藏北部地区则高达 50%（杨子慧，1996：1475，表 11-8）。1958 年山南地区扎囊县囊色林谿卡 141 户藏民中一妻多夫占 7%；江孜地区康马县涅如区天霸村 104 户藏民中一妻多夫达 25%（欧潮泉，1985：81）。1980 年，在拉萨城关区吉崩岗办事处四居委会已婚人口中一妻多夫的比例为 0.45%，一夫多妻的比例为 0.35%，无定偶生育人口在已婚妇女人口中的比例为 0.66%；在墨竹工卡县直孔区的已婚人口中，一妻多夫占 1.68%，一夫多妻占 0.72%，无定偶生育人口在已婚妇女人口中的比例为 1.34%（刘瑞，1988：276）。对西藏 13 个村庄 1997~2000 年的调查也发现当地已婚妇女中 81.6% 是一夫一妻，有 15.8% 的村民实行的是一妻多夫的婚姻形式（Goldstein et al.，2002：22）。有学者曾推算，考虑到藏区普遍实行一夫一妻制的人口的比例（50%~60%），可以推断更可能实行一妻多夫制婚姻形式的差巴家庭占全部家庭的 40% 左右。然而这部分家庭并不会都有两个或更多的儿子，没有更多儿子的家庭只能实行一夫一妻制，而不是实践向往或推崇的一妻多夫制的婚姻，所以在藏区一妻多夫制的家庭最多能占到藏区全部家庭数的 20%~25%（朱苏力，2014：34）。

西藏妇女不婚比例相比其他地区要高，不婚人群中不育比例也高。根据 1990 年第四次人口普查，西藏有文化的妇女中终身不婚的女尼比例较高，但有随年龄下降而迅速下降的趋势，60~64 岁小学文化程度的妇女的不孕率高达 44%。西藏妇女终身不育（终身无活产子女）的比例也较高，普查时 60~64 岁妇女的未育比例高达 14.67%，高出一般人口正常值（2% 以下）8 倍多（石建华、杨书章，1992：274、278）。1997~2000 年在西藏 13 个村庄开展的实地调查也发现 15 岁以上妇女中未婚妇女高达 36.4%，早婚（15~19 岁）的比例也非常小（Goldstein et al.，2002：21）。到 2010 年，根据《西藏自治区 2010 年人口普查资料 4》中表 5-3 的数据，50 岁以上未婚女性占 50 岁以上未婚人群的 48.7%；50 岁以上女性人口中有 9.6% 为未婚女性（西藏自治区第六次全国人口普查领导小组办公室、西藏自治区统计局、国家统计局西藏调查总队，2012）。

西藏地区特殊的一妻多夫或多夫多妻的人群虽然在整个人群中所占比例并不大，但这种婚姻形式对整个人口的生育水平有影响。例如，在一些地区，一妻多夫制家庭的每户人口要低于一夫一妻和一夫多妻家庭的平均户人口（朱苏力，2014：29）。它对人们的生育意愿和行为会有间接的影响。间接影响的可能途径是，这种制度是在自然环境相对恶劣的生存条件下多少年来形成的文化，只强调家族财产的凝聚、社会地位的聚拢、劳动力的集中使用，不注重家族的延续和家族规模的扩张，因此这种制度并不促使妇女最大限度地生产，也没有促成"多子多福""传宗接代""人多势众"的大家族或宗族观念，① 因而不会造成过高的生育意愿。此外，这种婚姻制度没有更多的性别偏好色彩，因此在具体生育中不会产生因期盼生育男孩、多生男孩而促成过高生育意愿。不婚现象对生育意愿的间接影响可以解释为，藏族妇女不把婚姻看作人生必须经历的事件，一生是否生育并不会对女性产生影响。未婚或不婚妇女的生育意愿可能几乎为零，或虽有一定的意愿但少有行动去实现其意愿。如果社会上始终有一部分数量可观的不婚不育女性群体，她们的存在和生活态度不可避免地会影响对子女有需求或有更多需求的个体和社会氛围，从而对不婚不育妇女本身和其他女性的生育意愿产生一定的抑制或消极的影响。这些是婚姻形式和妇女在婚状态对整个社会和女性生育意愿可能产生的间接影响。

---

① 西藏农村地区多妻多夫的一个个案说明，这种婚姻制度对生育水平和意愿有抑制作用（Goldstein et al.，2002：34）。这是一个两个姐妹嫁给四兄弟的特殊个案。这一家庭并没有因为有两位女性，其生育水平就比其他婚姻形式的家庭高，相反，因为姐姐已生有 5 个孩子，所以 24 岁的妹妹在生育了一个子女后主动做了结扎手术，原因就是家中已有 6 个孩子，不要再多生。因此，虽然两位妇女都在婚，但其平均生育子女数仅有 3 个。

其次要分析宗教信仰对生育意愿可能产生的影响。不同宗教信仰对人们的生育带来各种影响。举例说明，Skirbekk 等（2015）对前人相关研究的综述发现，犹太教、基督教和伊斯兰教就避孕和人工流产有明确的教义，这类信仰对这些宗教信徒的生育水平有正面影响，也就是有助于提高生育水平。但佛教和印度教中则缺少正式的有关避孕行为的规范准则。在控制了社会经济各类因素（如，教育水平、居住地、年龄和婚姻状态）后，他们的分析显示佛教信仰与生育子女数之间多有一种负相关关系，没有一个例子说明佛教信仰与高生育水平紧密相关（Skirbekk et al.，2015：18）。澳大利亚 40~44 岁女性佛教徒曾生子女数于各类宗教信仰群体之最低，比基督教徒的曾生子女数少近一半，比无宗教群体的曾生子女数还少 0.2 个（Skirbekk et al.，2015：20）。

排除佛教中没有明确计生相关信条的原因外，为什么佛教会有这种作用？在西藏，喇嘛教（藏传佛教）是大乘佛教和西藏地方的本教结合相互影响而形成的佛教一支，其中有格鲁派（黄教，15 世纪以来最大的教派，信仰人数也最多）、宁玛派（红教）、噶举派（白教）、萨迦派（花教）等（杨一星、张天路、熊郁，1988：202~203）。佛教对西藏民众的生育有以下几方面的影响（徐平，1992：71；刘瑞，1988：96~100）。首先是对个体生育意愿的消极作用，也就是佛教会让人们消极地对待苦难的现世，将自己的希望寄托于来世。现实世界中苦差事之一就是生育，因此少生是在减轻个人在现世中的痛苦。其次是佛教宣传众生平等，不重男轻女，促使人们爱惜一切生命，男孩女孩都会得到良好的照顾和养育。最后则是僧人人口数量直接影响到人口再生产的规模，因为格鲁派藏传佛教强调僧人要遵守戒律、从事生产劳动并不得娶妻。这一因素主要是对整个人群的生育水平有负向影响，但也会间接地影响人们不特别看重生育数量，从而使个体的生育意愿至少不会非常高。

最后我们思考的是人口政策对人们生育意愿可能产生的影响。

在中国，由于种种原因，西藏是最晚提倡计划生育的地区，但并不是未被关注的地方。例如毛泽东 1959 年谈到西藏时曾说，"西藏地方大，现在人口太少，要发展起来"（毛泽东，1999：40），可见中央层面早就意识到西藏地区人口发展的特殊性。自 1980 年中国其他地区大力且严格开展计划生育，特别是执行一孩政策以来，西藏地区实行的是地域特殊性政策。1975 年西藏自治区成立了计划生育工作领导小组，确定了计划生育工作的基本原则，"先汉族、后少数民族，先干部、后群众，先城镇居民、后农牧民"（次仁卓嘎[①]，1994：18）。根据这一原则西藏开始提倡计划生育。到 1992 年，西藏自治区人民政府发布了《西藏自治区计划生育暂行管理办法》，明确了西藏自治区的计划生育政策，或简称"一二三"政策，也就是汉族干部职工及其家属一对夫妇只生育一个孩子；藏族干部职工及其户口在单位的家属、城镇居民一对夫妇可生育两个孩子；对农牧民不规定生育指标，但提倡最多生育三个孩子，提倡少生、优生和间隔生育（次仁卓嘎，1994：18），而对在边境和人口稀少地区的夫妇实行无指标限制的政策（西藏自治区人口普查办公室，2004：60；王韶泉、杨书章、黄荣清，1992：136~137）。

尽管有这些计划生育工作的原则和政策，但西藏各地农牧区在政策执行上有差异。Goldstein 等（2002：29）曾在牧区做过少有的关于藏族计划生育工作的详细调查。结果显示，1990 年代初，政府曾在农牧区大力推广计划生育政策，准备实行超生罚款，例如生第四个孩子要被罚 150 元，并且在两年之内不能享受任何政府优惠福利；若生第五个孩子则罚款 250 元且四年之内没有享受政府福利的资格。但各地在启动计划生育政策的时间、推行力度以及执行内容上均有差异。他们的调查发现在现实中极少有，甚至可以说没有真正进行罚款和惩罚超生的例子。

[①]　次仁卓嘎为时任西藏自治区副主席、自治区人口与计划生育工作领导小组副组长。

西藏开展计划生育的历史和特点对人们的生育意愿产生了一定的直接影响，表现在因为没有大张旗鼓的计划生育活动，没有特别严格的生育数量限制，所以西藏地区藏族居民就没有汉族民众所感受到的时刻要注意生育数量的问题，因而与汉族相比就没有培养起计划生育政策下形成的生育意愿观念。西藏藏族的生育水平更遵从自然生育模式，更少受到政府政策的影响。人们已有生育规划的概念，进入不再随意生的时代。但与内地不同，没有国家计划生育政策的框架，人们的生育意愿更加多样，同时也有实现这种多样性生育的现实土壤。然而，就是在这样一种可自主选择的地区，人们已经不再选择多生。

选择不多生的动力多来自妇女本身。西藏计划生育推广的特殊性促使社会不大张旗鼓地推广避孕技术，藏族妇女的避孕率相对低。Childs 等（2005：347）1997～2000 年对西藏自治区 13 个村庄的研究发现，多数 20～49 岁已婚妇女知晓国内最流行的避孕方法（结扎、避孕药、人工流产、避孕环），而她们中使用着其中某种方法的比例只占 42%，使用者中 33% 采用结扎的方法。低避孕率导致人们的实际生育水平会高于自己的意愿或预期，这又反过来促使妇女自身主动寻找机会和手段控制自己的生育。因此，西藏计划生育工作的现实并没有给妇女的生育意愿带来封顶或严格数量限制的后果，也没有过多从政策上影响妇女考虑个体的生育意愿。因此，妇女现在的生育意愿的形成多是文化与社会发展的自然结果，而控制生育的行为也更多为个人选择的结果。西藏地区的生育变化和控制的经历和经验给中国计划生育史增加了一个生育和计生自然发展的案例。

五　结语

自本项研究开展以来，中国人口政策发生了重要的转变。2013 年 11 月 12 日中共中央十八届三中全会通过的《中共中央关于全面深化改革若干重大问题的决定》中提出"单独二孩"的新人口政策；近两年之后，2015年10月29日中共中央十八届五中全会决定全面实施一对夫妇可生育两个孩子的人口政策。[①] 根据全国人口政策的变化，西藏地区的人口政策也在逐步发生变化。例如西藏与内地基本同步，于2013年11月启动了"单独两孩"政策。[②] 在这样一个大政策和地区人口发展的背景下，本项研究为研究藏族人口的发展提供了一个人口自然变动、生育自然控制的人群个案，记录和展示了藏族群众对生育意愿现状的自我解释与说明。藏族是中华民族中的一个重要民族，我们期待今后开展更多关于藏族人口变动、藏族妇女生育方面的文化因素的深入研究，特别关注传统文化以及社会和经济的发展、国家政策对不同民族生育意愿和行为的影响，研究各民族生育水平的发展，促进各民族人口的健康发展。

参考文献

"江苏生育意愿和生育行为研究"课题组，2008，《低生育水平下的生育意愿研究》，《江苏社会科学》第2期。

"民主改革以来西藏妇女社会地位变迁研究"课题组，2011，《西藏农区生育习俗与妇女健康——以日喀则地区拉孜县扎西岗乡玉妥村为例》，《西藏研究》第3期。

查瑞传、曾毅、郭志刚主编，1996，《中国第四次全国人口普查资料分析（上）》，高等教育出版社。

次仁卓嘎，1994，《西藏自治区的人口与计划生育工作》，《人口与计划生育》第6期。

代欣言，1992，《对农牧区计划生育工作的思考》，载国务院人口普查办公室、

---

① 《我国计划生育工作历程》，http://www.nhfpc.gov.cn/jczds/s7952/201512/feb3d2975aa44e6faf821182cea0480d.shtml，最后访问日期：2016年1月28日。

② 《西藏正式启动实施"单独两孩"政策》，http://qh.people.com.cn/n/2014/1107/c346768-22836086.html，最后访问日期：2015年8月31日。

西藏自治区人口普查办公室编《当代中国西藏人口》，中国藏学出版社。

杜鹏主编，2011，《新世纪的中国人口：中国第五次全国人口普查资料分析》，中国人民大学出版社。

多杰欧珠、席津生，1992，《世界屋脊上的人口普查》，载国务院人口普查办公室、西藏自治区人口普查办公室编《当代中国西藏人口》，中国藏学出版社。

顾宝昌、王丰，2009，《八百万人的实践：来自二孩生育政策地区的调研报告》，社会科学文献出版社。

国家统计局人口和就业统计司编，2013，《2011 中国人口》，中国统计出版社。

刘瑞主编，1988，《中国人口·西藏分册》，中国财政经济出版社。

马戎，1996，《西藏的人口与社会》，同心出版社。

马戎，2000，《试论藏族的"一妻多夫"婚姻》，《民族研究》第 6 期。

毛泽东，1999，《关于西藏平叛》，载毛泽东《毛泽东文集（第八卷）》，人民出版社。

欧潮泉，1985，《论藏族的一妻多夫》，《西藏研究》第 2 期。

石建华、杨书章，1992，《西藏自治区人口生育状况》，载国务院人口普查办公室、西藏自治区人口普查办公室编《当代中国西藏人口》，中国藏学出版社。

王大犇、陈华、索朗仁青，1993，《西藏藏族妇女的婚姻与生育》，载张天路主编《中国少数民族社区人口研究》，中国人口出版社。

王娜，2015，《西藏藏族人口相关数据分析研究》，社会科学文献出版社。

王谦、郭震威，2011，《中国人口生育率分析》，载杜鹏主编《新世纪的中国人口》，中国人民大学出版社。

王韶泉、杨书章、黄荣清，1992，《西藏自治区人口未来六十年预测》，载国务院人口普查办公室、西藏自治区人口普查办公室编《当代中国西藏人口》，中国藏学出版社。

西藏自治区第六次全国人口普查领导小组办公室、西藏自治区统计局、国家统计局西藏调查总队编，2012，《西藏自治区 2010 年人口普查资料》，中国统计出版社。

西藏自治区人口普查办公室编，2002，《西藏自治区 2000 年人口普查资料》，中国统计出版社。

西藏自治区人口普查办公室编，2004，《世纪之交的中国人口·西藏卷》，中国统计出版社。

西藏自治区统计局、国家统计局西藏调查总队编，2015，《西藏统计年鉴2015》，中国统计出版社。

西藏自治区统计局编，2002，《西藏统计年鉴2002》，中国统计出版社。

西藏自治区统计局编，1991，《西藏社会经济统计年鉴1991》，中国统计出版社。

徐平，1992，《达村人口的社会学分析》，载国务院人口普查办公室、西藏自治区人口普查办公室编《当代中国西藏人口》，中国藏学出版社。

杨菊华，2008，《意愿与行为的悖离》，《学海》第1期。

杨一星、张天路、熊郁，1988，《中国少数民族人口研究》，民族出版社。

杨子慧主编，1996，《中国历代人口统计资料研究》，改革出版社。

郑真真，2004，《中国育龄妇女的生育意愿研究》，《中国人口科学》第5期。

中国社会科学院人口与劳动经济研究所，2011，《中国人口年鉴2011》，《中国人口年鉴》杂志社。

朱苏力，2014，《藏区的一妻多夫制》，《法律和社会科学》第2期。

Childs, Geoff, Melvyn C. Goldstein, Ben Jiao and Cynthia M. Beall. 2005. "Tibetan Fertility Transitions in China and South Asia." *Population and Development Review*, Vol. 31（2）: 337-349.

Goldstein, Melvyn C. 1981. "New Perspectives on Tibetan Fertility and Population Decline." *American Ethnologist*, Vol. 8（4）: 721-738.

Goldstein, Melvyn C., Ben Jiao, Cynthia M. Beall and Phuntsog Tsering. 2002. "Fertility and Family Planning in Rural Tibet." *The China Journal*, No. 47: 19-39.

Skirbekk, Vegard, Marcin Stonawski, Setsuya Fukuda, Thomas Spoorenbert, Conrad Hackett and Raya Muttarak. 2015. "Is Buddhism the Low Fertility Religion of Asia?" *Demographic Research*, Vol. 32: 1-29.

（北京大学社会学系　周　云）

第三章 西藏自治区农村已婚妇女的生育意愿与生育行为研究

章节摘要：藏族是中华民族大家庭中的重要一员，其人口发展经历引人注目。多年来西藏的藏族人口在自然发展的道路上出现人口总量增加，但年均人口增长幅度下降的特征，其中生育率的下降较为明显。本章根据约 15 年前在西藏收集的资料，试图说明 21 世纪初期西藏妇女的生育意愿与行为。当时，西藏农区妇女的生育水平已经低于其前辈的水平，二孩是所调查村庄的妇女普遍持有的理想子女数。家庭耕地面积、经济收入与支出是影响人们主动或者被动控制个体生育的主要动因，宗教信仰是另一个影响当地妇女生育的因素。计划生育政策在当地的影响弱，但群众对计划生育服务有需求。定期下乡的计划生育服务活动为妇女提供了所需的避孕服务。没有计划生育政策压力的藏族妇女的生育意愿和生育行为值得我们进一步关注与研究。

一 研究背景

中国是一个多民族国家，除汉族外，还有 55 个民族，藏族是其中之一。2010 年人口普查时，全国各地的藏族人口有 6282187 人，在各民族人口数量上排位第九（国家民族事务委员会经济发展司、国家统计局国民经济综合统计司，2014：684）。西藏自治

区是藏族人民的主要聚集地，它地处青藏高原，平均海拔在 3500
米以上，自然条件相对严酷。藏族有自己的语言文字藏语和独特
的宗教。藏族人民普遍信仰藏传佛教，其中绝大部分藏族人民信
仰格鲁派（黄教，即达赖喇嘛和班禅喇嘛所属的教派），而藏传佛
教的其他三个主要分支噶举派、宁玛派、萨迦派以及藏族地区的
原始宗教本教在西藏各个地区仍有自己众多的信徒。宗教深深影
响着藏族人民的生活、行事方式和思维方式，其中也包括藏族的
生育文化。

　　最初从书本中接触到藏族人的生育观念中没有男性偏好时，
笔者便对这个民族的生育观念以及生育行为产生了浓厚的兴趣，
产生了深入研究藏族人口生育行为的想法。而随着对西藏自治区
藏族人口的了解的不断深入，笔者意识到要想比较全面地展现整
个西藏地区藏族人口的生育行为比较困难。尽管西藏自治区是一
个藏族人口高度集中的地区，但是藏族地区东西、南北跨度大，
地理地质面貌以及其他自然条件方面的差异巨大。从东到西，根
据各地的主要生产方式，西藏自治区可以划分为林业区、林农混
合区、农业区、农牧混合区、牧业区和农林牧混合区。不同地区
藏族人口的日常生活也有较大的差异，所以要全面地反映藏族人口
的生育意愿与行为，必须分别对林区、农区和牧区的藏族人口进行
有针对性的研究。因此，本研究着重选择了生活在西藏自治区中部
的拉萨河流域的藏族群众，特别是将妇女作为主要研究对象。

　　作为我国五个少数民族自治区之一的西藏自治区是藏族人口
的主要聚居地。根据第五次全国人口普查西藏数据（与这一调查
开展时间相近的年份），西藏自治区全区总人口有 261.63 万人
（包括外来人口），其中藏族人口为 241.11 万人，占总人口的
92.2%。当地平均家庭户规模为 4.77 人，比 1990 年的 5.16 人减
少了 0.39 人。①

---

① 《第五次人口普查公报——西藏》，http://www.stats.gov.cn/tjsj/tjgb/rkpcgb/
　　dfrkpcgb/200203/t20020331_ 30336. html，最后访问日期：2017 年 3 月 23 日。

西藏地区的人口问题一直是国内外关注的敏感问题，生育议题更是其中的焦点，藏族妇女的生育问题也早已引起国内外学者的关注。在诸多针对西藏人口问题，尤其是西藏藏族妇女的生育问题的探索性研究中，人们逐渐认识了西藏藏族人口独特的生育行为及其影响因素。但是，直到目前，就笔者所见，真正对西藏地区藏族妇女生育行为及其影响因素，尤其是对宗教文化等无法量化的影响因素做出相对透彻的剖析与说明的研究为数不多。正是在这样一个大背景下，本章将探求新时期西藏地区藏族妇女的生育意愿与行为，以及影响这一意愿与行为的具体因素。本章的研究结果是基于 2002 年和 2003 年在西藏的田野调查，也是对 15 年之前藏族同胞对生育的看法和生育行为的总结。

二　学界对藏族妇女生育情况的过往研究

学界总体对藏族妇女生育的研究较少。张天路曾分析过民族与生育之间的关系，并认为"决定各个民族妇女生育率变动和差异的因素是社会生产方式……在不同的社会生产方式作用下，有着不同的生育观念和生育行为"（张天路，2001：128），人们多认为宗教信仰民众多、喇嘛比例高以及一妻多夫婚姻制度在一定程度上抑制了生育水平。然而哲蚌寺一位僧人曾在 2002 年向笔者介绍说，1990 年代中期以后，西藏地区各个寺庙的僧人人数都有配额，申请入寺的男子需考试合格方能成为僧人，僧人人数也比往年少了许多。一妻多夫制婚姻形式虽然在日喀则和那曲以及康巴等部分地区仍然存在，但也只是极少数，比例很低，绝大部分的婚姻仍然是一夫一妻制（如马戎，1996：300～307）。因此一定存在其他因素影响或抑制着藏族的生育水平，例如，将生育列为人生痛苦之事的佛教信仰（如张天路，2001：143～145）。

有学者认为藏族妇女的生育行为有几大特征，主要是生育率由低到高，平均初婚年龄在下降，未婚比例高，未育比例也高。

（张天路，1989：30~40）。在生育数量和生育目的方面，西藏农牧区的调查发现，大多数藏族农牧妇女生育数量的需求与政府提倡的三孩政策相似，一般认为生3~4个孩子较为理想；年轻一代妇女则大多倾向生育1~2个孩子（娄彬彬，1996：47）。另一项对西藏部分农牧区、城镇藏族已婚育龄妇女进行的生育意愿调查也发现藏族已婚育龄妇女平均理想子女数为2~4人；生育目的已经开始由传统的养儿防老、传宗接代向增进夫妻感情等多元化方向发展；文化程度的高低明显影响妇女的生育意愿；人们对计划生育的希望和要求日益强烈（陈华，1997：46）。生育观念开始由过去的单一对子女数量上的要求转向对子女素质上的要求（陈华、索朗仁清，2002：26~27）。

有关子女的性别偏好，大部分研究者认为在西藏地区的藏族人没有性别偏好，认为生男生女都一样（如马戎，1996；张天路，1989；娄彬彬，1996）。美国人类学家在西藏日喀则地区帕那乡长达18个月的调查中也发现，父母对待子女并没有性别上的差异；父母晚年的居住安排方面，父母认定哪个孩子更会关心他们就决定与谁一起过（戈尔茨坦、比尔，1991：27）。但Levine在研究尼泊尔境内三个藏族人村庄时却发现，这三个村庄的藏族人普遍存在重男轻女的性别偏好，产生这种性别偏好的原因主要是出于经济上的考虑，比如子女性别对家庭经济的贡献以及子女对父母养老的贡献（Levine，1987）。

藏族妇女的社会和家庭地位对生育行为有积极的影响。这是因为尽管藏族妇女在宗教和政治上的地位低下，但她们在社会生活以及家庭生活中的地位与男子不分上下，而且有财产继承权和管理权，既可嫁入夫家，也能招赘上门（贝尔，1936：193~194，212~214；卢梅，1996：120）。

1990年代中期，中国藏学研究中心曾通过"西藏百户家庭调查"，抽取了西藏的城区、农区和牧区三个不同类型地区的数据，以说明40多年来西藏社会的变迁。有关生育，该调查发现在牧区，

"妇女的生育密度大，体力消耗难以得到补偿……妇女的分娩多采
用传统方式，多在家里生产，很少送医院……在牧民的意识中，
不存在妇女需要五期（月经期、妊娠期、产褥期、哺乳期、更年
期）保护的观念，妇女生孩子是自然的，除非难产，否则没有必
要去医院……牧民的生育目的普通在于养儿防老，并没有多子多
福的观念，他们一直希望有 2~4 个子女，这样在牧业生产中就有
比较充足的劳动力……尽管在牧区并未推行计划生育政策，但有
一定数量的牧民妇女主动到医院做绝育手术，或者采取某种措施
避孕……"对城区、牧区、农区三地区的调查也发现，三个地区
生育模式变化很大。城区趋向于少生、优生，生育率较低；农牧
区初育年龄仍然偏低，生育率偏高，多胎现象严重；城区与农牧
区的差异主要表现在生育目的以及生育数量等方面（卢梅，
1996）。

以上有关藏族生育的有限研究描述了藏族妇女生育的主要特
征，并提出了诸多影响因素，如宗教和经济。然而少有研究专门
深入研究藏族妇女的生育意愿与行为，这将是本研究要深入开展
的研究内容。具体而言，本研究将从微观层面考察西藏地区妇女
的生育意愿和行为及其影响因素，并期待对各种因素的影响机制
做出合理的分析。

三　研究设计

为更好地说明本项研究，这里将对本研究的研究设计做一说
明，主要说明研究的理论框架、研究的主要内容、研究地区和研
究人群的寻找以及研究方法的取舍。

（一）理论框架

多年来国家一直关注个体的生育行为并利用人口政策调整不
同群体的生育数量。人口政策仅仅是影响个体生育行为的一个因

素。1965 年，戴维斯和布莱克在他们的论文《社会结构与生育率：分析框架》中，首先提出了影响生育率的中间变量（戴维斯、布莱克，1992）。他们认为，影响生育率水平的任何社会因素都需要通过中间变量来发生作用。他们的模型包含 11 个中间变量：性结合年龄、独身、婚姻、自愿性节欲、非自愿性节欲、性生活频率、非自愿不育、避孕、绝育、流产和堕胎。这 11 个变量分别从正负两个方向影响生育率，而这 11 个变量的相互作用改变人们的生育行为，呈现在人们面前的则是生育率的变化。这一中间变量的理论分析框架对其后生育率转变的各种研究有很大的影响。

社会学者倾向于分析生育文化，认为生育文化决定生育行为。生育文化是"人类在生育这一问题上的一整套观念、信仰、风俗、习惯及行为方式"（李银河，1994：2）。生育总是在一定制度中进行，受制度的制约；而生育制度本身又在社会的系统结构中满足一定的功能。影响生育决策的因素包括制度、文化、社会、经济和技术发展五大方面，这些因素从不同层面影响到个人的观念、偏好、成本以及收益，最终落实到个人的决策上（李建民，2004：4）。生育决策向生育行为转化时还会受到更多的实际问题的影响，如工作和生育、年龄与生殖力等（"江苏生育意愿和生育行为研究"课题组，2008）。

人口学者更加关注生育意愿、生育行为和生育水平之间的关系，期待从意愿和行为特征预测生育水平的走向。学者认为在生育意愿和生育行为之间存在四大理论类型，也就是两者之间的"等同论""无关论""大于论""小于论"（顾宝昌，2011）。生育意愿与行为之间发生偏差的原因解释是生育意愿的同步模式理论和抉择的序次模式，两种模式都是基于理性人的假设（杨菊华，2014：43）。所谓"同步模式"假定，是指人们在结婚或生育第一个孩子之前就已经决定一生中生育几个孩子，并在其后的家庭生活中努力实现其意愿。"序次模式"是基于经济学效用理论的解释，认为人们的生育意愿是一个变数，人们的生育意愿和行为受制于其他因素，尤其是生育过程中对下一个子女的成本与收益的评估。在中国生育现状的语境下，评估生育水平需要理性思考衡量生育意愿的不同概念，以及这些概念与生育行为之间的关系，这些概念包括"理想子女数"、"期望生育子女数"、"生育意向"和"生育计划"。理想子女数的变化缓慢，滞后于生育率的变化，适用于对群体生育观念变迁的回顾性研究；期望生育子女数可以被看作群体有可能达到的最高终身生育水平；生育意向和生育计划更有可能转化为生育行为，对预测个体行为和估计人群变化都有应用价值（郑真真，2014）。

因此，在考虑生育意愿行为时，上述学者的研究给我们提供了理论研究框架。从宏观上看，一个人群所处的自然社会文化环境、风俗习惯和宗教信仰，以及生育政策、计生服务，构成了个体所处的大环境，个体的生育行为建立在该环境的基础上。当地的风俗习惯和相关计划生育政策潜在地影响个人在孩子性别和数量上的生育意愿；卫生服务则直接或间接影响个人最终的生育行为，尤其是孩子的生育数量。在微观层面上，个人的生育目的和生育意愿在文化和政策因素影响下直接作用于个人最终的生育行为。

个人的生育目的、生育意愿和生育期望又受到个人特征（包括妇女年龄、受教育程度、职业、经济状况、宗教信仰）以及个人的经历等因素的影响，而这些因素则是能为个体明显察觉的影响因素。换言之，个体在生育过程中的选择都直接与这些微观层面上的因素有关。妇女的个人特征和个人经历影响个人的生育意愿（包括孩子的性别意愿和数量意愿）和生育目的，从而影响个人最终的生育行为。妇女在家庭中的地位将影响到妇女个人是否对自己的生育行为有自主权，也会影响她的性别偏好和生育期望。基于此，我们提出，妇女的个人特征、个人经历和妇女地位通过影响妇女的生育意愿和生育目的而最终影响妇女的生育行为。

（二）研究的主要内容

本研究将主要考察研究区域的自然环境和社会环境，了解当地的计划生育政策和相关的计生服务以及医疗服务状况的宏观现实。就个人层面的研究议题主要包括以下三个方面。第一，访谈对象有关生育行为、个人特征以及家庭状况的信息。其中生育行为包括孩子数量、孩子性别、初育年龄、胎次间隔、分娩方式、是否有流产经历、是否避孕以及采用何种避孕方式。个人特征信息包括年龄、初育年龄、受教育程度、职业。家庭状况则涵盖家庭人口数、孩子的受教育情况、家庭经济收入及支出、家庭经济状况在本地的水平。第二，妇女的生育意愿（包括生育时间、生育数量、性别意愿）以及计划生育政策的知晓度、对计生服务和医疗服务的利用状况及看法。第三，通过对妇女日常生活的观察，发现妇女的生活方式、生活态度以及她们在家庭中的地位，并了解她们的过往生活经历。通过这三方面的研究，本章期望分析和解释个体现有的生育行为。

（三）研究地点与研究对象的选择

整个调查在 2002 年年初开始筹备。筹备初期，笔者打算在西藏城区、农区和牧区分别随机选择一个村子进行访谈调查：城区代表为拉萨市某一街道，农区代表为山南地区，牧区代表为日喀则地区东北部。

2002 年 7 月 20 日开始，笔者前往西藏开始调查活动，分别走访了那曲地区安多县、拉萨城区、拉萨市达孜县、日喀则地区定日县、林芝地区米林乡等。在调查活动的第一站——那曲地区安多县，笔者遇到两个问题：一是交通，二是语言。同一个村子不同生产队之间的距离可能超过 100 公里或者隔一个山头，要想对整个村子进行调查研究，所需时间将数倍于在内地访谈一个同等人口规模的村子所花费的时间，交通工具限于吉普车，交通的时间成本和经济成本远远超过预期及预算。全程尽管有藏族学生陪同翻译，仍出现沟通障碍，未能实现有效访谈。交通和语言两个问题在日喀则地区定日县（牧区）、林芝地区米林乡（林区）都比较突出，在拉萨城区和拉萨市达孜县的调查访谈则进行得相对顺利和深入。

考虑到交通和调查可行性的问题，本研究的主要地点最终定在位于拉萨河谷地区的传统农业村落——拉萨市达孜县德庆村。2002年8月笔者曾三次到德庆村调研。第一次是受西藏大学邀请到德庆村参加他们的"三下乡"服务与调查活动。在这次活动中，笔者与当地村民一起收割青稞和小麦，在劳动中与德庆村Y队的村民建立了初步的感情联系，并获得了他们的信任与支持，村民同意帮助笔者完成关于当地妇女生育情况的调查。之后笔者又去过德庆村两次。在德庆村的调研前后共一周时间。

根据本项研究的生育行为主题，研究对象确定为Y队22~45岁的已婚育龄妇女以及少数几位男性。除此之外，部分用于比较或补充的研究资料来自笔者2002年7月和8月在那曲地区安多县对5名牧民（3女2男）的访谈以及在拉萨市区的随机访谈。在德庆村和安多县的访谈由说藏语的大学生或中学生陪同，帮助进行藏语和汉语的翻译。在拉萨市的个别访谈则主要依靠普通话。

调查结束后，在整理调查信息的过程中笔者发现有一些回答模糊、部分信息缺失的问题。针对此，2003年3月，笔者又通过电子邮件、电话、短信等形式与调查对象以及藏语翻译取得联系，对调查信息进行确认、补充。

（四）研究方法的选取

以往许多生育行为方面的研究多采用定量研究的方法，运用统计数据进行分析。对于生育行为中不能进行简单量化的问题，比如生育动机、生育观念、对孩子的期望等社会生活中的"意义"话题，定量研究的方法有一定局限性，而定性研究可以解决这种方法上不适用的问题，因此我们决定采用定性研究的方法。艾尔·巴比曾对定性的实地研究做过详细的方法论、操作程序以及资料分析方面的论述与指导（艾尔·巴比，2009），我们的研究将参考他的指导。

在收集资料过程中，笔者主要依靠文献法和开放式深入访谈、参与式观察以及个案研究方法，收集相关文献及受访对象有关生育意愿和行为的观点。这些资料的形式主要是描述性资料、田野笔记以及当事人引言等。文献资料主要有：有关西藏生育方面的官方统计资料、政策文件以及已有的研究结果。

在分析过程中，笔者主要将收集到的各种资料进行比较和归纳，寻找与生育行为紧密联系的概念和主题，以此作为分析的主线，概括、描述和分析该地区藏族妇女的生育意愿与行为。同时，我们还将结合访谈对象的个人经历和他们对生育事件的观点，对生育事件发展过程进行分析，发现与生育行为相关的不同事件发生的时间顺序以及它们之间的关系，进而对事件之间的因果关系进行推导，归纳出这些事件内部存在的影响因素以及这些因素是如何影响妇女的生育行为。

同时，笔者还将选取既有普遍性又具有典型特征的个案进行描述与分析。分析的策略是，首先对选取的个案进行独立分析，考察综合分析中的各影响因素对个案研究对象的生育行为的影响，以及访谈对象的个人特征以及个人经历对其生育行为的影响。其次比较所选取的个案之间的差异和共同点，并结合其他个案以及其他访谈信息对这些差异和共同点进行比较分析。最后将这些个案所反映的信息与以往研究结果进行比较，寻求它们是否存在偏差。如果有偏差，则试图分析存在偏差的原因。

四　研究结果

（一）达孜县德庆镇德庆村 Y 队的概况

达孜县是拉萨市下属的一个县，地处拉萨河中游、川藏公路

沿线，距拉萨 25 公里。全县面积 1370 平方公里，平均海拔 3730
米，2000 年年末总人口为 2.6 万人。达孜在藏语中意为"虎峰"。
达孜宗（相当于"县"）始建于 1354 年，县政府所在地是德庆
镇。① 德庆镇位于达孜县城以东 1.5 公里处。全镇总户数为 1938
户，有 36 个村民小组，4 个村民委员会。② 德庆村是 4 个村委会中
的一个。德庆村是该镇的一个自然村，至今已有 400 多年历史。早
年德庆村隶属于位于该村西南山顶的寺庙。现在德庆村共有 8 个生
产队，其中 7 个生产队种植青稞、小麦，另 1 个生产队主要从事副
业。本研究的主要场所德庆村 Y 队共有 24 户人家，有土地大约
150 亩。Y 队三面环山，农田一直绵延到山脚下，村民把房子集中
建在农田的中心地带，但山脚下还有几户人家。

从 2002 年调查时的人口情况看，Y 队有 117 人：男性 53 人，
女性 64 人。所有村民都是藏族人，婚姻形式都为一夫一妻制，在
日常生活中使用藏语的拉萨系方言。64 名女性中有 21 名女性为已
婚育龄妇女。

Y 队共有 24 户人，平均每户 4.88 人。该队的家庭规模以 4~6
人为主。其中家庭成员数为 2 人和 3 人的均为 2 户，家庭成员数为
4 人的有 9 户，家庭成员数为 5 人的有 7 户，家庭成员数为 6 人的
有 3 户，此外，1 人户有 1 户。从家庭结构上看，以核心家庭和主
干家庭为主，没有联合家庭和单亲家庭。其中有 14 户家庭为核心
家庭，10 户为主干家庭。这里要对家庭成员数为 2 人的家庭做一
个说明：其中一户人家只有一对老夫妇，女儿和女婿与他们分开
住；另一户人家只有母女二人，丈夫已去世。

Y 队村民粮食自给自足，生产出的小麦和青稞不用上缴政府，
村民也不进行粮食买卖。全村共有的 150 余亩土地用于种植青稞和

---

① 《达孜县概况》，http://www.dazi.gov.cn/dzzw/doc/2015/03/2034.htm，最后
访问日期：2017 年 2 月 1 日。
② 《德庆镇》，http://www.dazi.gov.cn/dzzw/doc/2015/05/1193.htm，最后访问
日期：2017 年 2 月 1 日。

小麦。每户人家都分配有面积不等的耕种土地，并养有牦牛、牛或羊，也有少数村民家里养鸡。村民主要从事农业活动，村里的男性青壮年劳动力也会到附近村子或乡里、镇里打工，主要是盖房子、种树或是做手工活（比如织藏毯）。

村里有 3 户人家有手扶拖拉机。在这里，手扶拖拉机的主要用途是非营利性运输，比如接送村里的孩子上下学（县里的小学离该队比较远）、运送家具等大物件或者牦牛（村民时常会运送装扮漂亮的牦牛到乡里、县里或拉萨参加各种比赛）。村里在 1990 年代中期实现通电，但至今仍未通自来水；村民的用水来自穿过村子的一条 20 余米宽的河以及一条几米宽的溪流。村里的建筑都是传统的藏族农区风格，石木结构方形的院落包括一个院子、两间或三间相连的大屋。村里人的生活燃料主要是牛粪和树枝。家家户户都有黑白电视机，但是只能清楚地收到西藏电视台和拉萨电视台的节目，不能清楚地收到中央台一套节目。2002 年调查时该队没有人家通有电话，只有一位退休的老干部有一部手机。

（二）Y 队的计划生育和医疗服务状况

当地有计划生育政策和服务。据村居民委员会一位干部的介绍，该村当时实行的计划生育政策是"最多只许生 3 个，鼓励生 2 个，禁止生 4 个或 4 个以上"。调研过程中未看到村内有任何关于计划生育政策或者计划生育服务的宣传标语。一位退休的老干部介绍说，1998 年以前就有计划生育政策的宣传活动，一般是每三年下乡一次，但宣传力度逐年减弱。1998 年开始政府不再宣传计划生育政策，因为农民已经开始不想多生孩子了。现在每三年下乡一次的宣传活动主要是为有需要进行结扎的妇女提供结扎服务。这一说法得到了村民委员会干部的证实。

2002 年调查时，德庆村没有自己的村卫生站，德庆镇有一个镇卫生站。因为德庆镇政府就设在德庆村内，所以村民一般就近到镇卫生站看病。卫生站位于镇政府院内，占据了一间房，平时帮村民看看头疼脑热的疾病，也能提供输液服务，但不提供计划生育服务。笔者曾参观过该卫生站，当时正好有个病人在输液，由于空间狭小，病人就在院子里输液。距离德庆镇政府约 500 米处有一个寺庙，平日里村民也会请庙里的僧人帮助看病。Y 队的村民曾告诉笔者，如果需要上医院，他们就要去 20 多公里外的拉萨市。

达孜县会为各村的村民提供医疗补助。村民上镇卫生站看病，可以享受 60% 的医药费补贴，这笔费用由镇政府提供；如果去县医院看病，则不享受任何补贴。然而如果村民有镇卫生站提供的证明以及镇长的签字，他们也可以去拉萨医院看病，同样享受医药费 60% 的补贴。60% 是最低额度，有些富裕的镇能补贴村民80% 甚至 90% 的医药费。

（三）Y 队藏族已婚妇女的生育状况

在 Y 队正式调研前期，笔者先参与了该队村民的青稞、小麦收割活动，并同该队的妇女一起在河边洗衣服晒衣服，在这一过程中，笔者获得了村民的信任，并对全村妇女的整体生育状况有了初步了解，为后续的个人深入访谈奠定了基础。

收割青稞、小麦时，村民常常结成互助组，几户人家自由组合，结成一个小组，一同收割各家的庄稼。他们常常从早上 9 点钟开始收割工作，一直持续到下午 6 点。小组里的成员（以家庭单位）每天轮流供应整个互助组的饭食。他们一般收割 2 个小时或 3 个小时后就会围成一个圈休息，喝茶吃点心聊天，这是与几户人家同时交流的最佳时间。村民一般一星期洗一次衣服。洗衣服时，各家的妇女结伴到河边，在河里洗衣服，然后将衣服晾在河岸上。在等待衣服晾干的过程中，她们会聚在树荫下喝茶吃点心聊天，这也是一个对访谈极为有利的机会。除此之外，笔者还分别对 3 位村民进行了深入访谈，他们分别是 ZS、BS（均为女性）和 YX（男性）。在 Y 队调查访问时，ZS 招待笔者食宿，笔者对她的观察最多，和她的谈话也最多，所以有关她的信息也最丰富，她也为笔者提供了许多有关村里妇女生育的信息。BS 是这个村的"外来媳妇"。YX 是已退休在家的国家干部，他熟知这个村子 40 年来的历史和变化，而且说着流利的汉语。

1. 村民的婚姻

该队的婚姻形式单一，均为一夫一妻制。在笔者访谈的对象中（8 名妇女、3 名男子以及 1 对夫妇），所有人都是先自由恋爱，再结婚。这种自由恋爱、自由结合的婚姻结合方式在西藏地区由来已久。以往曾有研究认为，"一般贵族的妇女或者拥有相当嫁妆的女子的婚姻都由父母做主；而农奴或者平民则是自由相爱，倘若彼此中意，他们即可生活在一起，组成家庭"（贝尔，1936）。1949 年之后，西藏废除了农奴制度，藏族妇女的婚姻也不再受传统的家族利益的束缚，妇女可以自由地选择自己的配偶。从我们访谈的案例以及深谙藏族宗教文化的藏族同胞的介绍中可以看到，相当部分藏族男女结合的标准是他们开始生活在一起，也就是实际意义上的"同居"。一位藏族男性介绍说："在城区，男女双方将要结婚时，会到民政局领取结婚证，再举行婚礼；但在一些农区，尤其是藏北的农区，男女双方结合的形式很简单，就是开始住在一起；在雅砻江流域河谷区（藏族文化的发源地，今天的山南地区），富裕的人家就会举行传统的藏式婚礼，一般是请藏戏团、寺庙的僧人念经等，新娘新郎穿上结婚礼服，两家共同摆酒宴请村里的人。"

在 Y 队深入访谈过的 ZS、BS 和 YX 以及 YX 的两个女儿都是自由恋爱然后结婚生子的。ZS 和 BS 没有举行婚礼。BS 是和丈夫一起生活 4 年后才领取了结婚证。YX 和妻子也没有举行过婚礼，仅仅是领取了结婚证。YX 的两个女儿也都没有举行婚礼，但都领取了结婚证。由此可以看出，在所调研地区，人们自由恋爱相对普遍，婚礼并不十分重要。由于婚姻登记的需要，人们会重视领取结婚证。

关于初婚年龄，从访谈对象的年龄和他们孩子的年龄进行推算以及通过访谈直接问到的情况可知，该队的已婚育龄妇女的初婚年龄集中在 18~22 岁，还没有妇女的初婚年龄大于 25 岁。妇女多在法定结婚年龄结婚。

2. 妇女的生育和计划生育

我们希望了解到妇女生育时间的安排，特别是初育时间（婚后多长时间开始生育）和胎次间隔的安排。Y 队的妇女并没有安排自己初育时间及胎次间隔的概念，也并没有为计划初育时间或者安排胎次间隔而采取任何避孕措施。她们觉得生孩子是一件很自然的事情，结了婚就会生孩子，没有想过自己准备什么时候生。ZS 和 BS 的初育都发生在结婚后 2 年之内。

现在人们生育的数量要少于前几辈人的数量。据 YX（2002 年时 60 岁）介绍，村里和他同辈的人一般都生有五六个孩子。从询问各访谈对象的兄弟姐妹数中也能发现当时 38 岁的 ZS 这一辈人的兄弟姐妹数要比她们自己的孩子数多。

2002 年时该队村民普遍倾向生育两个孩子。全村共有 21 名已婚育龄妇女。其中 14 名已婚育龄妇女生过两个子女，并已终止生育；生育有一个孩子的 4 名妇女中 3 人已终止生育，另外 1 人准备继续生；另有 3 名已婚育龄妇女还没开始生育。

终止生育行为在这里指妇女已无意再生育而采取长期避孕的方法，如结扎和皮埋。14 名已婚育龄妇女在生育两个孩子后通过结扎或皮埋停止生育。全村无人使用避孕套或者上环，在选择避孕方式时她们倾向于一劳永逸的方法。她们认为使用避孕套太麻烦，因为避孕套只能使用一次；她们也不喜欢上环，因为她们不喜欢在肚子里面放东西，觉得不舒服。选择结扎的人认为结扎省事，一次性就可以完成；选择皮埋的人主要是因为做皮埋的过程比结扎的过程要简单。采取结扎或皮埋避孕措施的妇女都是在计划生育服务下乡时做的手术，这些服务都是免费的。

总之，Y 队妇女的生育行为模式主要有两个特点：第一，"多胎"模式逐渐转为"二胎"模式；第二，计划生育处于有意识的半计划模式。Y 队妇女开始生育时并未有意识地安排自己的生育行为，但是在结束生育时或要结束生育时则进入有意识地安排自己的生育行为的阶段。

3. 影响 Y 队已婚妇女生育行为的明显因素

访谈对象在谈到什么时候生、生多生少、为什么结束生育时，都讲述了许多自己的看法以及自己的故事，带有自己特别的经历。经过对访谈资料的整理，我们从他们的回答中归纳出共通的几点影响因素，也就是经济、宗教和习俗、政策和计生服务等因素对 Y 队妇女的生育行为有不同程度的影响。

（1）经济因素

家庭经济状况是影响德庆村 Y 队藏族妇女生育行为的最主要因素，它影响着妇女对生育数量的考虑。该队妇女在生育前从未考虑自己要几个孩子，而在决定结扎时才能发觉自己理想的"生育数量"。但无论是有计划有意识地控制"生育数量"，还是决定"结束生育"时的无意识控制"生育数量"，经济都是第一位考虑原因。在这里，经济因素包括两个方面，一是家庭经济状况，二是孩子的抚养成本。根据伊斯特林的生育经济学分析，生育由"生育控制不需要付出代价时对孩子的需求；没有生育控制情况下夫妇可能会生育的孩子数量；生育控制的代价"等因素决定，"直接决定孩子需求的是家庭收入，以及孩子相对于其他商品的价格和夫妇的主观嗜好"（伊斯特林，1992）。对于德庆村 Y 队的藏族家庭来说，生育控制的经济代价几乎为零，所有避孕方面的服务均免费。以 ZS 家为例，她家的经济一直都不宽裕。生育第一个女儿时，ZS 与丈夫还没有自己的家，是同自己的父母兄弟姐妹在一起。家庭的拮据曾让 ZS 只想生一个孩子，但还是有了小儿子。这时家里的经济状况仍然没有改善，甚至因为家庭人口的增加，丈夫不得不回到自己的父母家居住，而留下 ZS 和年幼的子女在德庆村。所以当联合国的一个项目免费为村民提供结扎手术服务时，ZS 毫不犹豫地接受了手术。当问到如果这种结扎手术不免费，是否还会接受这种手术时，ZS 肯定地说会去做结扎。她说自己会到拉萨去做手术。

笔者曾在拉萨市内问到一位城区藏族妇女，她表示现在只想要一个孩子，因为孩子的教育费用太高。拉萨的一名藏族导游希望能多生一些孩子，但最终仍只打算要一个，因为"多了养不起，还是生一个，这样孩子可以生活得更好一些"。

有趣的是，经济因素在牧区有着正反两方面的作用。牧区牧民在生育数量上的期望值要高于农区的农民。笔者在那曲地区安多县访问的一户牧民就认为"4 个孩子比较好。牧区劳动量大，孩子少了，就没人干活了。生得太多，不好养，到时候每个人的牛就少了"。这一说法得到当时在座其他村民的认同，有的人甚至认为 5 个或者 6 个孩子更好。牧区的劳动量大，孩子是必不可少的劳动力，放牧的工作主要是靠孩子来做。牧区的孩子一般五六岁的时候就开始放牧。那里的家庭一般至少拥有上百头的牲口，大多是牦牛，一个四口之家是很难照料这么多牲口的。这时候孩子的收益体现在他的家庭劳动力价值上，孩子越多，父母得到的无形的家庭劳动力价值就越大。但是当孩子数量超过一定的数目时，家庭会遇上农区家庭同样的问题——是否养得起这么多孩子。

我们再回过头来看经济因素对德庆村 Y 队妇女的影响。Y 队 24 户人家共有土地 150 亩，平均每户拥有 6.25 亩土地。1974 年西藏自治区政府制定了新的土地政策，到 2002 年时还没有更改。政府规定每家分配到的土地以家中人头数计算，不分男女，每人可分得 2 亩地。无论家中人口是增加还是减少，以后都不收回土地也不增加土地。所以自 1974 年以来，新出生的人口不再分配土地。孩子多，并不会带来家里土地的增多。孩子们常做的事是放牛（每户都有 1~2 头牛），收割的时候在田里搭手帮忙。所以农区孩子的劳动力价值就远远比不上牧区的孩子。此外，考虑到孩子的抚养成本，牧民所住的地方往往离城市很远，且在高海拔地区，抚养一个孩子的成本就限于教育以及日常基本消费。牧区的教育水平和农区相比较为落后，加上牧民居住点分散，一般都离学校很远，所以牧区的孩子能上完小学就已很不容易。相比之下，农区孩子更有可能读到中学，无形中农区孩子的教育成本要高于牧区。至于日常消费，农区的市镇比牧区发达。农民可能一星期赶一次集，而牧民一个月也未必会赶一次集。尤其对生活在距离拉萨市仅25公里、每天有班车往返于两地的德庆村的村民来说，孩子的消费不仅限于基本的日常生活消费。对比收益和成本的此消彼长和实际的经济状况，该队妇女对生育数量的期望值自然比较低。

（2）藏传佛教和习俗观念的影响

当地与生育有关的重要习俗就是孩子的命名。新生儿出生后，孩子的父母会请寺庙里的僧人来为孩子念经，祈求孩子平安健康。孩子满月后，父母会抱着孩子到寺庙里请德高望重的僧人为孩子命名。Y队的村民与大多数藏族人一样，信奉藏传佛教的格鲁教派。

佛教对人们的生育数量、生育时间和生育目的都有一定的影响。藏传佛教并不鼓励生育，深受藏传佛教影响的藏族妇女并不追求生育多数量的孩子。这点与其他一些民族不同。

当问到有关生育目的和生育时间安排的问题时，被访者都不明白为什么我们要问这样的问题。在他们看来，生孩子是很自然的事情，怀孕了，自然就要把孩子生下来，因为这与藏传佛教中"自然"的哲理思想相吻合。藏传佛教也是一个禁止杀生的宗教，所以Y队的妇女没有一人有过人工流产的经历。

信奉藏传佛教的藏族民众，对子女的性别也没有特别的偏好。本章前面有关西藏社会以及藏族妇女生育行为的文献回顾中也显示藏族人没有性别偏好。这与有着"重男轻女"传统的汉族等其他民族相比非常不同。首先，自古以来在社会生产劳动中，藏族男女是平等的。在农奴社会，男女共同从事生产劳动，女性和男性同样享受继承权。"在家庭生活中，妇女的权利比男人更大……

贵族的妇女同样能继承家族财产，所以有时为了巩固家族利益，她们会招收'上门女婿'……但是在政治和宗教上，女人没有像男人一样的地位。"（贝尔，1936：189~192、213）在农区，妇女常常和男人一样操持农务，种植青稞和小麦，和男人一起支撑家庭经济。在牧区，妇女的劳动量往往比男性还大，"她们要放牧、挤奶、做饭，和男人一起搭帐篷、卸帐篷……如果不是在牧区出生长大的妇女完全做不了牧区的工作，所以如果农区的妇女和牧区的男人结婚，通常是男人搬到农区生活"，西藏大学一位从事地理和人口研究的藏族老师如是说。

其次，"藏族人的宗族、家族观念淡薄，没有'传宗接代'的生育观念。藏传佛教及宗嗣观念对人们的生育意愿起着比较积极的作用"（张天路，2001：145），也就是不鼓励人们多生，要有大家庭。藏族人一般没有自己的姓，名字是寺庙的喇嘛或者德高望重的僧人给取的。ZS 的女儿叫央吉达瓦（月亮的意思），儿子叫洛桑平措（平安吉祥）。藏族人在"传宗接代"方面没有汉族的"不孝有三、无后为大"的观念，父母的赡养也不一定是由儿子承担。在有些地区，父母选择与对自己好的儿子或女儿一起生活。在德庆村，当地的老人不愿意离开家，一般是与第一个结婚的子女生活在一起。而藏族男女结合也没有女方一定到男方家生活的传统。女子可以嫁到夫家，或是男子搬到女方家，这些都因人而异，在藏族地区都很普遍。在婚姻居住形式上，藏族风俗和观念中没有汉族的"娶过门"或者"倒插门"一说。在汉族传统中，"门"就代表了一种家族观念，而在藏族传统中，夫妻两人生活在一起就是一个独立的家庭，既有公婆与两夫妻同住的，也有丈人丈母娘和夫妻俩共同生活的。在 Y 队里，既有从拉萨城关区附近的农村嫁过来的媳妇，也有从山的另一边的牧区过来的女婿。此外，我们从称谓也能找到相关的解释。在藏语中，父亲的父母亲（汉族中的爷爷奶奶）和母亲的父母亲（汉族中的姥姥姥爷）共用一种称谓，仅有性别的差异。人们称呼父亲和母亲的父亲（汉族中的爷爷和姥爷）为"PU"，称呼父亲和母亲的母亲（汉族中的奶奶和姥姥）为"PUMU"。这点不同于父系观念深重的汉族，汉族严格区别了父系亲属与母系亲属的称谓。

最后，藏传佛教禁杀生，强调"众生平等"。深受藏传佛教影响的藏族人也因此没有性别偏好或差异。他们不会为了生儿子或生女儿而进行选择性人工流产或溺婴，丈夫也不会因为孩子的性别而对孩子有区别对待，对妻子的态度也不会因为孩子的性别而发生反方向的转变。ZS说她生下女儿时丈夫特别开心，每天为刚出生的女儿洗衣服、洗尿布，天天围着女儿转，欢喜得都不敢抱女儿，生怕碰伤了女儿。ZS丈夫和我们聊起他的女儿达瓦时，也是对女儿赞不绝口。

（3）计划生育政策和医疗服务

2002年、2003年的调查让我们感到吃惊的是Y队计划生育政策对妇女的生育行为影响很小，但是下到乡村的计划生育服务对降低当地生育率起着积极的作用。在农区，妇女对于计划生育政策的了解甚少。在德庆村Y队，我们访问到的已婚妇女都知道和听说过计划生育政策，但是没有人能说出比较确切的内容。她们从下乡的计划生育宣传活动中了解到更多的是避孕知识以及可免费接受的计划生育宣传队提供的避孕手术。

而生活在城市里的藏族人则对计划生育政策的内容有较为全面的了解，而且有着自己的想法。拉萨的一名未婚的男性藏族导游希望多生一些孩子，但是觉得抚养孩子的成本比较高，主要指教育成本太高。所以他认为，"养不起，还是生一个，这样孩子可以生活得更好一些"。然而他不赞成计划生育政策，"因为藏族人太少了，西藏又这么大，应该鼓励多多生育"。而一名藏族高校男性老师则认为，"计划生育政策应该针对不同的地区。像牧区，缺乏劳动力，应该鼓励生育，而且应该加强牧区的生殖健康服务。由于牧区的家庭普遍存在劳动力不足的现象，牧区的妇女劳动量大，特别苦，生孩子后也不能休息。但农区应该实行计划生育，因为现在的农田越来越少，农区已经出现人口过剩"。来自林周县的一名藏族政府工作人员（女性）觉得"应该实行计划生育，孩子生多了，养不起，结果孩子吃得不好，穿得不好，这是让孩子受罪。生少一点孩子，这样日子也会越过越好，否则，生多了，只会越来越穷"。

西藏有自己独特的计划生育服务体系。根据当时西藏自治区计划生育委员会一名负责计生服务的工作人员（女性）的介绍，在西藏地区，计划生育服务已经开展到乡里和村里。乡里的医疗站可以做皮埋，但其他类别的避孕手术都要去县医院做。医院还负责避孕药品的发放。县医院是一套人马、两块牌子，一般是县医院或者县卫生服务中心（各地叫法有些差异）的妇产科兼做计划生育服务工作。每年各个县会组织一两次的计划生育服务下乡。有时当地防疫站下去时，妇产科的医生也会跟着一起去服务。服务的主要内容是皮埋、上环和发放避孕药品。在西藏地区，口服长效药的人比较多，上环的少，皮埋和结扎的相对多。自治区有8个县有计划生育流动服务车到乡里和村里提供计划生育服务。此外，西藏各地区的计生服务开展程度不一致。这位计生委的工作人员告诉我们，这种情况应该与交通有一定的关系，"昌都地区和阿里地区的服务就比较差，日喀则地区的也比较差……从全区来看，农区的计划生育工作和计划生育服务开展得非常好"。我们从对不同地区的访问中也能感受到这一点。在德庆村Y队，所有已经采取避孕措施的妇女都是在计划生育流动服务队下乡时接受手术的，我们也被告知这种流动服务每三年就有一次。在位于那曲地区安多县的一个牧区村庄里，牧民告诉我们计划生育服务队只去过他们村一次，那还是1995年的事。留宿我们的女主人MD就是那年做的皮埋。

从在德庆村Y队收集的访谈资料来看，计划生育服务队对该队妇女终止生育行为有影响，主要是通过帮助妇女实现其生育目标，最终影响到其生育行为。该队已做结扎或皮埋的育龄期（18~

45 岁）妇女都是在计划生育服务下乡活动中接受结扎手术或做皮埋的。而未结束生育行为的妇女被问到打算何时采取避孕措施时，一位妇女也说要等计划生育服务队再来村里的时候再做（结扎）。与医院里收费的计划生育手术相比，这种免费的定期下乡的计生服务自然更受村民的欢迎。

访谈过程中，我们也了解到农区和牧区的医疗服务条件都不够方便和完善。在德庆村，妇女有的选择在医院生产，有的选择在家中生产。妇女若在家里生产，村里有接生婆，镇上的医院（确切地说是卫生站）有妇产科医生可以到产妇家帮助产妇接生。如果要上医院，就要到 20 公里外的拉萨市。ZS 选择在家生产是因为当时家里有妈妈，可以很方便地照顾她和孩子。BS 则是因为第一个孩子的夭折让她对医院产生了恶劣的印象，而且自己第二个孩子是在家出生的，非常顺利，于是当她生第三个孩子时，依然选择在家里生产。而在那曲地区安多县牧区的一个村庄里，所有有过生育经历的妇女都至少经历过一次流产（自然流产）。前文提到的 MD 一共有过九次怀孕经历，只有三个孩子存活了下来，其他六个孩子从没见过这个世界。当问到为什么不去医院分娩时，她说："医院太远（MD 住的地方距离安多县城有 20 多公里的山路，家里只有拖拉机），而且在医院生孩子花销大，贵。"

（4）其他可能的解释因素

从访谈资料看，我们认为受访者的个人经历对她们的生育决策和最终的生育行为有深切的影响。历史事件影响个人对未来行为的决策，所谓"前车之鉴"。正如上面提到的 BS，在医院分娩不顺利的经历致使她不再相信医院，而选择在家中分娩。同样是医院分娩事件，另一妇女由于在家分娩时遭遇难产，而临时送往医院，才保全了孩子；住院期间医生为她和丈夫提供了许多生育以及避孕方面的知识，这使得她和丈夫深信在医院分娩比在家中要安全。

自然流产和婴幼儿死亡对妇女生育行为也有不同影响。在 Y

队，受访的妇女都没有自然流产的经历，也没有婴幼儿频繁死亡的事件，妇女并没有多生孩子以防万一的想法。但是，这并不代表她们选择孩子生育数量时不会考虑死亡因素。该队一位老人的话很有代表性："生两个是最好的……如果一个孩子病死了，还有一个孩子在身边。要不等结扎了，（想再生一个）都生不出来了。"死亡因素对牧区妇女生育行为的影响要更大。据我们在牧区接触的两户牧民介绍，她们村子里的妇女都有不止一次的流产经历，一直以来孩子夭折在村里也是很普通的事。由于牧区对劳动力的需求大，为保证家里的劳动力足够多，她们还是要继续生育，最终可能出现的情况是怀孕次数或者生产次数很多，但孩子存活下来的数量并不多。像上面提到的 MD，她怀过 9 次孕，但活下来的孩子只有 3 个。如果她第一个孩子还活着，应该有 20 岁了（2002年），而她现在最大的孩子只有 15 岁（2002 年）。农牧区死亡率的差异使得这两类地区妇女生育行为的自卫反应程度有所不同。

五　个案展示

这一部分我们展示三个个案，来解释当地村民的生育行为。对 ZS 和 BS 两个个案的研究主要说明经济、宗教、计划生育政策以及个人经历等对她们的生育意愿和行为的影响。ZS 和 BS 是我们在参加"三下乡"活动中一起劳动时结识的两名藏族妇女，她们分别育有两个孩子。我们在 Y 队访问时，吃住都在 ZS 家，与 ZS 一家人结下了深厚的友谊，所以我们从 ZS 家获得的信息资料是最丰富的。我们访问 BS 家时，她丈夫在外打工，所以我们只见到了BS 以及她的两个儿子。

另一个个案是退休干部 YX，他曾任县教育局副局长。当听说我们来村子进行调查活动时，他第一时间就赶到 ZS 家，并和我们聊了很长时间。当我们再次来到 Y 队时，YX 邀请我们一起在河边喝酒。YX 是我们在德庆村深入访谈的唯一一位男性。YX 能说流利的普通话，对整个村子 40 年的历史和发展有很深的了解，而且他对当地的计划生育政策非常熟悉，这点与村里其他人（无论妇女还是男子）都不同。通过访谈，我们也发现他对计划生育的态度也影响到他妻子以及女儿的生育行为，所以这一部分的个案研究也收入了 YX 的例子。下面分析的策略是先对个案进行描述，之后做一个简要的归纳分析。

（一）乐观的 ZS

ZS 家一共有四口人，她和丈夫以及一个女儿和一个儿子。2002 年时，ZS 38 岁，丈夫 40 岁，女儿 16 岁，儿子 12 岁。ZS 没上过学，丈夫上过三年小学。

ZS 家是传统的拉萨地区农村建筑，两间房加上一个院子，大约 200 平方米。房顶的每一角都插着藏族的五色旗（从上到下分别是蓝、白、红、黄、绿五种颜色，分别代表天、云、火、地、水），院子的围墙上整齐地码着牛粪，院子里有一个牛栏。ZS 家有两亩地，养了两头牛和一只狗。院子里有两辆自行车，平时分别是 ZS 的丈夫和女儿使用。两间房中的一间大约 40 平方米，里面摆放着一张大的床榻，类似于内地北方的炕。和床榻相对着的是两个传统的藏式橱柜：其中一个橱柜上面供着宗喀巴和观世音像，佛像前有哈达和鲜花；另一个橱柜上面放了一台黑白电视机。另一间房间大约也是 40 平方米，进门右手靠窗和墙放了两张木床，上面都铺有厚厚的藏毯和几床带有补丁的被子。中间是一张藏式饭桌。正对着门，是一个黑色铁皮的灶台。灶台有三个大孔，可以同时烧饭、炒菜和烧水，燃料是牛粪和树枝。进门左手的一大片空间则堆放着厨房用具（比如锅），还有树枝以及一些农具。

在 Y 队，ZS 家的经济状况属于中下游。ZS 家只有两亩地。因为丈夫是外来女婿，所以丈夫名下没有土地；两个孩子都出生在 1974 年以后，也没有分到土地。平时 ZS 负责农田里的活，种青稞和小麦。丈夫帮乡里或镇上种榆树，或者在周边乡里打工。他有时也去拉萨打工,一般是帮包工头盖房子。去年丈夫种榆树赚了1000 多元钱,以往打工的时候也能挣上 2000～3000 多元。去年收成比较好,家里的粮食收了 100 开,当地的一开折合 28 斤,也就是总共收获了 2800 斤粮食。他们没有卖粮食,所有粮食都留给自己吃。去年家里一共花了 7000 元,其中 5000 元用来盖房子,另外2000 元是平日的生活开支,主要购买一些日用品、付电费还有购买孩子的衣服等。

ZS 与丈夫的相识经历非常浪漫。当年,ZS 的丈夫从牧区来到这个乡打工,认识了 ZS。ZS 和丈夫都非常喜欢唱歌而且都是当地的唱歌能手,两人相识相爱并结婚。当时两个人就领了结婚证,但没有举行婚礼。之后丈夫就从牧区搬过来住了。ZS 21 岁结婚,22 岁生大女儿 DW,26 岁生下儿子 LS。她的两个孩子都是在家里出生的。ZS 是在生下儿子后不久,正赶上联合国一个项目来到村里,帮助这里的妇女做避孕手术,于是 ZS 就做了结扎手术。

谈话中,我们了解到,ZS 曾经只想生一个孩子。她说生女儿时,只想生一个孩子,因为家里比较穷。但后来 ZS 决定再生一个孩子,是因为"不想让 DW 一个人长大,希望她有个伴,这样会比较好"。但是她现在不想再生孩子了,她认为有两个孩子就已经足够,家里也不太富裕。所以当有联合国项目提供服务时,ZS 马上就做了结扎,尽管她至今也不知道联合国到底是什么。当问她如果当年没有联合国的免费结扎手术服务,她是否会自己上医院做这个手术时,ZS 很坚决地给予我们肯定的答复。

ZS 认为生孩子是一件非常自然的事,她没有想过自己会生男孩还是女孩;她也不觉得生孩子应该上医院,因为"没有病就可以不去医院,家里还有妈妈"。而事实上,县里没有医院,只有卫生站,村里的妇女如果要去医院分娩,就必须赶到 20 公里外的拉萨市。在 ZS 的印象中,医院应该是吃药和打针的地方,生病了才需要光顾医院。

ZS 对两个孩子抱有很大的期望,希望两个孩子以后都能上大学，当国家干部。ZS 的两个孩子现在都在读书，女儿当年（2002年）初中毕业，已考上了拉萨市第二高级中学，是本村当年唯一考上高中的人。儿子还在读小学四年级。谈到女儿和儿子时，笔者可以看到 ZS 脸上骄傲的笑容，她很疼爱自己的两个孩子。尽管现在家里比较穷，只有两亩地，丈夫一年打工的钱最多也只有2000~3000 元，但 ZS 和丈夫认为，只要两个孩子能继续上学，她和丈夫就会想尽一切办法供两个孩子上学，让他们上大学。

　　从访谈和观察所得的信息来看，ZS 是一个生活态度非常乐观而且积极向上的人。不过她年轻时所经历的经济上窘迫的岁月也影响到她的生育意愿和行为，以及她对孩子的期望。ZS 家的经济状况一直并不宽裕。ZS 刚与丈夫结婚时，夫妻二人还与 ZS 的父母住在一起。ZS 是家里的老大，下面还有五个兄弟姐妹。直到 ZS 的第二个孩子出世，ZS 才和父母分了家，与丈夫和孩子在村里另建了房子。现在 ZS 的父母两个人独自居住在老房子里。当问到为什么不和父母同住时，ZS 认为两个孩子都大了，再在一起生活太挤了，想要有自己的房子。估计是 ZS 与父母及兄弟姐妹同住的经历并没给她留下很好的记忆。当时家里人多，儿子出生时，丈夫不得不回自己父母家住，留下妻子和孩子在德庆村。丈夫是外来女婿，并不是本村人，而女儿和儿子出生晚，错过了分田的时候（1974 年），所以 ZS 一家四口的主要经济来源是 ZS 名下的两亩地。面对目前并不宽裕，相对村里其他人家还比较紧张的生活，ZS 自然希望自己的孩子以后能比现在要好。而在她的想法里，当国家干部就能过上比较好的生活。同村里有一个比较生动和现实的干部例子就是 YX，也是后文要提到的一个个案。这位退休干部拥有全大队唯一的一部电话，还是手机。在这个依旧没有通电话，甚至还没有通自来水的村子，能有一部手机绝对是一件让人羡慕的事。在 ZS 朴素的想法里，YX 的生活就很好。在西藏自治区，藏族人要当国家干部，首先就要受过教育而且懂汉语，而离 ZS 最近的国家干部（包括教师）就是 YX 以及他的二女儿。YX 的二女儿在县里的职业技校教书。在当时的达孜县，一名初中或者技校老师的月工资是 2000 元，这对一年消费 2000 元的 ZS 家而言，绝对是份好工作。这也是 ZS 希望自己的两个孩子念书上大学、当国家干部的原因。从 ZS 自身而言，她喜欢看新闻，积极参加村里或镇上的各种会议和活动。从某种程度上而言，她坚持保持与外面世界的沟通和联系，尽量使自己跟上社会发展的脚步。她的这些行为也可以反映出她具有相当的远见。

（二）知足的 BS

BS 家里有四口人，她和丈夫以及两个儿子。2002 年 BS 和丈夫都 34 岁。BS 念到了小学五年级，丈夫也是小学五年级毕业。两个儿子一个 7 岁，一个 9 岁，当时在乡里小学念二年级。

BS 家的房子和 ZS 家一样，同为典型的拉萨河谷地区农村的建筑。家里的房子加上院子有 200 多平方米。他们共有三间大屋，其中两间连在一起，另一间则是独立建造的。除房屋外还有一个牲口圈，里面养着猪和羊。房子的建筑材料是石头和木头。三间房屋中的一间大屋里面摆放着两张长床榻，一列传统藏式橱柜靠墙一字摆开，上面供奉宗喀巴和观世音像，橱柜上摆放着一台黑白电视机。这间大屋主要用作客厅。另一间大屋锁着，没能看到房间的布置。而独立的那间房间是卧室兼厨房，里面摆放着两张床、一个通风灶、一个煤气灶，窗台上有一个收音机。做饭烧水都使用通风灶，燃料是干牛粪。床上铺着丈夫编织的传统藏毡。

BS 家的经济状况在该队算是中等水平。BS 家一共有 1 头牛、4 只羊、10 只鸡。家中的 5 亩地种植青稞和麦子，还有一小块菜地，种土豆。家里收入的主要来源是青稞、麦子和到集市上卖鸡蛋的钱，丈夫编织藏毡也会赚一些钱。2001 年，家里收割了 240 开（合 6720 斤）小麦和青稞，全部留下家人吃以及冬天喂牛羊。自己卖鸡蛋以及丈夫为人编织藏毡的收入每年有 3000 多元。平时 BS 在家务农，丈夫编织藏毡，游走于周边村庄和乡县。丈夫在外接活时，有时回家住，有时就住在东家，每天交 10 元，包吃包住。他回家的时间不确定，要看活儿的情况。当时访问 BS 时，她的丈夫在另一个乡里帮人编织藏毡。

BS 是外来媳妇，老家在拉萨城关区附近的农村。BS 小学毕业后，在亲戚家帮工时认识了当时同在亲戚家打工的丈夫。21 岁时，BS 和丈夫结婚，两人结婚时没有举办任何婚礼仪式，也未领取结婚证。BS 和丈夫曾在自己家乡生活过 3 年，之后随丈夫回到达孜县。回到达孜后，两夫妻才领了结婚证。丈夫家里还有父亲和三个姐姐。公公和丈夫的大姐同住，住在村子的另一端。

BS 有过悲伤的生育经历。BS 和丈夫结婚当年（指他们还在拉萨城关区时）就生了一个孩子，但一天后夭折。当时 BS 得知怀孕后，每半个月就去医院做一次孕检。在生产前一个月照 B 超时，查出孩子胎位不正，但是直到生产时医院也没有采取任何抢救措施，孩子脚先落地，第二天就死了，医生说没有办法将孩子救活。后来 BS 与丈夫回到达孜县，25 岁生下大儿子，27 岁生下小儿子，两个孩子都在家里出生。因为第一个孩子夭折，他们不再相信医院，再怀孕后也没有去过医院检查，生孩子时请村里的接生婆接生，两个孩子的出生都非常顺利，BS 自己也没什么大的问题。所以 BS 对在医院分娩生孩子仍然持否定的态度，她认为"去医院生孩子，有钱的就管，没钱的就不管"。

BS 第二次怀孕时，夫妻两人以及娘家人都很高兴，大家都希望 BS 能再生一个男孩子，因为 BS 的姐妹以及丈夫的兄弟姐妹生的都是女孩，所以大家都希望家里能再添一个男孩。但是 BS 现在（访谈时）却想生一个女孩，"因为已经有了两个儿子……但是我不能再生了。因为农村有规定，只能生三个孩子，而且我已经做了手术（指结扎）"。当我们问到如果她没做结扎手术，是否还会再要一个孩子时，BS 迟疑了一下，还是摇摇头，说自己现在也不想生孩子了，因为"生的孩子多了，农田不够"。然而我们仍然能够看出 BS 希望自己能有一个女儿。

与 ZS 不同，BS 对两个儿子没有什么明确的期望。BS 的两个儿子在乡里学校读小学，和 ZS 的儿子是同学，在学校的成绩也非常不错。BS 只是希望自己的孩子能够非常健康，至于他们以后做什么，BS 认为这些都是孩子的事，她对孩子没有什么要求，没有什么希望。当我们说到 ZS 家的女儿 DW 考上拉萨的高中时，BS 也兴奋地点点头，直夸 DW。对于自己孩子在学校里的读书表现，BS 也很满意。看着放牛回来的两个儿子，BS 说："他们读完书，可以去城关区打工，也可以帮我种田。"

在访谈过程中，BS 脸上一直带着笑容，只是说到她第一个孩子时，神情稍微有些激动。第一个孩子的夭折始终让 BS 对医院耿耿于怀。从第一次怀孕时坚持半个月就上医院做一次检查到后来连生两个孩子都不肯再去医院，BS 不再相信在医院分娩有助于母子健康。而第一个孩子的夭折也让 BS 更多地关心孩子的健康。在我们的访谈过程中，BS 为我们端上的不是传统的酥油茶，而是刚挤好的牛奶以及新鲜的奶渣子。她告诉我们她家的牛奶比城里的牛奶更好喝，也更有营养，让我们一定要多喝几碗。而 BS 也很快为她两个刚放牛回来的儿子送上新鲜的牛奶。所以在谈到对孩子的期望时，BS 最大的希望就是两个孩子能健康平安。

BS 家的经济状况在 Y 队属于中等水平，BS 也没有很强烈的改变现状的念头。但在考虑是否还会再生孩子时，BS 考虑的更多的是家里的经济状况。BS 认为五亩地对于养育三个或者更多的孩子来说是不够的。以目前的家庭经济收入，抚养两个孩子还足够，但如果再添一个，日子将会过得比较紧张；而且五亩地将来是要留给孩子的，对于三个或者三个以上的孩子而言，五亩地也太少了。BS 在考虑自己的生育问题时，并没有想过计划生育政策的限制。她对计划生育政策的了解仅限于"农村只准生三个"，对计划生育政策的具体内容并不很清楚和了解。而事实上，BS 事先并没有计划自己要生多少个孩子。在生下两个孩子后，BS 一直没有采取任何避孕措施，直到县里有医疗队来到村里为育龄妇女提供免费的结扎手术。BS 觉得再要一个孩子，经济上会比较吃力，于是选择做结扎手术。相对于 ZS 积极要求进行结扎手术，BS 则更为消极。由此，我们可以看到计划生育服务下乡的积极作用，尤其是免费的避孕服务对控制农区妇女的生育数量、满足妇女计划生育需求的积极作用。免费的计生服务下乡，一方面可以满足像 ZS 这样自觉式"终止生育"妇女的需求；另一方面可以激发像 BS 这样有可能需要计划生育的妇女的潜在需求。

此外在有关生育时间和生育目的的问题上，BS 的反应与 ZS 一样，她没有想过要如何安排自己的生育时间和生育间隔，一切都顺其自然；同样也不觉得自己生孩子需要有什么目的。笔者认为这与她们的工作有关。她们常年在家务农，BS 偶尔上集市卖鸡蛋，但总的说来她们的事业就是自己的家庭。生养孩子非但对她们的"事业"没有影响，反而是她们"事业"的一部分，自然，她们都不会想到像城区的人对自己的生育时间进行安排。

（三）殷实的 YX

YX 是我们在德庆村 Y 队访谈的唯一一位 60 岁以上的老人，而且不是育龄妇女。他对村里的事物十分了解，所以访谈他为我们了解 Y 队的基本情况以及妇女家庭生活有很大的帮助。YX 1942 年出生在山南，1960 年到陕西咸阳民族学院上了 4 年半的学，去之前是文盲。YX 毕业后回到西藏开展"社教"运动，后来成为国家干部，官至县教育局副局长。1997 年退休至今，YX 和老伴同大女儿一家一同生活。他的装扮与一般汉族老人无异，普通话非常流利，所以我们的交流和访谈非常顺利。

YX 的老伴是本村人，他算是上门女婿，妻子比他小 8 岁。当时他到这个村子进行"三教（社会主义教育、爱国主义教育和集体主义教育）"时认识了妻子。他 1968 年和妻子结婚，婚后妻子继续住在村里。退休前，YX 的妻子在家务农，他在城里上班，节假日回家；退休后就和妻子一直住在村里。他与妻子一共生养了

三个孩子：两个女儿、一个儿子。2002 年时大女儿 34 岁，小女儿
30 岁。儿子小，当过兵，但几年前在昌都地区服役时为救被山洪
卷走的汉族战友而牺牲。大女儿现在在家务农，小女儿是达孜县
中学的教师。

YX 向我们介绍说，原来这个村子和他同一辈的人，一般都生
五六个孩子，但他生了三个孩子以后响应国家计划生育的号召，
让妻子去医院做了结扎手术。他的两个女儿分别又都生了两个孩
子。他告诉我们，他两个女儿生完各自的第二胎后，他马上让自
己的妻子劝两个女儿做了结扎手术。

当被问及他心目中最理想的孩子数量时，YX 说："孩子数量
尽量少。因为现在孩子不好养，要花钱的地方太多，而家里的土
地也有限……但是只生一个也不好，所以两个是最好的……如果
一个孩子病死了，还有一个孩子在身边。要不等结扎了，（想再生
一个孩子）都生不出来了。"他认为孩子多了，家庭负担也会大很
多。其中有一个原因就是在当地，儿女结婚，男女双方的家庭都
要出钱为他们盖房子。而在问到对性别的期望时，YX 反问："你
们汉族是不是只喜欢男的？"YX 摇摇头说："在我们藏族，儿子和
女儿一样，都很好。我的两个女儿都生的是女儿。她们生完两个
孩子后，我就让她们的妈妈劝她们做了结扎手术……中国的问题
是人多，不是人少（所以要计划生育）。我首先要响应国家号召。
第一我参加革命工作早，我又是党员（1975 年 7 月 1 日入党），再
加上又是烈属，所以更应该积极地拥护计划生育政策。"

YX 对计划生育政策了解得非常清楚，并且他向我们介绍了当
地的计划生育宣传活动：1998 年以前，计划生育政策宣传活动是
每三年下乡一次，但宣传力度逐年减弱；从 1998 年开始政府就不
再宣传计划生育政策了，因为农民自己已经开始不想多生孩子了。
现在每三年下乡一次的宣传活动主要是为有结扎需要的妇女提供
结扎服务。村民结扎是自愿的，男女都一样。

YX 认为，"应该响应拥护这一政策，尤其作为一名共产党员、

国家干部和烈士家属，更应该拥护这一政策。另外一个原因就是如果生得多了，人多了，土地有限，会越来越穷"。这个村子，"没有计划生育前，两口子，生 12 个的也有。有的死了，有的活下来了。后来是五六个。现在国家规定农区夫妇最多只能生两个孩子，但并不强制执行，只是提倡。如今村里的夫妻俩多半只生两个孩子。孩子素质也高了，吃得好些，穿得好些，书也读了"。

在拥护计划生育政策的同时，YX 也很支持计划生育服务，认为妇女应住院生产。YX 的三个孩子，除了大女儿外，都在医院出生。YX 的妻子也在产前产后得到很好的照顾和休息。YX 的两个女儿都是在医院进行的生产，小女儿更是享受了三个月的假期。但是 YX 认为孕妇在生产前应该坚持劳动，因为对孕妇来说，"怀孕时不活动不利于身体健康"。

在整个访谈过程以及日后的聊天中，我们时时刻刻能感觉 YX 始终站在一个老共产党员的立场和我们交流，以至于当我们问及他的宗教信仰时，他说自己没有任何宗教信仰，他的信仰只有"马克思主义"或者"共产主义"。

YX 家的经济状况在 Y 队能够列入上游水平。他家一共有 10 亩地，目前都是大女儿一家在耕种。YX 每个月的退休金大约 1000元，并且享受公费医疗，这在 Y 队是独一无二的。YX 的小女儿在县里教书生活，大女儿一家则在务农，两家的生活在当地都称得上殷实。由于常年担当国家干部，YX 的行为更多地体现了一种政策的影响。YX 的妻子是该村最早一批做结扎手术的妇女，目的是响应国家计划生育的号召。在 YX 妻子做结扎的时期，以当时的家庭收入养育四个孩子都没有问题，而且当时的计划生育政策主要是针对在藏工作的汉族人口，对藏族及其他少数民族只是鼓励实行计划生育。但是 YX 选择了计划生育。当 YX 的两个女儿步入生育期时，YX 又对自己的孩子做工作，敦促她们实行计划生育，一方面是出于对计划生育政策的拥护，另一方面也是基于现实经济情况的考虑。在达孜县，现在养育一个孩子的花费要远远高于以前养育一个孩子的花费。"现在的各种费用都高了。原来一个孩子的吃穿花不了多少钱，但现在这些都不是小数目。再加上孩子上学的钱。如果孩子要读高中，一年下来的学费和在校的食宿费用至少要两三千元。"YX 常年在教育系统工作，也看到教师的待遇日益提高，在当地算是高收入人群。所以 YX 很是看重子女的教育，并且认为公务员是很有前途的一份工作。在这点上，YX 夸赞了第一个个案中 ZS 的女儿 DW，也认为 ZS 两口子比村里其他人都有远见。

以上三个个案从不同层面反映出经济因素对限制当地妇女生育数量的促进作用，以及村民对子女性别无偏好的特性，然而三个个案的最大的区别在于计划生育政策的影响作用。ZS 和 BS 对计划生育政策的了解程度很低；相比之下，YX 对这一政策了解甚深，并且以积极响应计划生育政策号召为荣，这与 YX 在县里担任公职有很大的关系。这也反映出在这一地区，或者在很多西藏地区，计划生育政策的影响并没有深入普通农民家庭，仅限于在政府机关工作的公务员家庭。

六　基本结论及讨论

根据在当地的调研，德庆村藏族妇女的生育模式在发生着转变。已婚育龄妇女的生育数量已经逐渐由上一代的 5~6 个降低到现在的 2~3 个。2 个孩子是该村妇女现阶段的理想生育数量，这种生育行为已经具备"半计划"的特点。该村妇女对初育时间以及胎次间隔的人为安排尚无概念，初婚年龄和初育年龄间隔较短，一般相隔在 2 年之内；但是她们开始通过下乡的计划生育服务有意识地终止自己的生育。已终止生育的妇女采用的都是结扎或者皮埋的方式。

在当地，几大因素影响着人们的生育观念和行为的转变，主要是经济因素、文化因素（主要是宗教和习俗）以及计划生育的服务因素。首先，经济因素是影响该地区妇女生育决策的首要因素，它对妇女的生育行为可以从家庭经济状况、孩子的成本-收益以及控制生育成本三方面产生影响。

该队各家的主要收入来源是粮食种植收入和打工收入。家庭拥有耕地的多少在很大程度上决定了家庭的经济状况，因为土地所收获的粮食全部归自己所有，不用上缴政府。不但家庭经济现有的抚养力影响该队村民对孩子数量的追求，将来家庭土地的分配问题也对之发生作用。当家庭所拥有的土地为固定值时，子女的数量也就决定了今后每个孩子人均拥有土地的数量，当然前提是孩子都留在村里从事农业劳动。

根据莱宾斯坦有关家庭规模的成本效用分析中对成本和效用（即父母从孩子身上获得的收益）的定义（李竞能，2004：29～37），分别考量孩子的抚养成本和收益可以发现，对于该队村民而言，孩子的抚养成本呈上升趋势，而收益却在下降。孩子抚养成本的上升体现在：一方面是孩子的日常消费品价格上涨，而且消费品名目又比以往更加丰富，用当地人的话说就是"花钱的地方越来越多"；另一方面是由于义务教育的普及，孩子一般都要读完中学。相比以前，教育费用渐渐成为一大开支。此外，当地有一风俗，孩子成家后新居的建造费用由夫妻双方的父母共同承担。如此一来，孩子数量多，也就意味着父母在为孩子教育和未来新居建造上的花费也将增多。孩子的收益主要体现在孩子对家庭经济上的贡献。对于该队村民而言，由于各家拥有的耕地数量有限，该队实行互助制，劳动力已经出现富余，孩子在劳动力贡献方面的价值在下降。就目前而言，孩子的经济价值主要体现在养老方面。孩子抚养成本的上升与收益的下降促使村民不再多生。

这种成本-收益分析同样可以解释笔者所访问到的城区妇女的生育行为，但并不适用于解释笔者所访问到的牧民案例。与农区的农民一样，牧民孩子的抚养成本也在上升，收益也在下降。但是孩子的收益下降并不是因为劳动力过剩，而在于孩子的上学时间挤占了他们的劳动时间，从而使得孩子的收益下降。在牧区，孩子是重要的劳动力来源，这也就不难理解为何牧民对孩子数量上的需求仍维持在比农区农民高的水平。一位被访牧民如此解释，"家里牛羊这么多（据笔者观察这位牧民家所有牲畜加起来超过300头，这在他的村子只是一般的水平），他们（指孩子）又要上学，只生两三个的话，根本看不过来（指照看牛羊）"。为了保持劳动力总收益不变，在孩子单位收益下降的情况下，牧民的生育数量必须维持在一个相对高的水平。因此，应该看到在西藏不同地方，孩子对家庭的作用有差异，进而造成人们的生育意愿和生育行为方面的不同。

其次，藏传佛教的宗教观念对该地区藏族人民的生育观念，尤其是性别无偏好上有着积极的影响。宗教对藏族人的影响是在长期的历史中形成的。宗教完全融入藏族人的生活，他们的生活、文化、风俗和思想意识都有深刻的宗教痕迹。同时，宗教哲学，尤其是藏传佛教的佛教哲学思想深深地影响着藏族人的性格，但它的影响并不是孤立地存在的。分析这种宗教对生育行为的影响很难像分析经济因素的影响一样将其剥离出来进行独立分析。我们可以感知这种宗教力量的影响，要剖析这种影响，就要从被访者看待生育行为的角度出发。被访者普遍认为生育并无目的，孩子是上天所赐，每个孩子都会给他们带来欢乐。就笔者理解，这种生育无目的性是指他们并不会出于某一种动机生孩子，生孩子是他们生命历程的一部分，但他们会为了某种原因停止生孩子。当妇女初次怀孕，或是孩子的数量让她们比较满意时，她们都是非常开心的。当再次怀孕带来更多的是痛苦和忧虑时，她们倾向于中止生育。但这并不意味着她们要采取人工流产或药物流产等方式中止生育。在藏传佛教中，杀生是一种罪过，但并未说不生孩子是一种罪过。在未接触到避孕措施时，妇女只能任自己怀孕、生产；当生育成为一种痛苦，而且可以采取避孕措施时，避孕措施无疑可用来解脱自己的痛苦，这种行为也并不有悖于藏传佛教的宗旨。

藏传佛教与文化习俗的另一大影响体现在对性别无偏好上有着积极作用。佛教讲求众生平等，而藏传佛教本身也不强调性别，许多重要的佛中既有显男相的佛，也有显女相的佛（如度母、密宗中的本尊天女），还有的佛并无性别定位或是阴阳共生。这也为无性别偏好营造了一个很好的宗教环境。一方面，藏族的文化习俗中没有汉族的"家本位"特征，不像汉族有浓烈的家族特征以及男性传宗接代的观念，也就没有重男轻女的意识；另一方面，藏族也不似摩梭族有着"母系氏族"观念，有"重女轻男"的思想。受访者流露出稍微偏重男性的原因都基于儿子的劳动力价值大于女儿。

最后，计划生育对人们生育意愿和行为有实际影响。计划生育包括计划生育政策和计划生育服务。政策方面，农牧区的家庭对计划生育政策的了解远不如城区家庭。计划生育对所调研地区村民生育数量的决策影响甚微。计划生育政策始终是一种自上而下的社会政治组织行为，在需要严格控制生育数量的地方，广泛宣传与通过行政等手段严厉执行该政策对降低当地生育率水平是卓有成效的，这在内地广大城市、农村已经得到了验证。但对于西藏这一特殊地区，计划生育政策比内地的政策宽松许多。就政策本身而言，它对农牧区藏族（以及门巴族和珞巴族等人口稀少的民族）人口生育的约束力就很弱（相对于它对汉族人口的约束力）。基层组织对这一宽松政策的执行也是宽松的，受访者对计划生育政策了解认知的程度也从一个侧面说明了这一问题。

受访地区计划生育服务工作开展情况良好，能够满足当地妇女的避孕需求，对当地藏族妇女减少生育数量有着促进作用。西藏地区特殊的计划生育服务下乡活动满足了藏族妇女对避孕的需求，同时也关注与藏族妇女切实相关的健康问题，为人们提供了妇女健康的相关知识。很重要的一点是这种服务是免费的，自然深受藏族妇女的欢迎。被访者的回答能反映出，这种免费的计划生育服务一方面可以满足现实已存在的需求，另一方面能激发出潜在的需求。这种妇女自愿减少生育数量的行为要比因政策要求而减少生育数量的行为稳定得多，而且也不易反弹，这对降低生育率水平和稳定生育率水平有重大意义。既然生活在农牧区的藏族人在不甚了解计划生育政策，而且计划生育政策约束力较弱的情况下，因为经济等因素已经有意识地减少生育数量，那么在藏区更广泛地开展计划生育服务要比强调计划生育政策的作用大，而且更贴近藏族人的生活需求，不至于产生政策压力问题。

计划生育服务也应该包括医院为孕产妇提供的服务。在所调查地区，医院为妇女生产提供的服务还需进一步加强，尤其是服务质量还需进一步提高。只有服务水平提高、服务质量提升，才能吸引更多藏族妇女到医院分娩生产，提高入院分娩率，保障妇女和新生儿的健康和福利。同时，加强基层的医疗服务建设以及提高基层医疗服务水平也刻不容缓。由于西藏特殊的地理环境，在农牧区，居民点之间的地理距离长，交通不便，妇女选择在医院进行分娩在现实操作层面上有很大难度，这就需要考虑是否能在居民点建立科学分娩服务等生殖健康服务提供站或者在居民点培训能够提供这种科学服务的人员。

本章所呈现的研究是一个探索性研究，提供了15年前西藏一个村庄中人们的经济和日常生活的一个侧影。它更在微观层面上对西藏达孜县德庆村藏族妇女的生育意愿与行为，尤其是对宗教文化以及风俗观念对生育的影响进行了相对细致的描述和分析。研究试图运用相关的经济学理论对农区和牧区的生育行为进行解释，结果发现这些理论能对农区妇女生育数量下降有很好的解释，但并不能很好地解释在孩子经济优势下降的情况下，为何牧区妇女的生育数量仍维持在高水平。此外，与内地不同，计划生育政策在当地的影响力要远远小于计划生育服务的影响力。

尽管本研究有较好的学术贡献，但其不足也是明显的，主要表现在研究人员不懂当地语言且调查时间短，未能开展足够长时

晚，相关历史资料比较缺乏。1970 年代以来，我国开始全面推行计划生育政策，其间开展了一系列人口和生育方面的全国调查，生育意愿的内容开始纳入一些地区性调查，但通常是利用一两个问题简单统计人们的理想子女数量和性别。尽管在 1982 年已经出版了张子毅、杨文等编著的《中国青年的生育意愿——北京、四川两地城乡调查报告》一书，但国内真正开始关注并着手研究生育意愿相关概念应始于中国人民大学的顾宝昌（1992）。近年来各地进行了多项大规模的生育意愿调查（如风笑天、郑真真等学者），学界普遍认为生育意愿与人们未来的生育行为之间存在密切联系，研究群体生育意愿对预测未来生育水平、制定和调整人口政策等都有着指导性意义。

　　笔者在这里将国内相关的生育意愿研究文献，按照研究对象的不同，分为关于大学生的和关于少数民族的生育意愿研究（以藏族为主）两个部分进行回顾和梳理，同时也将简要回顾关于生育意愿影响因素的研究。

1. 关于大学生生育意愿的研究

　　1990 年国家教育部颁布的旧版《普通高等学校学籍管理规定》[1] 中有关于在校大学生不得结婚的具体规定。[2] 该项条例直至 2005 年新版颁布时才得以取消，改为"学生能否结婚，根据国家《婚姻法》和《婚姻登记条例》执行"（《普通高等学校学生管理规定》2005 版[3]）。受制于该规定，此前大学生群体并没有进入国内生育意愿研究的视野。

---

[1] 《普通高等学校学籍管理规定》（1990 - 01 - 20），http：//www.law - lib.com/law/law_ view.asp？id = 6299，最后访问日期：2017 年 7 月 4 日。

[2] 该规定原文为"在校学习期间擅自结婚而未办退学手续的学生，作退学处理；并且被退学的学生，均不得申请复学"。

[3] 《普通高等学校学生管理规定》（2005 - 02 - 04），http：//www.moe.edu.cn/publicfiles/business/htmlfiles/moe/s3262/201001/80054.html，最后访问日期：2017 年 7 月 4 日。

自 1999 年教育部出台《面向 21 世纪教育振兴行动计划》[①] 以来，我国施行扩大高等教育招生人数的教育改革政策，高校录取人数不断创新高。2005 年开始，全国普通高校录取人数就超过 500 万，仅 2012 年一年就有 685 万大学生进入高校就读，大学生群体逐渐成为中国青年的主力军。[②] 2005 年至今是国内针对大学生的生育意愿研究开始崭露头角的时期，国内陆续出现了一些关于大学生婚育观念、生育意愿方面的社会调查和研究。

在理想子女数量方面，相关研究的结果比较一致，近七成大学生的期望生育子女数量为一到两个，其中期望生育一胎和期望生育二胎的比例相当（董兰兰、焦树国，2007；张松林、白芳铭、田侠、房妮、张正勇、俱国鹏、李莉，2007；潘丹，2008；潘雨，2010；孙晓晓，2011）。对此的分析指出，大学生的生育观念已从传统的早生多生向计划生育和优生优育转变，对未来生育行为的态度更是贵精而不贵多，更注重对孩子的后天培养和孩子个人素质的提高（杨菁、章娟，2005）。大学生意愿生育数量与国家计生政策规定基本持平。

对于意愿子女的性别构成，潘雨（2010）在四川大学和孙晓晓（2011）在河北大学的研究显示，近七成学生对于子女性别没有特别偏好，对于生育男孩的性别偏好淡化，转而更倾向于一男一女的子女性别构成。而董长弟（2009）对于福建地区高校女研究生的子女性别偏好研究结果却与此不同，统计结果显示，五成多女研究生有性别偏好，且明显偏好男孩。

关于意愿生育间隔的研究相对较少。潘丹（2008）、潘雨（2010）和孙晓晓（2011）的研究结果显示，四成大学生出于子女抚养和家庭关系的平衡考虑，表示理想的生育间隔为三至四年。

① 《面向 21 世纪教育振兴行动计划》（1998 - 12 - 24），http：//news. sina. com. cn/richtalk/news/china/9902/022523. html，最后访问日期：2017 年 7 月 1 日。
② 《1977 ~ 2014 历年全国高考人数和录取率统计》，http：//edu. sina. com. cn/gaokao/2015 - 06 - 18/1435473862. shtml，最后访问日期：2017 年 7 月 25 日。

大学生接受高等教育的经历，使得他们更擅于对未来的生育行为进行理性的规划，体现在意愿生育间隔上，生育行为的成本效用成为女性进行生育决策时的重要影响因素；同时，她们的生育动机也从服从丈夫和家庭需要向注重自我完善和发展的方向倾斜（杨菁、章娟，2005）。在生育观念和态度方面，张松林等（2007）对于西北地区高校大学生生育意愿进行社会经济分析时提到，经济因素是大学生进行生育决策的首要考虑因素，当下个人经济能力有限、社会竞争激烈、工作压力大等问题均是限制大学生生育意愿的主要原因，这也直接导致"不婚族"或者"丁克族"逐年增多。

此外，国内还有一些关于大学生婚恋观念和行为、对婚前性行为的态度、生育观念等方面的研究，但此类论文的研究主题大都比较广泛，极少开辟专门的章节针对大学生生育意愿进行详细的调查和分析，其中涉及生育意愿部分的调查结果也与前述大体一致，在此不再赘述。

2. 关于藏族女性的生育意愿研究

有关藏族妇女生育意愿的研究多在西藏地区开展。对西藏农牧区和城镇已婚藏族育龄妇女的调查结果显示（陈华，1997），藏族已婚妇女的理想子女数为 2~3 个的占 55%，与现有子女数持平；妇女文化程度越高，意愿生育数就越向生育政策的规定数量靠拢，意愿生育数量越少；人们对子女性别更多显示无所谓的态度。在生育目的方面，近半数被访者的目的是养儿防老，其他则以传宗接代、增进夫妻感情、增加劳动力和收入为生育目的，比例均在12%左右。而在西藏日喀则地区对已婚育龄妇女进行的间隔十年的两次生育意愿调查说明，1990~2000 年，意愿生育 1~2 个孩子的妇女比例由 5%左右升至33%，意愿生育 3~4 个孩子的妇女比例均在 45%左右，没有因年代的变化而变化（代欣言，2001）。意愿子女性别构成方面，对男孩的偏好有淡化的趋势，例如希望生男孩的比例由 1990 年的 76.5%降至 67.66%，希望男女各半者由

23.5%升至32.34%。代欣言的分析认为，十年来日喀则地区已婚育龄妇女生育意愿的变化，受到队列变化、文化程度提高、生活水平提高、计划生育政策引导和计划生育服务普及五方面因素的影响。

2004年首都经济贸易大学人口经济研究所和西藏大学人口所在西藏拉萨市进行了"育龄妇女婚姻、生育及家庭"调查研究。这一研究的多项成果（王树新、周俊山、琼达，2006；葛绍林，2008；周俊山、尹银、潘琴，2009）显示，藏族已婚妇女意愿孩子数为一个的占到43%，意愿生育两个孩子的占35%，不要孩子的则约占到21%，意愿孩子数相对现实生育数要少。在无男女偏好文化的作用下，人们在生育两到三个孩子后会自觉停止生育。研究还发现，当时人们的生育目的已经开始由"经济支持+生活照料"向"精神慰藉"方向转移。琼达（2007）的研究显示，形成一个完整的家是人们生育的首要目的（67%），而给家庭和父母带来快乐（52%）、带给父母爱是另外两个主要的生育目的。次仁央宗（2010）2009年对西藏55个县15岁以上的职业妇女、家庭主妇、大学生等各类女性（藏族占94.8%）的研究显示，50%的受访妇女希望生育两胎（龙凤），23.3%的妇女希望生育一胎，12.5%的妇女希望生育三胎以上；子女性别构成上无特殊偏好。

上述研究说明，目前关于藏族生育意愿的调查研究多集中在西藏拉萨及周边地区，基本没有关于其他藏区如青海、云南、四川等地藏族育龄妇女生育意愿的调查，研究对象也以已婚育龄妇女为主。在研究内容上，将意愿子女数量和意愿子女性别结构作为生育意愿的主要指标，没有讨论意愿初育年龄和意愿生育间隔等时间维度的调查内容。

3. 影响生育意愿的诸因素研究

关于影响生育意愿因素的研究分析，李建新（2006）认为社会经济、生育文化、计划生育政策是影响中国人口生育行为、生育水平的三大相对独立的并置（不是同等、不是中介）因素。笔者将现有研究成果中影响人们生育意愿的因素分为三类：社会因素、文化因素和个体因素。

社会因素主要包括国家计划生育政策、社会经济水平和社会保障制度等。我国实施的计划生育政策，其规定之严格、影响范围之广、推行力度之大，被很多研究作为研究分析必须考虑的现实背景。此外，不少研究提出在国内进行生育意愿调查时，政策的最高限制往往是人们进行访谈作答的参考标准（郑真真，2004）。国家的家庭政策承载着影响宏观生育水平的重要任务，也有减轻家庭生儿育女的经济负担、平衡和协调家人工作与家庭的发展以及增加家庭提供照料的能力等功能。许多国家的家庭政策的目的或干预重点是通过促进生育和养育来促进人口的增长（周云，2013）。

社会经济水平因素分析来源于西方人口经济学与新家庭经济学理论，是研究者在分析夫妇生育决策时最常采用的理论依据（冯立天，1992）。哈佛大学经济学教授 Leibenstein（1957）最早提出了家庭规模的成本-效益理论，建立了关于生育的微观经济模型，用均衡方法分析家庭生育意愿。此后不久，Becker（1960）发表了《生育的经济分析》一文，运用消费者选择理论来分析家庭的生育决策，将孩子看作耐用消费品，论证了孩子的数量成本与质量成本的可替代性，以及家庭收入和父母行为对生育子女数量的影响。人们的社会经济地位与个体的生育意愿是呈反比例的，也就是说，一个人的经济地位相对较高，其生育意愿则相对较低，反之亦然（陆杰华、达德利·L. 鲍斯顿、史蒂芬·H. 默达科，1995）。马小红（2011）对北京市城乡独生子女生育意愿做了比较研究，她认为之前各省市根据经济水平差异针对城市和农村采取不同生育政策的做法是没有必要的。在经济社会发达地区，城乡独生子女生育意愿无论在生育数量还是在子女性别偏好和生育时间上都存在趋同的现象。

至于社会保障制度对生育意愿的影响，不少学者（王文娟、陈岱云，2008；陈友华、徐愫，2009；龚德华、甘霖、刘惠芳、曾小敏，2009）认为，城乡二元的社会结构使得城市相对健全的社会保障制度与农村单一的家庭养老模式之间形成了鲜明的对照，从客观上强化了一些家庭的意愿性别偏好，主要体现在生育目的上，人们在调查中表示养儿防老是生育的首要目的，其他社会因素还包括人口迁移、就业形势、计划生育服务普及等。

文化因素在国内主要指民族文化差异和儒家文化（汉族为主）影响。少数民族因在宗教信仰、民族文化、婚育习俗方面存在差异，对于生育意愿的看法多有不同。而传统儒家文化与子女性别偏好之间存在重要关联，传统思想中的"传宗接代""光宗耀祖""不孝有三、无后为大"等宗法观念根深蒂固，对男性子嗣的性别偏好产生着深远的影响（李冬莉，2001）。

个体因素指受教育程度、职业、年龄、婚育状况等。在相关研究中，人们普遍认为女性的受教育程度越高，对生育意愿的决策越趋于理性，对未来生育行为越趋向进行综合考虑。李银河（2009）认为，生育问题使人注意到女性教育问题——生育量与受教育程度呈反比，但或许生育与教育不是因果关系，而有一个共同原因：当女性的生存条件好起来时，她们有了更多的公民权和生育权，才会在财政上、实践上、精神上更加独立，而且受过教育的女性更容易掌握避孕方法，较少出现避孕失败的差错，也更加了解自己的身体。

在职业差异上，个体经营者对孩子数量的需求最为强烈，其次是农民或家庭妇女（温勇、周生元、鲁秀福等，2000）。经济独立的女性在生育动机上更倾向结合个人未来发展以及自我意识的实现，而非一味地从属于丈夫和家庭的生育需求。其他个体因素还包括性格、家庭模式、婚姻状况、劳动参与等（陈卫、靳永爱，2011）。对于生育行为对生育意愿的反作用，有研究认为女性生育行为的改变对其生育观念、人生价值及女性地位都会产生深刻的影响（李银河，2005）。

此外，在对于诸因素的分析视角上，可参照马凌诺斯基提出的文化研究的整体观点。他在《文化论》（马凌诺斯基，2002）中主张在研究文化中的某个方面时，需考虑其在人类活动体系中所处的地位及关联的思想，由此才能综合分析其在何种程度上在哪些方面满足了人们的需要。费孝通在《生育制度》（1998）中将个体生育行为视为社会为了持续发展而不得不做的事情，认为中国的生育制度是符合社会发展需要和个人需要的综合结果。民族志方面，美国人类学家 Shostak（2002）通过口述史的形式还原了昆人妇女的生活细节，提供了关于昆人成长经历的详细个案材料，从中反映出昆人社会中个体间的互动方式及组织方式，其中侧重被研究者自身的文化表述的做法可以借鉴到对生育意愿影响因素的分析描述中。

4. 文献简评

总的来说，目前国内外关于生育意愿的实证研究在研究方法、研究对象和研究分析等方面各有其优势和不足。

研究方法上，前述文献以问卷调查、定量分析的研究方法为主，少数运用了个案访谈的方法，但仅以此作为辅助，对调查数据进行简单的补充和说明。对于了解特定地区或人群的生育水平及趋势预测来说，定量分析有其样本量的优势，由此能得出较具普遍性且可推广的结论。但同时可能存在"数据的谎言"，问卷选项之间的割裂性往往掩盖了个体决策的特殊性及不确定性，结果一致的选择并不代表每个人做决定的出发点和思考过程是一致的，而对个体生育意愿起到决定性作用的应是个体因素。研究主体基于什么考虑，在何种情况下做出怎样的选择等这类问题就很难在问卷和后期数据分析中进行体现。再者，个体生育意愿的决策和改变除了受到计划生育政策的最高数量限制影响之外，还受到地区文化、个人经历、经济水平等各方面的影响。目前针对这些因素的深入研究以及两者结合的研究都不多，并不利于我们了解和发现影响个体生育意愿的其他因素。

研究对象上，国内外关于生育意愿的实证研究很多，之前主要将流动人口、农村女性、城市独生子女、城市青年等作为研究主体，以大学生作为生育意愿研究主体的不多，关于少数民族大学生生育意愿的研究更是罕见。

研究分析上，以往关于生育意愿与实际生育行为的背离、群体生育意愿诸影响因素的理论分析框架等不一而足，值得笔者借鉴和学习。但有些研究在试图呈现地区群体生育意愿现状时，仅将数据分析图示及相关性结果进行简单的文字转换，对生育意愿的分析大多重描述而轻解释，得出的多是决断式结论而非论证。某些相关性分析仅能证明自变量与哪些因素呈现相关关系，但在进行详细论述时只使用诸如经济水平提高、人们生活品质提升、女性社会地位提高等大而泛之的说法进行一般性解释，极少关注研究对象的个体特殊性问题，也很少涉及其背后的相关文化因素带来的影响。

此外，近几年偶有民族院校研究维吾尔族、佤族、苗族等少数民族生育意愿的硕士论文，大多生育意愿研究仅作为论文的次要部分或少数章节出现在关于生育文化、生育观念及人口生育率变迁的研究议题中，主要是对少数民族地区人口普查数据进行图示分析，极少有学者进行详细的分析和解释。国内外关于藏族研究大多以宗教和历史文化研究为主，对藏族女性生育方面的研究较少。

二　调查过程及受访者基本情况

（一）研究人群的锁定及研究方法

本章研究在京藏族女大学生的生育意愿，以中央民族大学的藏族女学生作为访谈对象。一方面，中央民族大学是在京藏族女大学生的集中地，易于找到被访者。根据北京市第六次人口普查资料（北京市第六次全国人口普查领导小组办公室等，2011），北京户籍人口中藏族女大学生（含已毕业）约有 1700 人，主要集中于民族院校，如中央民族大学。中央民族大学设有藏学研究院，下设藏学系和藏学研究所。学院现有学生 334 人（男 179 人、女 155 人），其中研究生 117 人（男 70 人、女 47 人），本科生 217 人（男 109 人、女 108 人）。① 另一方面，藏族的文化习俗、宗教信仰也使藏族女大学生的回答可以突显少数民族在生育意愿上的差异化趋势，帮助笔者获得更多关于藏族女性有关生育的特殊思考和见解。

本项研究将族别和受教育程度同时纳入生育意愿研究的视野。调查对象须符合以下条件：曾在或目前在中央民族大学就读本科或研究生的女性，族别为藏族，年龄为 20～29 岁。这一群体符合本研究所需的三方面的特点：来自藏文化传统地区；受教育程度较高；因到高校学习产生了从藏区到北京的流动和迁移。本研究希望能以此作为突破口，引起人们对少数民族大学生这类有特殊流动经历的群体的关注，了解在流动大背景下她们的生活现状及婚育观念的变化。

本研究主要采用文献研究法、访谈法和参与观察法。运用文献研究法主要收集以下几方面材料，以提供研究背景上的相关说明：社会学、人口学关于生育意愿的相关研究成果和关于分析生育意愿影响因素及关系的文献，人类学关于少数民族生育文化及个体生育行为决策方面的理论文献以及藏族地区计划生育政策规定。运用访谈研究方法来重点关注个体的生育决策考虑过程，综合考察计划生育政策、家庭模式及藏文化传统等社会、文化和家庭因素对个体生育意愿的影响，探讨藏族女大学生关于学习、工作、婚育之间的权衡过程，为北京地区大学生群体及少数民族地区育龄女性的生育意愿研究提供比较的数据和详细的个案材料。笔者在此将运用参与观察法，参与到她们的日常生活和特殊活动

---

① 《藏学研究院基本情况》，http://tibet.muc.edu.cn/zx_xygk.html，最后访问日期：2015 年 3 月 1 日。

中，收集本研究相关的一些资料。

（二）受访者基本情况介绍

笔者采用"滚雪球"（朋友介绍）的方式寻找适合本研究的受访者，于2013年10月至2014年1月在中央民族大学访谈了20位藏族女大学生。调查期间，笔者分别多次与她们单独进行深入访谈，并跟随她们参与一些日常性活动，对其生活状态进行观察。文中涉及的所有个案材料均来自笔者调查整理所得。受访者情况见表4-1。

表4-1 研究对象基本资料汇总

研究对象情况	分类	人数（人）	百分比（%）
年龄	20岁	1	5
	21岁	2	10
	22岁	4	20
	23岁	5	25
	24岁	7	35
	25岁	1	5
	合计	20	100
受教育程度	本科	4	20
	硕士	16	80
	合计	20	100
兄弟姐妹数（含本人）	2个	5	25
	3个	6	30
	4个	9	45
	合计	20	100
户籍	城镇	2	10
	农村	18	90
	合计	20	100

续表

研究对象情况	分类	人数（人）	百分比（%）
籍贯	青海	6	30
	甘肃	2	10
	西藏	5	25
	四川	4	20
	云南	3	15
	合计	20	100
藏区分类	安多藏区	7	35
	康巴藏区	9	45
	卫藏地区	4	20
	合计	20	100

访谈中发现，藏族习惯用"藏区"来划分来自不同地域的藏族群体，如在进行自我介绍时不会说来自哪个省份或自治区，而会说"我来自××藏区"。不同藏区的方言差异和划分形成了藏人内部特有的群体认同感，这与藏族女大学生的择偶标准及个人发展规划密切相关。按照方言的区别，一般分为三大藏区：安多藏区、康巴藏区、卫藏地区。按照藏族聚居所在的省份或自治区，还可以分为五大藏区，具体指青海、甘肃、西藏、四川、云南五大省份和自治区。

（三）家乡的计生政策及受访者的了解情况与态度

计划生育政策是研究个体生育意愿的重要考察背景，尤其对于大学生而言，政策和社会舆论的影响不容忽视。我国少数民族地区的计生政策是各省（自治区）根据《中华人民共和国宪法》《中华人民共和国民族区域自治法》《中华人民共和国婚姻法》的有关规定，结合本地区实际情况特别制定的管理办法或条例，其中有不少针对少数民族的变通规定。①

---

① 云南省是五个含有藏族自治州的省份和自治区中唯一没有针对少数民族出台计划生育或婚姻法变通规定的。

访谈发现，本章的调查对象均来自藏族主要居住地的西藏、青海、甘肃、四川、云南这五个省份和自治区。考虑到不同省份、自治区的计生条例在表述和细节上均存在差异，为了更好地说明她们对当地计生政策的理解程度和态度，下文按照省份或自治区对调查对象进行分类，结合各省具体计生政策进行分析。

1. 西藏

根据《西藏自治区计划生育暂行管理办法（试行）》① 的规定，结婚年龄男不得早于 20 周岁，女不得早于 18 周岁。关于藏族可生育孩子数量，第八条规定，"区内藏族干部、职工及其户口在单位的家属城镇居民，一对夫妇可有间隔地生育两个孩子，生育第二胎必须间隔三年以上。严格控制生育第三胎"。第九条规定，"在腹心农牧区……提倡已有三个孩子的夫妇不再生育"。该办法仅对自治区内藏族干部、职工及城镇居民的生育数量有限制，对于农村地区的生育数量仅用"提倡"一词，并没有进行强制限制。

> 达瓦②：我们家就住在拉萨市市区，我父母都是公务员，在法院工作，是城镇户口。家里有我和弟弟两个孩子，我和弟弟之间相差一年，我 23 岁，他 22 岁。在拉萨，在事业单位里工作的藏族最多允许生两个孩子，城镇户口的也是，所以我的姑姑叔叔们都是一至两个孩子。（西藏拉萨，23 岁）
>
> 巴桑：我家住在林芝地区米林县米林镇。我们家是一妻多夫家庭，大爸和小爸是亲兄弟。我有一个哥哥，比我大两岁。据我所知，在当地并不限制生几个孩子，周围的人们都是生两到四个孩子。大家对于男女性别没什么要求，生的孩子有男有女基本就不会再生了。（西藏林芝，23 岁）

---

① 《西藏自治区计划生育暂行管理办法（试行）》，http://www.zgxzqw.gov.cn/fbt/dwwj/201505/t20150514_ 43036. htm，2017 年 5 月 7 日。

② 访谈资料中涉及的人名均为化名，在引用材料后用其来自的地区和年龄加以注明，下同。

　　格桑：我们家四个兄弟姐妹，有两个哥哥一个姐姐，我是家里最小的。最大的哥哥比我大九岁，在家当家，已经结婚生子。姐姐在拉萨的酒吧上班，小哥哥在镇上工作，小哥哥和姐姐都还没结婚。我们那边没听说过政府不让多生孩子，藏族是少数民族，不会限制孩子数量。（西藏那曲，21 岁）

　　来自西藏的五位女大学生在访谈中均表示，在西藏自治区内，除了城镇户籍的藏族最多生两个孩子之外，其余的藏族一律不限制生育数量，这与本区计划生育管理办法的规定相符。笔者注意到，关于生育间隔年限的规定，仅对藏族的城镇居民限制三年以上，对农村户口的藏族没有明确要求；而在访谈中，没有人提及生育间隔的相关限制，她们对此并不知晓。

2. 青海

　　《青海省人口与计划生育条例（2002）》[①] 中，关于生育数量的规定有：第十四条"农村少数民族一对夫妻可以生育二个子女。牧区少数民族牧民一对夫妻可以生育三个子女"及第二十三条"牧区少数民族牧民夫妻放弃生育第三个子女的，给予一千元奖励"。

　　小吉：我家在青海黄南州同仁县，父母都在家务农，家里四姐妹，我排行第三。最大的姐姐比我大八岁，已经结婚留在家当家，姐夫上门，有三个孩子。（其他同学在谈论各自藏名的含义时，提到小吉的名字，说她全名的藏文意思就是女孩子足够了，可以看出她的父母希望能够生个男孩子，无奈第四个孩子还是女孩。）村子里最多允许生三个孩子，像我们家最小的妹妹就属于超生的情况，但周围村民一般都生三

①　《青海省人口与计划生育条例（2002）》，http://www.qh.gov.cn/bsfw/system/2013/12/09/010090092.shtml，最后访问日期：2017 年 6 月 5 日。

至四个孩子。万一被发现超生了只需要交罚款就行，也没什么大不了的，不会有人因为这个而不生或者少生孩子。（青海黄南，24岁）

桑结：我家在青海省海南州贵德县，据我所知当地的计生政策是第一个是女孩可以生第二个，但不论第二个是男是女都不能生第三个，即使两个孩子都是女的都不可以。所以亲戚的孩子大部分都不超过两个。（青海海南，23岁）

安夏：我们家住在青海省玉树州杂多县。爸妈在县城经营小生意，家里一共三姐妹，我在家排行老二。姐姐比我大三岁，高中毕业后就没再读书，妹妹比我小两岁，还在县里的高中读书。我们那海拔很高，属于高原牧区，气候条件不适宜种地，村民多依靠放牧和做小生意赚钱。家乡具体的计生政策我并不太了解，生三个孩子的家庭比较多。在村里像我这样出来读大学的孩子很少，其他年轻人最多读到高中就回家工作了，他们结婚早，很多16~18岁就已经结婚了。（青海玉树，21岁）

结合前述，青海省的计生条例中并没有针对生育间隔方面的规定，而在生育数量的限制上，根据少数民族在农区或者牧区的不同存在差异。笔者在实际访谈中发现，青海省的计生政策在省内各州的实施和严格程度不一，有些自治州如海南州对生育数量进行了严格要求，而来自黄南州的调查对象则表示即使存在相关规定，人们也不会因为害怕惩罚而不生孩子，罚款对限制人们生育的作用不大。

3. 云南

《云南省人口和计划生育条例（2002）》①第十九条规定，"提倡农业人口一对夫妻生育一个子女。确有实际困难要求生育第

---

① 《云南省人口和计划生育条例（2002）》，http://www.cxs.gov.cn/file_bm_read.aspx?id=17431，最后访问日期：2017年7月25日。

二个子女的，由夫妻双方申请，经县级计划生育行政部门审查批准，可以生育第二个子女"。第二十条规定，"少数民族农业人口在执行本条例第十九条规定的基础上，有下列情形之一的，夫妻双方可以提出申请，经县级计划生育行政部门批准，可以再生育一个子女：（一）夫妻双方都是居住在边境村民委员会辖区内的少数民族……"第二十三条规定，"符合再生育规定的，生育间隔时间应当在四周年以上。符合本条例第二十条规定，需要缩短生育间隔时间的，经县级计划生育行政部门批准，生育间隔时间可以缩短至三周年"。关于迪庆藏族自治州实施计划生育变通规定的条例目前还未正式出台实施。①

> 小取：我家住在云南省迪庆州德钦县燕门乡，家里共有三姐妹，我排行第二。在我们那边，藏族跟汉族一样，城镇户口只允许生一个孩子，农村户口最多生两个。按照当地的规定，我们家里三个孩子属于超生。不过这个政策是在妹妹出生后不久才开始实施的，之后的人们都最多只能生两个孩子，而城镇户口的不论藏族还是汉族都最多只能生一个。村里和我同辈的年轻人家里一般都是两至三个孩子。关于云南计生政策规定，我非常反对，这在我看来是非常不合理的。（当得知其他省的藏族计划生育政策与当地汉族不一样时，尤其在听说一省之隔的西藏农村根本不限制生育孩子时，小取对家乡的计划生育政策表现出了更加的不满。）现在迪庆开发旅游了，镇里乡里到处都是汉人来我们这里做小生意，还有很多的汉人游客来到这边。虽然说是藏族自治州，但那边的藏族大部分还是在农村务农，经济发展上本来就处于劣势，好不容易遇上了政府开发旅游，得到益处的也不是我们，还

---

① 《迪庆州第十二届人民代表大会常务委员会民族立法规划》，http：//www.tibet3.com/news/content/2012-06/27/content_858232.htm，最后访问日期：2017年6月27日。

是汉人，这就是人口数量少的坏处。我们藏族人口本来就不多，是少数民族，不应该跟汉人一样限制孩子数量。（云南迪庆，24岁）

　　央金：我们家在云南省迪庆州维西傈僳族自治县，有很多不同的少数民族聚居在一起。我们家就是个多民族融合的典范，从爷爷奶奶一辈起，就有跟傈僳族、普米族、纳西族、白族等结婚的，我妈妈是汉族，大家平时生活在一起都十分融洽。家里一共三个兄弟姐妹，哥哥比我大三岁，已大学毕业两年在县里当文员，弟弟小我两岁，1991年云南财大毕业。藏族信奉藏传佛教，其他民族没有宗教信仰的或者信奉原始宗教的相互之间都不冲突，由于藏传佛教的仪式很多，禁忌和限制相对多些，举行婚礼的时候一般按照藏族的来办，其他的生活上随意就好。我们离西藏很近，沾他们的光实行半个藏区政策，农村户口的少数民族允许最多生三个孩子。我就想着能生三个，我们喜欢大家庭，兄弟姐妹很多也非常热闹，大家相亲相爱，能够互相帮忙，其乐融融。（云南迪庆，24岁）

　　云南省是五个含有藏族自治州的省份和自治区中唯一没有针对少数民族出台计划生育或婚姻法变通规定的。而根据现行《云南省人口和计划生育条例》，夫妻均为边境村民委员会辖区内的少数民族经批准允许生第三个孩子，与上面央金的情况相符，与小取的情况存在矛盾则有三种可能：一是当地计生部门误解本省条例规定，误以为农村的少数民族与汉族一样，最多只允许生两个孩子；二是当地计生部门为了收取罚款而存在严格限制超生的情况；三是访谈对象本人对当地计生政策不熟悉导致出现误解。而对于生育间隔方面的规定，她们均表示并不知情。

4. 甘肃

甘肃省甘南藏族自治州实施《甘肃省计划生育条例》变

通规定，① 其中第二条规定，"少数民族男年满二十三周岁，女年满二十一周岁以上初婚的为晚婚"。第五条规定，"夫妻双方或一方为农牧民要求生育第二、三个子女的，可按计划予以批准：……（二）牧业乡、林业乡的藏族提倡生育一个子女，允许生育第二个子女，合理安排第三个子女"。第六条规定，"需要生育第二个子女的和生育二孩的农牧民，生育间隔期必须在三年以上"。

> 小木：我来自甘肃省甘南藏族自治州临潭县，爸爸56岁，妈妈51岁，都在家务农。家里三个孩子，我排第二，有一个哥哥和一个妹妹，哥哥比我大三岁，哥哥初中就辍学在家务农，现在已经结婚生了三个孩子。妹妹比我小两岁，初中毕业后就嫁到隔壁村子去了。我们那边最多可以生三个孩子，村子里两至三个孩子的比较多，少数有四个孩子的，但我不太清楚他们是否有被罚款或者其他计生处罚的情况。（甘肃甘南，23岁）

> 小白：我家在甘肃省武威市天祝藏族自治县，爸爸53岁，在青海的公司任职，妈妈50岁，家庭主妇，家里四姐妹，我排第二。姐姐26岁，博士毕业后在西南民大当老师。妹妹23岁，本科毕业后在拉萨上班。最小的妹妹21岁，目前在复习考研究生。父母在家都是排行老大，家里的叔叔、舅舅、姨妈等都是两个孩子。天祝县的藏族现在最多能生两个孩子，而且二胎还要求间隔几年以上。周围的家里都是三个孩子居多，我们家算是孩子比较多的，四姐妹都是在家里生的。（甘肃武威，25岁）

---

① 《甘肃省甘南藏族自治州实施〈甘肃省计划生育条例〉变通规定》，http://www.gsfzb.gov.cn/LFGZ/ShowArticle.asp? ArticleID = 44572，最后访问日期：2017年7月30日。

小木的情况与甘南州的变通规定基本相符，在当地农村一般以两至三个孩子的家庭居多。至于小白，由于暂时没有找到天祝县计划生育政策的相关条例，无从得知甘南州的政策与天祝县的政策是否相同，而且小白的情况比较特殊，由于居住地不定，她并不清楚家庭的实际户籍所在地，无法得知她的情况应该参照哪个省的生育政策，其中是否存在超生或逃避政策惩罚的可能也就无从得知。

5. 四川

《四川甘孜藏族自治州实施〈四川省人口与计划生育条例〉的变通规定》[①] 第三条规定，"少数民族已婚妇女二十二周岁以上生育第一个子女的为晚育"。第五条规定，"符合下列条件之一的夫妻，经批准，可以生育第二个子女：（一）少数民族城镇居民……"第六条规定，"符合下列情况之一的夫妻，经批准，可以生育第三个子女：（一）少数民族农牧民……"第七条规定，"依照本变通规定申请再生育子女的，生育间隔时间一般应在三年以上，居住在高寒山区的农牧民已婚妇女和二十八周岁以上生育第一个子女的已婚妇女，可以缩短为两年"。

> 小西：我来自四川省甘孜县的农村，父母在家务农，家里有我和弟弟两个孩子，弟弟比我小两岁，弟弟在成都上大专。村子里二至四个孩子的家庭都很常见。我不知道是否有政策对他们的生育数量进行限制，家里生几个孩子主要还是看各自的经济条件，不然生了很多却没钱支持他们出去读书上学，年轻人被迫早早辍学在家跟着父母务农，我觉得这样并不好。能够养得起的就生多些，经济条件不好的生两个也就够了。（四川甘孜，24 岁）

[①] 《四川甘孜藏族自治州实施〈四川省人口与计划生育条例〉的变通规定》，http://www.scspc.gov.cn/flfgk/scfg/200412/t20041213_ 12419. html，最后访问日期：2017 年 7 月 30 日。

而《四川阿坝藏族羌族自治州实施〈四川省人口与计划生育条例〉的变通规定》① 在晚育年龄、允许生育数量及生育间隔上的要求均与甘孜州一致，其他仅有细节上的不同，如第六条规定，"少数民族农牧民夫妻符合下列条件之一的，经批准，可以生育第三个子女：（一）居住在阿坝、若尔盖、红原、壤塘四县的；（二）居住在经州人民政府认定的边远高寒地区的……"

> 小兰：我家在四川阿坝州的农村，爸爸在乡里做运输，妈妈务农，家里3个孩子，姐姐最大，比我大6岁，在家里当家，已结婚生了2个孩子，姐夫是隔壁村过来上门的。哥哥比我大3岁，在县城里上班。我们地方上最多允许生3个，所以大家也都是3个孩子居多，还有些是2个孩子。（四川阿坝，24岁）

较之前述四省和自治区，四川省各藏族自治州的计生条例比较完善齐全，关于哪些地区或县市能够生育几个孩子的规定十分详细。无论是生育数量还是生育间隔，调查对象的家庭实际情况均与政策规定的基本一致。

通过将各地的计生条例与访谈对象的家庭子女情况进行对比，可以看到藏族女大学生对家乡计生政策的了解并不多，对相关规定的认知多是来自家庭实际情况或周边邻居和村民的生育情况。她们在访谈中较常提及关于结婚年龄和生育数量方面的政策规定，而对于晚婚晚育年龄、生育间隔等其他方面则不太了解，极少主动提及。总的说来，藏族女大学生在对家乡计生政策的态度上，普遍认为藏族在人数上较之汉族本来就处于劣势，所以政府不应出台针对少数民族的限制生育政策，而应放开限制，鼓励多生。

---

① 《四川阿坝藏族羌族自治州实施〈四川省人口与计划生育条例〉的变通规定》，http://www.abazhou.gov.cn/dzgwzj/zzfg/201210/t20121016 _ 812053.html，最后访问日期：2016年5月1日。

同时，她们提到多生孩子还与当地的经济条件有关。在家庭养老保障方面，藏族由于多居住在农村，只能依靠最大的孩子在家当家来保证家庭经济收入稳定和代继延续，而城市职工有社会保险养老机制保障，所以如果想要减少人们生育孩子的数量，单纯地依靠条文规定和罚款是不够的，关键还在于提高当地经济条件以及完善农村社会养老机制。

三　在京藏族女大学生生育意愿

本小节将从意愿生育数量、意愿生育性别、意愿初育年龄与意愿生育间隔几方面探索在京藏族女大学生的生育意愿。

（一）意愿生育数量

人们对生育数量以及与生育数量有关的社会现象的认识，构成了生育文化的重要内容，甚至可以说是主要内容。研究生育主体对生育数量的选择，就是要研究其对生育子女数目、何时生育的认识和决策，以及影响这些认识和决策的各种因素与作用机制（张纯元、陈胜利，2004）。意愿生育数量是生育意愿研究的重要内容，应首先对其进行分析和说明。

在调查中，20 位在京藏族女大学生均表示未来一定会结婚生孩子，她们的意愿生育数量较集中在两个孩子（见表 4-2）。

表 4-2　意愿生育数量

意愿生育数量	受访人数（人）	占受访人数比例（%）
1 个	1	5
2 个	17	85
3 个	2	10
合计	20	100

20 位受访者中有 17 位表示意愿生育两个孩子。对此，访谈对象这样说道：

> 康珠：现在大城市里都是一个孩子，而且很多也不跟爷爷奶奶外公外婆一起住，家里就三个人，一个孩子在家里实在是太孤独了。你看父母都出去工作挣钱了，遇到个寒暑假什么的，孩子可怎么办？我想我至少也要生两个，相互之间能做个伴，以后长大出来工作了，遇到什么问题，兄弟姐妹还能相互帮忙着商量一下。（西藏日喀则，23 岁）

> 小西：现在独生子女的压力太大，看身边独生的汉族同学，她们总是发愁以后要怎么兼顾工作和家庭。像我们就不一样，兄弟姐妹多，一般都是家里最大的留在家里当家，男的娶一个回家，女的就找个男的上门，后面的孩子就能出去各自发展，可以外出打工或者上学，也可以嫁到其他家去。实在遇到最大的孩子因为出家或者要嫁出去没法当家，兄弟姐妹几个还能商量着谁留在家里。如果只有一个的话，上有老下有小，照顾父母和孩子的压力就全要他一个人来承担了。（四川甘孜，24 岁）

从访谈材料中可以看到，受访者在说明生 2 个孩子的好处时，往往是与独生子女的情况进行比较的，比如提到的独生子女赡养父母压力大、童年孤独、性格自我等诸多弊端，以此来反证多生孩子的好处。在她们看来，生育 2 个、3 个、4 个孩子仅仅是数量上的差异，而生育 1 个孩子即独生子女的情况则与此完全对立。孩子数量在此并不是被自然地看成数量递增的关系，而是从观念上被人为地分成独生和多个孩子两种情况，即她们计划未来至少要生 2 个孩子，在 2 个孩子基础上再多生 1~2 个不会有什么区别，但一定不会只生 1 个孩子。

　　　　小取：家里很多同学高中毕业后就没再读书，大部分早
　　就结婚生子了，虽然现在就生了一个，但之后肯定还会再生
　　的，偶尔有些结婚早的，都已经有两个孩子了。（云南迪庆，
　　24 岁）

　　小取的回答中并没有具体说明她个人想生 2 个孩子的原因，而
是向笔者介绍了她身边的同龄人都会生 2 个孩子的社会事实。这就
暗示，在她看来生育 2 个孩子是他们这一代藏族青年共有的观念，
甚至已经转变为实际发生的社会环境。处在这样的舆论氛围之中，
藏族女大学生作为少数民族青年群体中的一员，或主动或被动地
接纳和认可了这个观念。她们对生育数量的愿望或认识、决策过
程，一方面反映出其心理的变化和活动，另一方面也反映出社会
大环境的影响。

（二）意愿子女性别结构

　　意愿子女性别结构体现的是生育主体对意愿生育后代的性别
偏好，是生育主体在生育过程中对子女性别的看法和价值取向，
构成了生育意愿研究的又一主要内容，同时也是性别文化在生育
行为中的集中反映。

　　在京藏族女大学生对意愿子女性别结构的看法，与意愿生育
数量的调查情况类似，回答基本一致。其中，意愿生育 1 个孩子的
小白（甘肃武威，25 岁）希望自己唯一的孩子是女儿；意愿生育
2 个孩子的 17 位女大学生均表示希望未来子女性别结构为一男一
女；意愿生育 3 个孩子的央金（云南迪庆，24 岁）和小草（四川
甘孜，20 岁）则希望未来的孩子男女都有，即一男二女或一女二
男均可。

1. "一男一女"的平衡观

　　在此我们首先对调查结果中较为一致的部分进行分析和说明。
20 位受访者中有 17 位意愿生育 2 个孩子，并且她们的意愿子女性

别结构均为一男一女。关于意愿生育一男一女两个孩子的计划，她们是这样说的：

> 卓玛：一男一女是最好的，这样家里就平衡，女儿懂得心疼体贴父母，她可以嫁出去到附近的村子，有空的时候就能经常回家看看；儿子出去工作赚钱，娶个老婆回来当家，跟父母一起住。就算以后父母老了，他们离儿子女儿都近，逢年过节能够一起庆祝。这样，男的女的好处都有了，又能互补。（青海玉树，24 岁）

> 次仁：我们不像汉族，绝对不会重男轻女，生男生女一样好。你看我们当家的孩子不管男女都是家里的老大，男的娶老婆回来，女的就找男的上门，男女地位都是一样的。如果孩子是一男一女，女儿就留在家里务农做家务活，儿子就出去打工挣钱，这样家里就平衡了。（青海海北，22 岁）

> 安夏：我希望以后生两个孩子，最好就是一男一女，更好的就是生龙凤胎，这样一下子就生两个，既满足数量上的需要，也满足性别平衡，而且比较节省时间，两个孩子岁数上也同步，方便照顾。不然，生了一个孩子至少要再等一年才能生第二个，刚把这个养大又得重新照顾另一个，时间上要拉长很多，影响工作。（青海玉树，23 岁）

笔者注意到，在访谈过程中她们讲述意愿子女性别时，提到最多的词语就是"平衡"。如果说用"重男轻女"一词来概括汉文化传统对于子嗣的性别偏好的话，那么，能够代表藏族生育性别偏好的词语就是"平衡"一词。男女数量是否平衡是她们在考虑子女性别结构时遵循的首要原则。在她们看来，孩子不论数量多少，男女一方都不需要太多。意愿生育 3 个孩子的情况亦如是，希望孩子中至少要有男有女，一男二女或者一女二男都可以。

这表明，在受访者的观念里，意愿子女性别结构与前述的意愿生育数量密切相关。她们在规划未来的生育行为时，涉及孩子数量时，认为 1 个孩子太少，至少要 2 个，3~4 个孩子都行；但同时受到自身年龄和身体条件的限制，接受高等教育和毕业工作占去了大量的时间，使得她们没时间生太多的孩子。在这样的情况下，基于性别平衡的原则，2 个孩子的最佳性别结构自然是一男一女；而 3 个孩子中既有男孩又有女孩就行了，谁多谁少都无所谓。

被访者认为男女平等、没有明显的性别偏好与他们信仰藏传佛教有关。此外，笔者在调查期间曾多次参与民大藏学院的学生活动，如每周五晚的锅庄舞和学院举办的藏历木马新年晚会等，现场参加活动的男女学生在人数上不相上下。笔者也曾向藏族学生咨询关于学院和专业人数方面的问题，他们均表示在班里男女学生数量均相差不多。这从另一个角度说明，藏族家庭对于子女教育一视同仁，并没有偏向某个性别。即使存在有家里经济困难不能支持所有孩子继续上学的情况，一般也会根据孩子们的成绩优劣及聪慧程度来决定哪个孩子继续上学，与子女性别无关。

2. 个体性别偏好的多元化

为了更加深入地探究受访者对于性别的看法，笔者参考以往的生育意愿调查，在访谈中特别设置了一个结构化的问题——假设只允许生一个孩子，你希望是男孩还是女孩？（统计结果见表 4-3。）

表 4-3　假设只允许生一个孩子的意愿子女性别

意愿子女性别	受访人数（人）	占受访人数比例（%）
男	7	35
女	13	65
合计	20	100

20 位藏族女大学生中，有 13 位受访者表示希望这唯一的孩子是女孩。

　　小兰：我身边很多家里有儿子的，长大后只知道出去打工，以为过年过节把钱寄回家就是尽了对父母的孝道，就不再管家里其他事情了，他们也不懂得表达对父母的情感，很少打电话回家，即使打回来也是说两句就挂了。我不认为这就是孝敬父母……女儿就不一样，跟家里的联系密切，懂得体贴父母，关心家人，经常回家陪伴家人，也常常给父母打电话买礼物。女儿懂得给父母心灵慰藉，而不仅仅是用那些物质的东西来代替对父母的关心，这才是真正的孝顺。（四川阿坝，24岁）

　　小白：相比之下，我更喜欢女孩。大家都说，女儿是妈妈的贴心小棉袄，她们懂得照顾父母，体贴父母。但是男孩子懂事得晚、不成熟，就很让人操心。而且女儿跟母亲关系好，心理上也不会寂寞。从各方面来说，女儿比儿子好些。你看我们家就是四姐妹，四个女儿都考上了中央民大，姐姐博士毕业后还去了西南民大当老师，我很为我们家的姐妹们自豪。（甘肃武威，25岁）

　　美多：我的性格比较内向，容易害羞。以前就很少接触男生，一点都不了解他们，会害怕与他们相处；相反，我跟女孩子则能够很好相处，因为相互之间都了解对方的心理状态，明白她想要什么，很自然而然地就知道她是怎么想的。所以对于我来说，以后要是生女儿，与她们相处会更轻松些。（西藏山南，22岁）

　　结合她们的叙述，喜欢女儿的受访者，认为女儿较之儿子主要有以下三方面的优势：一是女儿更体贴父母，懂得从生活细节和日常生活中关爱长辈，关注对父母的心灵慰藉；二是女儿更善于管理家庭内部事务，能够接替母亲照顾好家庭；三是母亲与女儿都是女性，无论在女性的心理成长还是生理变化方面，母亲对此都比较了解，养育女儿更方便和轻松。还有出于性别平衡的原因而意愿多生女孩的，来自西藏的巴桑便是如此。

> 巴桑：我爸爸那边的女孩太少，我的叔叔姑姑们那么多孩子，其中也就只有一两个是女孩。所以我就想在我和哥哥这辈能够多生些女孩平衡一下。嫂嫂现在怀孕了，我就希望她现在肚子里的是女孩。（西藏林芝，23岁）

至于其他 7 位回答期望生男孩的受访者，她们是这样解释的：

> 次仁：只能生一个的话，我想生个儿子。以后家里至少需要一个男的来当家，儿子娶媳妇回来，女孩心细嫁出去知道怎么跟男方父母打交道，大家关系能够相处融洽。如果只生一个女儿，以后就要招女婿上门，我担心上门女婿会对女方父母不好。所以说生个儿子比较好，这样就不需要女儿招上门女婿那么麻烦。（青海海北，24岁）
>
> 达瓦：我自己是女孩，女孩子从小到大是怎么过来、怎么长大的，包括心理活动、身体变化等我都很清楚。对男孩就不同，我对男生就一点都不了解，所以会很好奇他们的生活和心理状态到底是怎么样的。那最好的了解方法就是自己生个男孩，然后亲自把他养大。（西藏拉萨，23岁）
>
> 小吉：我想生男孩是因为觉得男人有能力、有担当，能够成为家里的经济支柱，遇到什么大事能够担起责任做决定，比女生有用，不像女的遇到事情就只会躲在角落哭，根本不能解决问题。这不是你们说的重男轻女，仅仅是我自己个人的期望，以后哪怕跟我妈妈生我们四姐妹一样，如果我未来生的全都是女孩，我也不会因此而不喜欢我的女儿而不好好照顾她们，这是不可以的。你看，我的父母一直因为女儿太多想生个男孩，但生了四个都是女的。尽管如此，他们还是很尽心尽责地把我们四姐妹养大，支持我们继续读书、考大

学和读研究生。(青海黄南，24 岁)

当被问及如果未来只允许生一个孩子，她们的意愿子女性别时，倾向于生儿子的受访者认为藏族男性大都要外出打工，他们是家庭的主要经济来源，占据着家庭的主体地位。如果一个家庭没有经济收入等物质保证，还谈何精神慰藉和心理依靠呢？在她们看来，社会赋予男性的性格特质是刚强坚韧、有责任、有担当，再结合藏族有将家里最大的孩子留下"当家"的传统，男性较之女性能够更好地担起赡养老人和长辈的责任。

需要特别说明的是，尽管被访对象对子女性别有各自的喜好，但她们表示不会选择性别。她们在访谈中多次强调，假如实际生育与意愿生育性别有差异，会遵循佛教倡导的随缘的做法，坦然接受并爱自己的孩子。调查对象均接受过高等教育，具备理性思考和逻辑推理的基本能力，掌握一定的科学生理知识。即便是未来生育的孩子性别不如自己所愿，也并不会因此而嫌弃孩子或偏心，她们还是会一如既往地爱自己的孩子，平等对待每个孩子。

> 思那：我们这种心里的喜欢跟你们的重男轻女不一样，自己喜欢男孩女孩是一回事，即使生出来的孩子不是自己期望的性别，也不会不要他或者杀掉他，这是绝对不可以的。要知道这是生命，我们连最小的动物都不会随意杀生，更何况是活生生的孩子。以前在新闻上看到过说某些地方重男轻女特别严重，经常有弃婴、溺婴的事情发生，这个是罪孽深重的。(云南迪庆，22 岁)

在理解结婚与生育的关系上，受访者认为生育行为必须发生在合法合理①的婚姻中，而孩子的出生是自然而然的过程，不能过

---

① 此处"合理"一词指的是符合当地社会道德规范、被父母和村民所认可和接纳的婚姻。

于强求或者改变它。

结合前一小节的分析，尽管受访者对单一子女的性别偏好较为多元化，但这种性别偏好并没有伴随着生育数量的增多而持续下去。当意愿生育孩子为 2 个或 3 个的时候，藏族女大学生则秉持了子女性别平衡的意愿，不再坚持因为喜欢某个特定性别而希望 2 个孩子都是同一性别。这说明，她们在进行子女性别的生育决策时，性别平衡的原则优先于个体的性别偏好。

（三）意愿初育年龄与意愿生育间隔

研究生育主体的意愿初育年龄和意愿生育间隔，目的在于探究生育主体如何科学地认识和安排具体的生育活动。女性意愿初育年龄和意愿生育间隔，一方面要适应个体的生理条件变化，另一方面也受到生育个体所处的社会环境和生育文化的影响和制约，与她们对生育行为的认知程度有密切关系。而实际初育年龄和生育间隔的变化不仅直接影响人口再生产和人口数量的增长速度，还影响母婴身体健康状况。

在访谈中，当被问及意愿初育年龄时，藏族女大学生都会一再强调不愿意做"高龄产妇"，希望毕业后尽快结婚生育。但她们将 30 岁视为"高龄产妇"的年龄界限，而不是一般认为的 35 岁。受访者意愿初育年龄均在 30 岁之前，有的甚至表示 30 岁前要生完所有孩子。

> 卓玛：虽然我之前一直没谈过恋爱，但你问我有没有想过什么时候结婚生孩子，这个我是有认真想过的。我在读预科之后才能读研究生，预科一年加上研究生三年就要四年。我已经 24 岁了，等研究生毕业就 28 岁，要赶在 30 岁之前生两个孩子就要一年生一个，我可不想当高龄产妇。（青海玉树，24 岁）

> 小白：跟班里的同学比起来，我年龄算比较大的，今年

25 岁。因为我之前上的是专科，后来申请专升本多读了两年，再加上这两年复习考研，好不容易考上研究生，现在在读研究生预科，毕业后哪怕立刻结婚也要 29 岁了。不过我只打算生一个孩子，所以还是能赶在 30 岁前生孩子。（甘肃武威，25 岁）

诚然，意愿初育年龄还与她们的意愿结婚年龄相关。调查中，意愿在 27~28 岁结婚、30 岁前生孩子的藏族女大学生占受访者的 3/4，其中 27~28 岁正是她们硕士毕业的年龄。

将受访者的意愿初育年龄与其母亲的实际初育年龄进行对比（见表 4-4），母亲初育年龄由母亲年龄与家中最大孩子的年龄相减而得。两者差值最大为 12 年，最小为 2 年。

表 4-4　母亲的初育年龄及生育间隔与受访者的
意愿生育年龄及意愿生育间隔的对比

编号	母亲初育年龄（岁）	意愿初育年龄（岁）	差值（年）	兄弟姐妹年龄间隔（平均数）（年）	意愿生育间隔（年）	差值（年）
1	16	28	12	2	3	1
2	26	30	4	6	2	-4
3	20	—	—	2.7	≤4	1.3
4	23	28~29	5	2	1~2	-0.5
5	26	28~29	2	1	1~2	0.5
6	24	30	6	1.7	只生一孩	—
7	20	≤30	10	5	3	-2
8	25	27~28	2	3	1	-2
9	21	30	9	2.7	2	-0.7
10	23	≤30	7	2	1~2	-0.5
11	18	30	12	2	2~3	0.5
12	23	27	4	3	2	-1

续表

编号	母亲 初育年龄 （岁）	意愿初育 年龄 （岁）	差值 （年）	兄弟姐妹 年龄间隔 （平均数） （年）	意愿生育 间隔 （年）	差值 （年）
13	26	30	4	1.5	1	−0.5
14	20	25~26	5	1.7	2	0.3
15	25	27~28	2	3	1	−2
16	21	29	8	4	1	−3
17	24	28	4	2.5	2	−0.5
18	26	28~29	2	2	2	0
19	22	26	4	2.7	3	0.3
20	24	28	4	1.5	1~2	0
均值	22.65	28.37	5.58	2.6	1.97	−0.55

注：1. 表格中的"−"表示访谈对象没有作答或不存在此种情况。

2. 差值以受访者的意愿初育年龄及意愿生育间隔与其母亲的初育年龄和平均生育间隔做差而得。其中母亲的平均生育间隔以被访者兄弟姐妹年龄间隔为依据。

由于未以问卷形式收集数据，受访者的答案大多存在区间，以区间均值进行计算，数值存在较大误差，因此表4-4仅用于呈现受访者意愿初育年龄较之母辈明显延后和意愿生育间隔缩短的趋势。

关于藏族女大学生意愿初育年龄与母辈初育年龄差距大的问题，可参考小木的说法。

小木：父母那辈很少坚持读书，人们文化水平普遍不高。家里有好几个孩子的，由于经济条件有限，不可能供所有孩子上学，只得让成绩最好的继续留在学校，其他的就辍学在家或者到外地打工挣钱，她们大多刚过18岁就结婚，还有些没满18岁的就先在村子里宴请全村人把婚礼办了，等够岁数了再去补领结婚证。（甘肃甘南，23岁）

造成受访者意愿初育年龄较母辈初育年龄明显延后的主要原因，在于二者受教育年限的差异。受访者长年在校生活使得其只得将结婚生育的计划推迟至毕业之后，而她们的母辈大多在读完小学或初中后就辍学在家，早早结婚生育，直至现在藏区农村还有大批与受访者同龄的青年人仍然延续着其母辈的生活轨迹。

在生育间隔上，受访者意愿生育间隔以 1~2 年为主，而其与兄弟姐妹之间的年龄间隔一般在 2~4 年（见表 4-4）。

> 旺姆：我们家里姐妹之间年龄间隔不大，相互关系很融洽。衣服缝缝补补还能轮着几个人穿，父母照顾孩子也比较熟练。以后生孩子当然还是这样的好，孩子之间年龄不要隔得太远，这样成长步调相对一致。（四川甘孜，22 岁）
>
> 小西：我希望最好能连着生，既能实现生好几个的愿望，又不耽误之后出来工作，可以集中一段时间在家照顾孩子。听你说现在这计生政策要求两个孩子之间至少要相差三四年，我毕业就 27 岁，怎么还可能再花五年在生孩子上，不应该对藏族有这些生育限制。（四川甘孜，24 岁）

从人口增长的一般规律看，初育年龄是影响女性实际生育期和终身生育率的重要参数，生育间隔则反映着人们对生育行为的干预程度。李银河（2009）注意到女性生育数量与受教育程度呈反比的情况普遍存在，她认为生育数量减少是女性逐渐掌握生育的主动权和选择权的结果。但在本章中，笔者认为导致受访者意愿生育数量减少的主要原因在于其受教育年限过长，压缩了其认为的"最佳"生育年限，从而使得意愿初育年龄随意愿结婚年龄推迟，意愿生育数量减少，意愿生育间隔较短。

综上所述，受访者在生育意愿的四个方面（意愿生育数量、意愿性别结构、意愿初育年龄及意愿生育间隔）之间的表述存在着紧密的关系。她们平均年龄 23 岁，以在读硕士为主，在访谈中一致表示不会在读书期间结婚生育，有的甚至不打算在校期间谈恋爱。同时，她们又一致持有不做"高龄产妇"的愿望，意愿初育年龄不超过30岁。由于有毕业后才结婚生育的自我限制，她们硕士毕业时的年龄在27~28岁，距"高龄产妇"仍有2~3年（见图4-1），并计划毕业后到藏区城市工作。根据现有相关计生政策，城镇户籍的藏族最多允许生育2个孩子。那么，要在2~3年时间内生育2个孩子，其生育间隔必然为1~2年。而基于子女性别平衡的原则，2个孩子的最佳性别结构是一男一女。

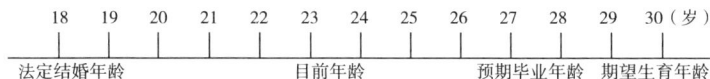

18	19	20	21	22	23	24	25	26	27	28	29	30（岁）

法定结婚年龄　　　　　　　目前年龄　　　　预期毕业年龄　期望生育年龄

图4-1　受访藏族女大学生的婚育阶段年龄图示

可见，受访者的生育意愿是综合考虑了个体实际情况和目前生育政策的结果。这符合 Leibenstein（1957）提出的家庭成本-效益理论，该理论假设经营家庭生活的夫妇都是理性"经济人"，生育主体在对生育子女的成本与效用进行比较和计算之后，对有限的家庭资源进行理性分配和选择使用，以实现家庭效用最大化的目标。笔者认为，在京藏族女大学生对于生育意愿的思考和决策的过程，与数学运算中解方程组十分类似，即在多种条件限制下寻求最优解。

四　影响生育意愿的诸因素分析

影响个体生育意愿的因素有很多，比如生育动机、个人发展规划、对于家庭的理解、风俗习惯等，本节从中撷取了对受访者生育意愿有较大影响的三个方面进行分析和说明。

（一）生育动机

生育动机又称生育目的，是推动人们进行生育行为的内在动力，即生育主体为了什么而生育。生育动机与生育意愿相互影响，并最终决定个体的生育行为。生育主体如何理解其生育动机，不仅关系到人口再生产的数量、质量、结构，还关系到物质生产和劳动力的继替，以及人的社会实现、社会保障和精神慰藉等。因此，探究生育主体的生育动机在生育意愿研究中同样占据着重要地位，它与社会文化、婚姻家庭文化和性文化等是相互依存、相辅相成的，具有不可替代的作用。

按照张纯元、陈胜利（2004）的定义，生育目的可分为三种类型：一是种续型目的，即种族的繁衍；二是生存型目的，人们为了保证家庭持续性的经济供给，养儿防老，同时也为了家庭的经济发展而生育；三是发展型目的，一方面要实现夫妻的社会价值，实现社会继替，另一方面要满足父母的精神需要，享受天伦之乐。这三类生育目的全面地作用于生育主体的生育行为以及相关的婚姻家庭行为，程度不同地同时集于生育主体一身。

在调查中，在京藏族女大学生的生育动机较集中在养儿防老①、孩子给家庭带来精神慰藉、促进经济发展三个方面。其中，养儿防老排在她们诸多生育动机中的首位。

> 旺姆：我们家有四个孩子，最大的儿子比我大 15 岁，很早就出家了，出家后就不算家里的孩子了。因为哥哥出家父母曾难过了很久，过了很多年才生第二个孩子，后面生的三个都是女儿。好在家里还有姐妹三个，父母的养老也就不用担心了。所以家里生多些孩子，既对孩子未来生活发展好，

---

① "养儿防老"一词出自宋代陈元靓《事林广记》："养儿防老，积谷防饥。"字面意思是养育儿子是为了防备将来年老，亦泛指养育子女以防老年无依靠。本文中"儿"泛指儿女。后同，特此说明。

他们比较自由，想干什么都行，兄弟姐妹几个之间有商有量，也方便解决父母的养老问题，这就是大家庭的好处。（四川甘孜，22岁）

> 康珠：生孩子是为了方便以后养老，孩子多了，需要承担赡养父母的压力就相对较小，自己到了老的时候生活也会更有保障。前一段新闻上总报道失独家庭，在大城市的汉族很多都是独生子女，要是万一孩子遇到什么不好的事情，家里的父母怎么办，不要把所有鸡蛋放在一个篮子里，这是相同的道理。（西藏日喀则，23岁）

对于受访者而言，养儿防老是促使她们生育的主要动机。这与藏区农民长期依赖家庭养老的习惯有关，应结合她们的现实生活环境加以分析。

在藏区农村，除了高原牧区外，大部分藏民仍然将种地务农作为家庭唯一的经济来源。藏区高原气候恶劣，生活条件艰苦，为了实现家庭代际的顺利继替，藏民一直以来有家里最大的孩子当家的传统，即最大的孩子不管是男是女，一般很早就不再读书，在家帮助父母干农活料理家务，待到结婚年龄时，便从父母一辈接过当家的责任，包括掌管家庭财务、照料长辈等。每个藏民家庭包含人数较多，包括长辈加上兄弟姐妹以及当家人的配偶和子女，加之当地经济条件本来就不好，人均收入和生活水平自然就不高。与城镇有工作单位的人不同，农村的藏民并没有社保养老金等相关的制度保障，仍主要依赖传统的家庭养老模式，子女留下来当家的传统正是这种农村家庭养老模式的鲜明特点。

前述故事中，旺姆的哥哥很小就出家了，当家的义务就顺延至家里第二个孩子身上。据她介绍，在实际生活中也经常出现兄弟姐妹间根据各自发展商量谁留下当家的情况，但前提是孩子数量比较多，那么可供商量和调整的余地也就越大。

康珠的故事则同时回应了她们谈及意愿生育数量时为何将单孩和多孩情况对立的原因（详见第三节）。因为在藏民看来，生育多个孩子有利于平摊生育风险，避免未来可能出现"无儿送终"的养老困境。

寻求精神慰藉是藏族女大学生生育的第二个主要动机。考虑到自身受教育程度较高，毕业后能够找到薪酬高的工作的可能性大，其未来的物质生活水平相对有保证，短期内她们对孩子的需求就更侧重于精神层面，认为孩子能够实现自我的社会价值，同时给家庭生活带来欢乐。

> 小木：我们观念中儿子都不喜欢待在家，他们总觉着跟父母天天见面很奇怪，外出打工很少打电话回家，平时也不关注父母的心理需求。其实父母很希望经常跟他们见面聊天。要是女儿就懂得这些，也不会为了挣钱跑到离家很远的地方。（甘肃甘南，23 岁）

此外，还有受访者提到生育行为与地方经济发展之间的关系。

> 小取：像我们这些出来上大学的，毕业后很少回到家乡农村，也要更晚才能结婚生孩子。而那些高中毕业就出来在家附近打工挣钱的，他们离父母反而更近，能够承担起照顾他们的责任，相对他们更早就结婚生孩子了，生得也更多。这是不合理的，我们因为要读书不能够生很多的孩子，而且将来到城市工作，限于城镇户籍生的就比农村少，这样是很不利于以后社会发展的。农村经济条件不好，孩子虽然生得多，但有条件上学的很少，这就造成恶性循环，以后他们的受教育水平也不高，文盲还是很多，藏区的经济条件从根本上没法改善。（云南迪庆，24 岁）

在京藏族女大学生的生育目的，已从种续型向生存型、发展型转化。在谈到各自的生育动机时，藏族女大学生会考虑家庭养老、孩子给家庭带来的精神慰藉、个人生育意愿与社会情况、经济状况、当地计生政策之间的关系，其中既有相互促进的因素，也有冲突与矛盾的部分。

（二）择偶标准

女性的择偶标准会对其生育意愿产生不同程度的影响，这种影响往往并非以直观的形式体现出来。例如，在实际生活中生育主体如果难以找到符合其择偶标准的异性时，就不得不推迟生育行为，而同时生育主体又受到自身年龄和身体条件的限制，这些都使个体生育意愿产生变化。

在受访者的择偶标准中，宗教信仰和个人性格是首要考虑的两个方面。她们遵循自由恋爱的原则，不注重对方的外在条件。小草对此的说法比较全面且具有代表性。

> 小草：我从没想过要嫁给其他的民族，以后结婚当然要找藏族，最好是同一个地方的藏族。首先我们信仰藏传佛教，在宗教信仰上必须是一样的。两个人如果来自同一个地方，大家在语言和风俗习惯上比较一致。我们安多的方言和康巴、卫藏的不一样，常常会有听不懂对方说话的情况。刚来北京上学时，老师都是西藏的，还有很多其他地方的同学，我花了很长的时间才能听明白他们在说什么。所以，找藏族男生结婚，我是这样想的，如果不能同一个村子，也要同一个乡；如果不能同一个乡，至少也要是同一个县的。找男朋友主要就是要诚实、善良、孝敬父母、有责任、有担当。性格好就行了，家里经济条件那些无所谓。（四川甘孜，20岁）

20位受访者中，除了小白（甘肃武威，25岁）和央金（云南迪庆，24 岁）可以接受与非藏族男性结婚之外，其余 18 位女生均要求另一半必须是藏族，有的考虑到藏区方言差异，希望对方最好来自同一藏区。

> 小白①：我家周围藏族比较少，出于情感认同我还是希望和藏族朋友相处，我想嫁给藏区的藏族男孩，但是我也不排斥其他民族，在藏区的土族、汉族男生我也能接受。我不像她们（指其他受访者）对汉族或者其他民族有偏见，因为我从小就跟土族和汉族的同学一起上学，他们跟我们一样都很和善，而且他们没有宗教信仰不会跟我们存在什么冲突。（甘肃武威，25 岁）

藏族学生就读初高中时，由于语言差异大多就读当地的民族中学或者藏语中学。来到北京读大学后，在民大藏学院这个小环境里藏族学生依然比较集中，日常交往还是以藏族为主，对其他民族了解甚少。

尤其在宗教信仰方面，为了以后家庭能够长远和谐地生活，她们一般不会与有其他宗教信仰的异性结婚。她们认为，宗教信仰的差异可能引起日常生活各方面的矛盾和冲突，如饮食禁忌、居住习惯等。

在受访者看来，宗教信仰是她们择偶首先考虑的因素，只有信仰一致，双方在观念上才有相互认可的可能。受访者中曾谈过恋爱的和目前正在恋爱的对象均为藏族，但她们也表示，如果条件不允许会考虑与无信仰的或者愿意信奉藏传佛教的男性组建家庭。

除了宗教信仰外，藏族女大学生们在择偶时十分看重对方的

---

① 小白的家住在多民族混居的地方，身边的藏族朋友和同学不多。她身份证上父母给取的名字是汉名，但她更喜欢自己起的藏名。平时在民大与藏族朋友在一起时，大家都是称呼她的藏名，有些朋友连她的汉名是什么都不知道。

性格和个人品质，为人善良、讲究孝道是基本原则。

> 桑结：汉族没有宗教信仰，结婚讲究门当户对，看重双方家庭的经济情况。我们藏族信奉佛教，不要求经济上、物质上的条件，更多是观念上、性格上的，重点还是看对方的品行，要讲究孝道，为人诚实善良，这是最基本的要求。带这样的男生回家见父母，父母一般都不会有太大的意见，其他的只要是自己喜欢就可以了。（青海海南，23岁）

为人诚实善良、讲究孝道，这不仅是她们择偶的基本条件，也是藏人在日常生活中恪守的道德守则。佛教提倡"诸恶莫做，众善奉行，利人不害人，慈悲度众生"，就是要求人们要与人为善，待人热情真诚。受访者在择偶过程中更看重性格和品格。

（三）意愿定居地点

生育主体意愿定居地的医疗卫生条件、经济发展水平、生活条件与个体生育意愿息息相关。受访者均表达了毕业后到藏区省会城市定居的意愿。

> 卓玛：我在北京已经读到研究生了，怎么还能回到小县城去？希望以后自己能学有所用。藏区的中心在西藏，西藏的中心是拉萨，那里也是最发达的。我的妹妹就在拉萨工作，我毕业以后也想去那里。（青海玉树，24岁）
>
> 小吉：毕业回到家里，很难找到跟我一样的大学生，他们（指留在村子里的同龄青年）老早就辍学外出打工，十七八岁就结婚生孩子了，现在跟我这么大还没结婚的女孩在村子应该没有了，男生就更别说了。（青海黄南，24岁）

受访者无一例外地选择到城市居住和工作，而且地点均是各藏区的省会城市。她们的选择基于以下考虑：第一，必须在藏区定居，在宗教信仰、风俗习惯、语言饮食等方面相对容易适应；第二，到省会城市工作，一方面城市生活水平较高，工作机会多，工资待遇高，更容易找到需求硕士的工作职位，另一方面更可能找到与自己各方面条件相当的异性；第三，定居地与家乡距离较近，这样在城市实现自我价值的同时，又能够经常回家探望父母，或便于把他们接到身边照料。择偶条件、工作发展、家庭照料、生活水平等均是受访者在选择意愿定居地点时着重考虑的方面，而这些都将间接对个体生育意愿带来不同程度的影响。

此外，意愿定居城市的变化也意味着将来的生育地点的变化，并可能伴随着计生政策的变化。计生政策的户籍差异对其生育意愿的影响主要表现在意愿生育数量上，前文已对此进行了说明，不再赘述。

总的来说，生育动机、择偶标准和意愿定居地点是影响受访者生育意愿的主要因素，也是形成她们生育意愿现状的主要原因。在京就学的经历给她们的生育动机、择偶标准及职业规划带来了重要的影响。这根源于其所承袭的藏文化传统与现代都市文化（以汉文化为代表）之间存在的巨大差异，其中最突出的当属宗教信仰。佛教徒爱护一切有生命的事物，禁止杀害野生动物及禽兽，也不愿借给别人烹煮或食用这些动物的工具。

在访谈中她们普遍反映城市存在人际交往疏远、汉人对待他人不够真诚友善以及独生子女较自私自利等问题。在北京的生活激化了她们与都市文化的冲突和矛盾，无形中增强了她们对藏文化的归属感和认同感，在民大藏学院的专业学习也使得她们对家乡的藏文化有了更深的感受。她们在北京的朋友圈基本局限在学校内，而且因语言上的便利，她们与藏族同学来往居多。

此外，受到藏区经济条件限制，在农村的藏民普遍文化程度不高，基本不会读写藏文，人们对于经文释义和佛教历史往往只有模糊的了解，还有将男孩送到寺庙学经修行的传统，所以一般只有少数男性或者寺院的喇嘛会读写藏文并了解佛教教义的含义。而受访者学习成绩优异，初高中上的是当地最好的藏文中学或少数民族高中，大学以学习藏语言文学居多，研究生则向藏族历史和藏宗教文化方向继续深造。对内是对藏族文化相关专业课程的努力学习，对外是以汉族为主的社会文化环境的冲突，这使得她们对藏族文化的认知水平越来越高，归属感越来越强。

以上种种，我们可以从中找到形成受访者特有的择偶标准和个人发展规划的端倪。这也是受访者坚持只选择来自同藏区的男性作为未来配偶以及希望回到藏区工作的深层原因。但同时可以看到，她们的生育意愿也包含理性和现代的一面，比如意愿生育数量较上一辈减少，生育动机从种续型向发展型转变，等等。与其说这种转变是源于民族文化间的冲突，还不如将之理解为城乡文化的融合，以及个体在其中不断适应和改变的过程。她们原先所接受的藏文化传统观念如何与现代都市文化碰撞、交织，再逐渐融合，形成新的观念和看法，值得细细体会和思考。

五　总结

经调查，在京藏族女大学生的生育意愿现状如下。在意愿生育数量上，意愿生育 2 个孩子的占调查人数的 85%，意愿生育数量较其母辈的实际生育数量（3~4 个）少。在意愿子女性别结构上，并没有对于男女性别的特别偏好，更追求孩子性别的平衡状态（即有男有女）。意愿初育年龄与意愿生育间隔直接相关，受访者意愿初育年龄同时受到受教育年限和不当"高龄产妇"观念的限制，她们希望最低不低于 26 岁、最高不超过 30 岁生育。那么，计划在 3 年时间内生育 2 个孩子，其意愿生育间隔则为 1~2 年最为适宜。

受访者的生育动机、择偶标准及意愿定居地点是影响其生育意愿的重要因素。其中，生育动机从种续型目的向发展型目的的转变，是导致其意愿生育数量较母辈实际生育数量减少的主要原因。多孩家庭在传统经济模式中的优势不再是促使其生育的主要动机，她们更看重孩子给家庭带来的精神慰藉以及生育主体在生育行为中社会价值的实现。她们的择偶标准与所处实际环境不符，是延迟其意愿初育年龄的原因之一。意愿定居地点对于个体生育意愿的影响主要体现在意愿分娩场所由家中转向医院以及现有计生政策对于城镇户籍少数民族的生育数量限制。

笔者认为，藏族女大学生的在京就学经历，造成了其先前接受的藏文化与现代都市文化的碰撞、交织和融合，从而有了前述在个体生育意愿和生育决策过程中的具体表现。这其中既有传统藏文化的部分，也有代表现代理性的都市文化的部分，是两种地区的文化在个人身上碰撞出来的结果。

本项研究的主要贡献体现在以下两个方面。

一是对量化问题进行质性研究。以往的生育意愿研究主要以问卷调查为主，较少关注个体化因素对生育意愿的影响。这些差异化的部分很容易在问卷调查中被忽略和抹去。本文则利用人类学对于个案挖掘的优势，通过深入访谈和实地观察等方法，力图较深入地展现个体生育意愿、具体的生育决策过程，以及生育意愿与个人生活经历之间的勾连。

二是在研究视角上，文章以此前极少被关注的少数民族未婚的女大学生作为研究对象，关注文化层面对个体生育意愿的影响。少数民族大学生由于数量相对较少，且大多在外地就学，此前较少引起学界的关注。在探讨影响个体生育意愿的诸因素时，笔者侧重考察文化层面的影响，以个体生育意愿作为研究的突破口，向上一窥两地文化对流动个体的深层次影响。笔者认为，是个体到城市就学的经历，使得传统少数民族文化与现代都市文化有了融合和碰撞的可能，造就了少数民族未婚女大学生这一群体特殊的生育意愿现状。

由于调研时间和能力所限，本研究仍然存在诸多局限和不足。

第一，个体生育意愿不确定性的问题。受访者将来的实际生育状况可能受到目前考虑不到的因素影响而与现在的生育意愿不一致。受访者由于接受高等教育，对于未来的发展规划与其母辈的人生轨迹不同，她们作为转型时期的新一代，十分乐观地憧憬着毕业后到藏区省会城市定居的生活，但由于缺乏实际参照，她们关于未来生活的设想并没考虑到可能出现的特殊情况。本章展示的是她们基于当下关于自身生育意愿的叙述。

第二，样本可推广性的问题。由于本研究选取的调查对象为中央民族大学藏学院的女大学生，要从千丝万缕的个案材料中勾勒出藏族女大学生整个群体的生育意愿现状实属不易。而我国藏区地域广阔，不同藏区的经济发展、语言文化等亦存在差异，这20个个案无法说明整个藏族大学生群体的生育意愿状况。

此外，受到笔者的学术水平及各种现实条件的限制，文中可能还存在一些疏漏，对于一些结果的解释尚显浅薄，还有很多有待进一步研究和探讨的问题。本章内容若能引起相关领域的学者对于文中涉及问题的兴趣和探索，从而起到抛砖引玉的效果，便是更甚于该研究本身的成果和意义。

参考文献

北京市第六次全国人口普查领导小组办公室等编，2011，《北京市 2010 年人口普查资料》，中国统计出版社。

次仁央宗，2010，《西藏妇女生育健康、生育意愿的现状调查》，《西藏大学学报》（社会科学版）第 3 期。

陈华，1997，《西藏藏族已婚育龄妇女生育意愿调查分析》，《西藏大学学报》（汉文版）第 1 期。

陈卫、靳永爱，2011，《中国妇女生育意愿与生育行为的差异及其影响因素》，《人口学刊》第 2 期。

陈友华、徐愫，2009，《性别偏好、性别选择与出生性别比》，《河海大学学报》（哲学社会科学版）第 4 期。

代欣言，2001，《农牧区育龄妇女生育意愿的变化趋势》，《西藏研究》第1期。

董长弟，2009，《高校女研究生意愿生育性别偏好研究——以福州市区高校为例》，硕士研究生调查论文，福建师范大学。

董兰兰、焦树国，2007，《当代研究生生育观调查——以南开大学为例》，《南京人口管理干部学院学报》第4期。

费孝通，1998，《乡土中国 生育制度》，北京大学出版社。

冯立天，1992，《80年代中国生育率的变动与社会经济因素的分析》，《中国人口科学》第1期。

葛绍林，2008，《拉萨市藏族已婚育龄妇女生育意愿研究》，硕士学位论文，云南师范大学。

龚德华、甘霖、刘惠芳、曾小敏，2009，《生育意愿影响因素分析》，《湖南医科大学学报》（社会科学版）第1期。

顾宝昌，1992，《论生育和生育转变：数量、时间和性别》，《人口研究》第6期。

李冬莉，2001，《经济发展与家庭制度变迁对农民性别偏好的影响：三种模式的比较》，《妇女研究论丛》第3期。

李建新，2006，《中西部农村地区人口计划生育调查之分析》，《人口学刊》第5期。

李银河，2005，《两性关系》，华东师范大学出版社。

李银河，2009，《生育与村落文化》，内蒙古大学出版社。

陆杰华、达德利·L.鲍斯顿、史蒂芬·H.默达科，1995，《制约贫困地区农民生育意愿的社会经济因素分析——四个贫困县个案研究》，《人口与经济》第6期。

马凌诺斯基，2002，《文化论》，费孝通译，华夏出版社。

马小红，2011，《趋同的城乡生育意愿对生育政策调整的启示——基于北京市城乡独生子女生育意愿的比较研究》，《人口与发展》第6期。

潘丹，2008，《贵州在校大学生生育观的研究》，硕士学位论文，贵州大学人口学系。

潘雨，2010，《社会性别视角下大学生生育观研究——以四川大学为例》，硕士学位论文，西南大学社会学系。

琼达，2007，《西藏拉萨已婚育龄妇女的婚育与生育调查分析》，《人口与经济》第 6 期。

孙晓晓，2011，《在校研究生生育意愿调查报告——以河北大学为例》，《法制与社会》第 3 期。

王树新、周俊山、琼达，2006，《西藏拉萨育龄妇女的婚育对其经济收入、家庭生活质量的影响》，《人口与经济》第 5 期。

王文娟、陈岱云，2008，《城市独生子女父母养老社会问题研究》，《山东社会科学》第 9 期。

温勇、周生元、鲁秀福等，2000，《宣州市 467 名具备生育二孩条件的育龄妇女生育意愿调查分析报告》，《南京人口管理干部学院学报》第 1 期。

杨菁、章娟，2005，《未婚女研究生的理想生育观研究》，《中南民族大学学报》（人文社会科学版）第 5 期。

张纯元、陈胜利主编，2004，《生育文化学》，中国人口出版社。

张松林、白芳铭、田侠、房妮、张正勇、俱国鹏、李莉，2007，《西北地区高校大学生生育意愿的社会经济分析》，《人口与经济》第 6 期。

张子毅、杨文等编著，1982，《中国青年的生育意愿——北京、四川两地城乡调查报告》，天津人民出版社。

郑真真，2004，《中国育龄妇女的生育意愿研究》，《中国人口科学》第 5 期。

郑真真，2011，《生育意愿研究及其现实意义——兼以江苏调查为例》，《学海》第 2 期。

周俊山、尹银、潘琴，2009，《妇女地位、生育文化和生育意愿——以拉萨市为例》，《人口与经济》第 3 期。

周云，2013，《影响生育的国外家庭政策分析》，《中华女子学院学报》第 5 期。

Gary S. Becker, 1960, "An Economic Analysis of Fertility", *Demographic and Economic Change in Developed Countries, a Conference of the Universities-National Bureau Committee for Economic Research*, Princeton University Press.

Harvey Leibenstein, 1957, *Economic Backwardness and Economic Growth: Studies in the Theory of Economic Development*, University of California Press.

Marjorie Shostak, 2002, *NISA: The Life and Words of a Kung Woman*, Fourth Printing, Harvard University Press.

（深圳广田集团股份有限公司　叶　薇）

第五章　新疆哈密近城维吾尔族
育龄妇女生育意愿探究

　　章节摘要：生育意愿是预测国家未来人口状况的一个重要参考变量，少数民族因其独特的社会经济文化等因素而可能有其独特的生育意愿。本章通过文献法和访谈法，聚焦新疆哈密地区近城维吾尔族育龄妇女的生育意愿。研究发现，这一群体理想子女数目为两个，希望儿女双全，偏好男孩而又不歧视女孩，希望生育间隔在三年以上。生育最主要的目的是满足心理需求。期望孩子数量减少、性别要求减弱、时间控制更强、目的性降低是她们生育意愿的核心内容。这种生育意愿主要受到城市化、家庭经济状况、宗教信仰、婚姻制度、计划生育政策等多种因素合力的影响。

一　导论

（一）研究背景

　　中国是一个多民族国家，各少数民族因宗教信仰、风俗习惯、社会环境等因素不同，呈现出各具特色的生育意愿及生育文化。新疆少数民族众多，维吾尔族作为新疆少数民族中的主体民族具有重要的地位，对新疆维吾尔族育龄妇女生育意愿的研究在相关领域具有一定的代表性。第六次人口普查显示，大多数维吾尔族还生活在乡镇，伴随国家城市化的步伐，他们将从农村走向城市、由农民变为市民，而在城郊和城中村中居住的农村户籍维吾尔族群体将是城市化的排头兵。本章的主要研究对象为这一群体中的育龄妇女，即近城维吾尔族育龄妇女。具体而言是指在城市及城郊居住的维吾尔族农村户籍育龄妇女，她们不仅在居住地上靠近城市，更重要的是她们在生产方式、生活方式、思想观念上向城市人靠近并且与城市保持紧密关系。可见，对近城维吾尔族育龄妇女生育意愿的研究有助于预测维吾尔族的生育行为，具有重要的现实价值。

生育文化是人类文化系统重要的组成部分。本文借用顾大男（1999）的观点，从物质、精神和制度三个方面定义生育文化。生育文化，在物质方面，表现为与生育过程相关的社会经济发展的物质基础；在精神方面，表现为观念、信仰、习俗、行为规范等与生育相关的价值观念和标准；在制度方面，表现为维持在一定物质基础上的价值观念实现的组织形式和制度形式。在这三种要素中，物质层面是基础，决定精神层面的内容和众多生育文化的形式；精神层面构成生育文化的核心；而制度层面则保证了生育文化形态的存在和发展。不同民族的生育文化各具特色，折射出各民族对生命、环境以及人与自然关系的不同认识。近城维吾尔族生育文化是一个宏观的研究层面，本章的研究将这一宏观层面与微观研究方法、视角相结合，以形成对近城维吾尔族生育文化的基本认识。

生育意愿是一个复杂、多维的概念，已有许多学者对此进行了论述。顾宝昌（1992）在分析"生育的三维性"时指出，任何一次生育行为都应该包括数量、时间和性别三个方面。陈俊杰、穆光宗（1996）定义了生育需求的两个层面：第一层面是生育的动机问题，即为什么"生"，第二层面则是具体的生育偏好问题，即"生"什么，如何"生"以及"生"多少。他们的这种界定深刻地影响了自此以后的学者对生育意愿概念的定义。从生育意愿研究的具体内容上看，邵夏珍（1999）、杨柳（2003）等根据研究需要从数量、性别、时间、质量、目的等维度中选择合适维度。从生育意愿研究的意义上看，生育意愿"就其本质而言，属建立在社会存在基础上的意识范畴。它是由社会经济、文化传统、思想观念、政策法规等多种因素综合作用的结果，是生育个体决定生育行为的内在决定性因素"（陈华，1999：28），是"人们生育观念的直接体现和集中代表"（风笑天、张青松，2002：21）。"生育意愿是生育观念的核心组成部分，有什么样的生育意愿就有什么样的生育观念，生育意愿决定人们的生育态度和行为"（李新吾等，2003：7）。笔者从前人的研究中提取出生育意愿的四个维度，即意愿生育数量、意愿生育性别、意愿生育时间和生育目的。生育意愿体现了生育个体在生育事件上的选择，虽然生育意愿与实际生育行为之间存在一定程度的偏差，但是生育意愿对后续生育行为依然有着重要的预示作用，它是对实际生育水平具有重要预测作用的变量（陈卫、靳永爱，2011）。

生育意愿本身是生育文化的重要组成部分。本章将生育意愿研究看作对于生育文化精神层面的研究，对于生育意愿影响因素的研究则涉及生育文化更广泛的内容。生育意愿反映了一个社会群体的生育文化，而每一个个体都必然地受到其所在群体的生育文化的影响。

（二）新疆维吾尔族生育相关的研究

对生育意愿的调查，可以了解到人们的生育需求和影响生育行为的各方因素，有利于预测未来人口发展态势。已有学者对目前有关生育意愿的研究进行了系统整理和分析。风笑天、张青松的《二十年城乡居民生育意愿变迁研究》（2002）以20世纪最后20年的实证调查结果为依据，从理想子女数和性别偏好两个方面对城乡居民生育意愿变迁做出描述和分析。吴帆的《20世纪90年代以来我国生育意愿研究：评述与展望》（2014）重点回顾了1990

年代以来我国有关生育意愿的研究文献，并从生育意愿的外显结果、内在动机、实现的决策机制方面展开总结和评述，被认为是前一篇文章的延续和重要补充。受到以上两篇文章的启发，笔者将此次对于生育意愿的回顾集中在针对新疆维吾尔族生育意愿的研究，包括有关生育意愿和生育意愿影响因素的文献。

1988 年新疆实施少数民族计划生育政策以来，一些学者开始关注生活在祖国西北部的少数民族群体人口问题，比如，对新疆锡伯族人口状况的调查分析（侯伟丽，1995）；新疆柯尔克孜族与汉族的婚姻差异及其生育影响（童玉芬、尹德挺，2004）；哈萨克族妇女的生育习俗（周亚成，1996）；蒙古族人口发展的特点（张毅，1995）。

学者对维吾尔族妇女的生育行为及习俗的关注也逐渐增多。例如对维吾尔族妇女自然生育自 1980 年代开始的转变、其群体生育的特征的研究（刘小治、李亚丽，1987）；对新疆少数民族地区妇女生育模式及其变化的探讨（李建新，1993）；对农村维吾尔族家庭的生育选择，以及生育目的、生育意愿和性别偏好、接生地点、接生方式等方面的田野调查分析（王海霞，2001）；对维吾尔族农村妇女常见的信仰行为——向麻扎圣人求子现象的探究（热依拉·达吾提，2004）等。

艾尼瓦尔·聂吉木曾根据实地调查资料并结合历年统计资料，对新疆的五个主要少数民族：维吾尔族、哈萨克族、回族、蒙古族、柯尔克孜族人口的生育状况及生育意愿进行了综合分析，其结论认为维吾尔族多孩率高，初育年龄有明显提高，早育率下降，生育意愿与现行生育政策之间尚有差距，普遍存在重男轻女现象，少生孩子的最主要原因是响应国家号召（艾尼瓦尔·聂吉木，2006）。维吾尔族在长期人口与社会发展过程中逐步形成了以多子多福、近亲结婚、男女平等、早婚早育为主的特殊生育文化（阿里木江·阿不来提、茹克亚·霍加，2013）。但晚婚、晚育观念在逐步形成，传统的"多子多福、后继有人"的生育观念正在悄然发生变化（司光南，2010）。然而司光南的研究也指出"重男轻女""传宗接代"等传统生育观念依然存在，发展相对滞后的地方经济和民间文化导致对男性的偏好。有学者从比较的视角出发，对维吾尔族和汉族的婚育习俗、观念、制度等方面做了比较研究（高卉，2008）。还有学者考察了改革开放以来新疆建设兵团中维吾尔族人群婚育观的转变（王璞华，2011）。

从笔者收集到的资料来看，目前针对新疆维吾尔族生育意愿的研究较少，现有文献资料中生育意愿多被涵盖在婚育观念、生育文化之中。本研究将近城维吾尔族育龄妇女作为一个独特的群体，使用定性方法研究她们的生育意愿及其影响因素。

（三）研究方法与研究人群

1. 研究方法

为深入研究生育意愿，特别是妇女对生育意愿的主体感受和思考，本研究采用了定性研究方法，主要为文献法和深度访谈法。两种方法用于不同的研究目的和主题。文献法主要用来收集与分析以下几方面的问题。首先是收集与维吾尔族生育意愿和生育文化以及与宗教和习俗相关的研究成果，分析以往研究的主题、视角和主要结论，服务于讨论研究群体生育意愿的影响路径。其次查找历次人口普查基础数据，收集受访者所在自治区实施的计划生育政策条例，所在村委会、社区计划生育服务手册等，总结人口发展基本趋势和人口政策的主要内容，形成对维吾尔族生育状况的初步认识，更好地评估近城维吾尔族育龄妇女生育意愿以及生育水平。

深度访谈法用于收集近城维吾尔族妇女的生育意愿的细节信息。深度访谈根据预先准备的半结构式访谈提纲开展。访谈重点包括研究对象的基本家庭情况、个人的生育意愿（包括生育时间、数量、性别和目的的考虑）、受访者意识中的生育意愿影响因素，根据访谈结果整理和分析人们的生育意愿。

2. 研究人群

本研究的访谈人群限定在近城的维吾尔族育龄妇女。访谈工作完成于 2014 年 6 月至 2014 年 9 月。笔者借助熟人关系，采用"滚雪球"的方式寻找符合条件的访谈对象。由于访谈所需时间较长，访谈多在育龄妇女家中进行，以利于从受访者的日常生活中看到并获取更多信息。

研究期间笔者共访谈了 22 人，其中维吾尔族育龄妇女 20 人，村计划生育工作人员 2 人（维吾尔族、汉族各 1 人）。笔者受维吾尔语水平的限制，未能收集全其中 4 位维吾尔族育龄妇女的相关信息，最终只有 16 位育龄妇女进入本研究（见表 5-1）。由于维吾尔族名字重复性高，笔者决定不采用化名方式，而是使用受访者的部分姓名以示区别。

表 5-1 受访者基本状况

单位：人

分类依据	类别	人数	合计
职业	园林工人	6	16
	保洁人员	1	
	社区、村委工作者	2	
	个体	2	
	农民	5	
居住地	城市	3	16
	城郊	13	
年龄	30~35 岁	2	16
	36~40 岁	2	
	41~45 岁	7	
	46~50 岁	5	
受教育程度	小学	2	16
	初中	10	
	大专	4	

　　受访的 16 名近城维吾尔族育龄妇女全部为农村户籍。其中，
10 名受访者住在城市边缘、交通便利的城郊地区，她们拥有少部
分土地，作为种植和家庭养殖。另外 6 名受访者居住在城市，主要
住在"城中村"或者拆迁换购楼；她们多因耕地征用而被安置在
园林、环卫等公益性岗位上，她们的丈夫多在城市从事副业（如
司机、屠夫、建筑工人）。总体看来，此次受访人群的家庭经济状
况、收入来源呈现多样化，相比于一般农村家庭要富裕一些，相
比于城市家庭则属于底层。从受访者年龄上看，41~45 岁人数居
多，以 40 岁以上育龄妇女为主；从受教育程度上看，以初中程度
文化水平为主，4 名大专生皆为年龄较小的受访者。

二　维吾尔族基本生育状况

　　根据以往调查和研究资料，我们可以对维吾尔族整体生育状
况有如下的结论。首先，在生育数量方面，整体保持在 2 孩左
右。第六次全国人口普查数据显示，维吾尔族人口数量约为
1007 万人，是百万人口以上少数民族中人口增长速度最快的民
族之一（蔡果兰、徐世英，2014）。维吾尔族人口目前仍处于
"高出生率、低死亡率、高自然增长率"的阶段。表 5-2 显示，
从"四普"到"六普"的 20 年中，无论是全国、汉族还是维
吾尔族，在出生率和自然增长率上都有明显下降。维吾尔族人
口自然增长率从 23.02‰降至 11.76‰，下降速度明显；但与
汉族和全国平均水平相比仍处于较高水平。目前维吾尔族出生
率高于全国和汉族水平，促使自然增长速度较快。2010 年，维
吾尔族的总和生育率为 1.84，比全国平均水平高 0.66，比汉
族平均水平高 0.69（国家统计局和就业统计司、国家民族事务
委员会经济发展司编，2013：632）。

表 5-2 1990~2010 年出生率与自然增长率

单位：‰

	1990 年		2000 年		2010 年	
	出生率	自然增长率	出生率	自然增长率	出生率	自然增长率
全国	21.04	14.76	9.51	3.6	8.93	3.36
汉族	20.07	14.5	9.1	3.25	8.68	3.09
维吾尔族	31.72	23.02	17.97	11.8	17.01	11.76

资料来源：1990 年和 2000 年的数据来自首都经济贸易大学（2005：427），2010 年资料根据《中国民族统计年鉴 2013》第 701 页和第 703 页资料计算而得（国家民族事务委员会经济发展司、国家统计局国民经济综合统计司，2013）。

其次，在生育性别方面没有明显的偏好。一般而言，人口出生性别比的正常值在 103~107 之间。在没有外部因素干预生育行为的条件下，出生性别比应稳定在 105 左右。表 5-3 是 2010 年"六普"中全国、汉族、维吾尔族出生性别比的状况。相比汉族，维吾尔族出生人口总体性别比较低，前三胎孩子出生性别比都在 105 左右。有研究显示，目前中国出现的高性别比是在强烈的男孩偏好下过分压缩每个家庭孩子数量的结果（乔晓春，2004），"男孩偏好"及性别选择生育行为是使出生性别比失常的关键因素（刘爽，2005）。可见，相比汉族，维吾尔族的男孩偏好不明显或不存在，更少有人为干预出生人口性别的现象。

表 5-3 "六普"全国、汉族、维吾尔族出生人口性别比
（2009. 11~2010. 10）

民族	合计	第一孩	第二孩	第三孩	第四孩	第五孩及以上
全国	121.21	113.73	130.29	161.56	146.50	143.65
汉族	122.03	114.27	131.69	169.62	155.02	161.75
维吾尔族	104.17	103.15	105.32	105.34	107.14	86.59

资料来源：国家统计局和就业统计司、国家民族事务委员会经济发展司编，2013：628~630。

再次，在生育时间上有晚育趋势。维吾尔族初婚年龄不断推后，使晚婚晚育成为可能。《新疆维吾尔自治区人口与计划生育条例（2010 修正）》第十四条规定，"汉族公民男年满 25 周岁、女年满 23 周岁，少数民族公民男年满 23 周岁、女年满 21 周岁初婚为晚婚。达到晚婚年龄后初次生育的为晚育"。① 此次调查对于维吾尔族生育时间的整体估计，采用平均初育年龄和年龄别生育率两个指标。表 5-4 显示，1950 年代以来，随着经济水平的提高，汉族、维吾尔族人群平均初婚年龄都不断推迟。维吾尔族平均初婚年龄一直早于汉族平均初婚年龄，但两者之间的差距逐渐缩小。

表 5-4　20 世纪汉族、维吾尔族妇女平均初婚年龄变化

单位：岁

	50 年代以前	50 年代	60 年代	70 年代	80 年代	90 年代
汉族	19.5	20.1	21.0	21.7	22.3	22.7
维吾尔族	16.9	17.5	18.0	18.6	19.0	20.2

资料来源：首都经济贸易大学，2005：453。

2000 年以来，维吾尔族妇女的生育高峰呈推后趋势。通过对第五次、第六次人口普查数据中维吾尔族育龄妇女年龄别生育率的分析发现（图 5-1）：2000 年与 2010 年，30 岁以下各年龄段生育率有所下降，30 岁以上年龄别生育率有所上升；20~24 岁年龄段的生育高峰大幅度下降。2000 年维吾尔族育龄妇女生育高峰为 20~24 岁年龄组，2010 年的生育高峰则为 25~29 岁年龄组，侧面说明了维吾尔族育龄妇女生育年龄的推后，晚育趋势正在呈现。

---

① 《新疆维吾尔自治区人口与计划生育条例（2010 修正）》，http：//jsw. xjhm. gov. cn/info/1012/1105. htm，最后访问日期：2016 年 5 月 12 日。

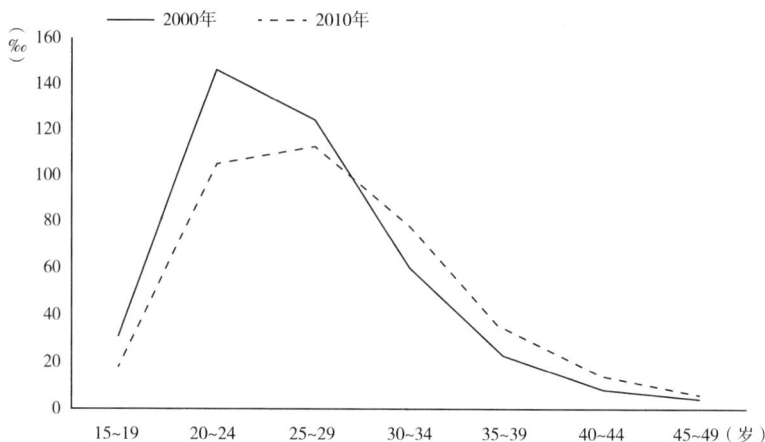

图5-1 维吾尔族育龄妇女年龄别生育率

资料来源：2000年的年龄别生育率来自国家统计局人口和社会科技统计司、国家民族事务委员会经济发展司（2003：390），2010年的年龄别生育率来自国家统计局和就业统计司、国家民族事务委员会经济发展司（2013：632）。

三 "她们"的生育意愿

近距离与新疆维吾尔族妇女接触，会被她们的文化吸引，被她们的淳朴打动。每每进入受访者家中，简单的家具陈设、干净的厅房、民族特色的装饰，为访谈营造了温馨、轻松的氛围。笔者作为陌生人进入维吾尔族妇女家中时，她们总是充满好奇又略带羞涩地观察和询问笔者。送上一杯茶水和一份食物之后，她们会静静地坐下聊天，当话题涉及自己的婚姻和丈夫时，她们会沉浸在幸福的回忆中，也会有些害羞地逃避一些问题。当话题涉及孩子的种种时，她们的话语和表情中表现的都是骄傲和自豪，也总是有滔滔不绝的话要说。她们热情的帮助、积极的配合，使笔者收集到需要的信息，能将她们的意愿生育数量、意愿生育性别、意愿生育时间及生育目的在此呈现。

（一）意愿生育数量

1. 多生多育的传统

说到意愿生育数量，不得不提及维吾尔族人祖辈多生多育的传统。信奉伊斯兰教的维吾尔族人坚信生与不生、生多生少都是"安拉前定"，长期以来保持着自然生育状态。本研究的受访者年龄多集中在 40 岁左右，她们的母辈基本上没有受到计划生育政策的影响，因而保留了多生多育的传统。表 5-5 列出了 16 位妇女的父母育有子女的数量，生育最少的有 3 个孩子，最多则有 10 个孩子。

表 5-5　母辈生育子女数量

单位：个

案例编号	父母育有子女数	案例编号	父母育有子女数
1	4	9	5
2	6	10	9
3	10	11	7
4	6	12	5
5	4	13	5
6	7	14	8
7	6	15	3
8	6	16	7

海丽恰姆（41 岁）：我的父母都 70 多岁了，他们都住在天山乡，我们以前也是从那里搬过来的，那边都是像我们家一样，好多兄弟姐妹。爸爸妈妈那时候到处放羊，山上条件差，父母有了孩子就留下，就有了我们 10 个，山上有 10 个娃娃的人家不只我们一家。

热萨来提（37 岁）：我妈妈有 9 个娃娃，6 个丫头、3 个儿子，一天声音多得很，娃娃多了热闹的呀……我妈妈确实生得不少，不过那时候哪想那么多，妈妈说有了娃娃就要生，不生咋办？

受访者认为，上一辈家中有很多子女是普遍现象，她们的丈夫、亲戚、邻居的上一辈都是如此。但是，被问到自己是否希望同上一辈一样生育很多子女时，回答往往是否定的。

> 阿依夏木（44岁）：我记得我妈妈以前最常说的一句话就是，"少生娃娃，不要生那么多了"，妈妈自己生了5个娃娃，每一次生娃娃都疼得很，而且养我们也太不容易了，所以不管是我嫂子还是我，妈妈都劝我们少生几个。我可不想生好多，有个娃娃就够了，生那么多干撒！

母亲的话对阿依夏木产生了深深的影响，即便母亲已经去世多年，提起为什么不再多要几个孩子时，她还是立马想到了母亲的告诫。

> 阿瓦古丽（43岁）：妈妈是妈妈，我们是我们，现在情况跟以前大不一样了，再生那么多可不行啊，哪能养得起？

2. 普遍两个孩子

受访者一致认为，两个孩子是最佳选择。自1989年起在新疆少数民族中推行的计划生育政策规定，少数民族城镇家庭最多生育两个子女，农牧家庭最多生育三个子女。16位受访者都是农村户口，从政策看最多可生育三个孩子，但事实上这些育龄妇女中没有一个人生三个。其中，12位受访者生了两个孩子，其他4位因为离异或健康原因，不得已只养育了一个孩子，但她们一致表示，如果条件允许的话会选择生两个。可见，两个孩子既是大部分新疆哈密近城维吾尔族育龄妇女共同的意愿生育孩子数，也是她们实际生育的孩子数。

　　热孜娅姆（40岁）：国家允许我们生两个娃娃，只有一个小孩太孤单了，我们周围的人也都是生两个小孩，旁边邻居家一个儿子、一个丫头，我的妹妹有两个儿子，我的弟弟也正准备要第二个娃娃呢。所以我大儿子稍微大一点，我们就又要了一个，又是个儿子，虽然我们想要个女儿，但是好了，有两个娃娃就够了。

　　如会艳姆（44岁）：我们是农村户口，我已经有两个儿子了，想要女儿但是也害怕再生个儿子，现在养娃娃压力太大了。我们想通了，有这两个儿子就行了。

　　阿则古丽（46岁）：咋不想要娃娃呢，我也想要两个娃娃。现在就丫头一个，她爸爸也不在了，我又有病，你说这一个娃娃以后连个一块商量的人都没有，还是人家有两个娃娃的好。

　　阿则古丽特别想要二胎，但种种原因导致无法如愿，为此她常在访谈中叹气。

　　两代维吾尔族妇女的生育状况形成了鲜明对比，这一代和上一代对生育数量的期望大不一样，目前在城市及城郊居住的维吾尔族家庭普遍都是两个孩子。此次访谈对象——近城维吾尔族这一群体，意愿生育数量与城市维吾尔族和汉族群体接近。与汉族不同的是，由于计划生育政策考虑到少数民族地区人口的发展，维吾尔族家庭更可能实现拥有两个孩子的愿望。

（二）意愿生育性别

1. 偏好男孩，不歧视女孩

对于想要男孩还是女孩的问题，她们常常笑而不语，在笔者细细追问下，她们又会给出非常不同的答案。访谈得出的普遍结论是，维吾尔族偏好男孩的思想是存在的，但女孩并没有因此受到歧视。

> 热米娜（44岁）：生男孩好呢还是生丫头好呢？《古兰经》里面都说了，生了儿子宰两个羊，生了女儿宰一个羊，虽然生男生女都一样好，但是生了男孩还是好一点……我记得那时候我生儿子的时候，我的爸爸特别高兴，邀请亲戚朋友们到家里面唱歌、吃饭，跳了一晚上舞，我的爸爸可喜欢儿子了，我生了儿子他觉得特别有面子。不过，我们小丫头我也是喜欢得很，她特别聪明，学校里面老师经常表扬。

> 海切姆（48岁）：我们的丧葬习俗是儿子才能抬棺材，所以到时候没有儿子的人家会被笑话……不过，丫头也好呢，丫头知道疼人啊，丫头来了房子是亮的，儿子来了房子是黑的呢。丫头会帮着给爸爸妈妈做个饭，收拾个房子，儿子来了打个招呼就走了。

> 帕迪亚姆（32岁）：2006年我生了大女儿，公公婆婆虽然没有不高兴，但是还是想让生个儿子，虽然我们前年又要了个孩子，可惜还是女儿。不过我也不打算生了，有两个娃娃就行了。而且，娃娃爸爸的弟弟已经有两个儿子，我们也没必要一定要生个儿子。公公婆婆、老公慢慢也就接受了。儿子有儿子的好，女儿有女儿的好，都挺好的。

帕迪亚姆的丈夫还有兄弟，而兄弟家只要有了男孩就会极大减轻家庭生育男孩的压力，这也是母辈多生多育带来的隐性好处。

对意愿生育性别这一问题的回答，受访者也会引用一些维吾尔族俗语。维吾尔族俗语讲到："生女默默无语，生男叫好连连"，"马车走过的路不狭窄，儿子多的人不受欺"，说明了维吾尔族人偏好男孩。但同时她们也提到："真主给什么，就要什么"，"生男生女都是胡大恩赐"，说明了维吾尔族在生育性别选择上，没有明显的性别偏好，喜欢男孩也喜欢女孩。

2. 儿女双全

受访者理想的子女性别是儿女双全，16 位受访者都表达了这样的愿望。儿女双全不仅仅是维吾尔族群体的愿望，也是许多中国人的愿望，这在中国人看来是最为幸福的家庭状态。实际上，16 位受访者中只有 5 位实现了儿女双全的愿望。由于可以生二胎，她们并不特别关注第一个孩子的性别，而是将更多的性别期待赋予第二个孩子，希望第二个孩子与第一个孩子性别不同。由于人们的意愿生育数量是两个，两胎孩子性别相同的情况往往会给她们带来很大的失落感。

　　海丽恰姆（41 岁）：我们可以生两个娃娃，结婚的时候我就和我男的商量要两个娃娃，一男一女好。现在刚刚好，先有了丫头又有了儿子，好得很。丫头嘛我喜欢，儿子嘛男的喜欢，爸爸妈妈也高兴。这样就好了，多的娃娃不想要了。

　　赛娜普（49 岁）：大儿子出生以后，全家都高兴得很。他也慢慢长大了，我们就想再生一个，要是能生个丫头就好了。但是，生男还是生女也不是我们能决定的。哎哟，又生又是个葫芦（男孩）。这个不好了，两个儿子要累死我们了。现在我看到别人家有丫头就美慕的呀。我的年龄大了，我们家也没钱，要不然我真是想要个丫头。

受访者赛娜普因为没有个贴心的丫头而感到非常遗憾，她还讲到自己几年前差一点就要抱养一个汉族遗弃的女孩，最终还是被家人劝阻了。

生育偏好是中国不同地区和人群在生育意愿中普遍存在的现象，它深深地植根于中国传统文化当中，对人们的生育行为有着深远的影响。意愿生育性别是人们在生育过程中对子女性别的看法和价值取向，是性别文化在生育行为中的反映。同汉族一样，维吾尔族也期望儿女双全，认为儿女双全的家庭是最幸福的。要男孩还是女孩？这个问题对大多数汉族来说是个复杂的选择题。在过去严厉的计划生育制度要求下，汉族必须从中做出选择。而对于大多数维吾尔族来说，因为实行较宽松的政策，她们能够合乎政策地生育两到三个孩子，这降低了她们对出生婴儿性别的主观选择性。男孩与女孩在维吾尔族家庭中同样受到欢迎，传统的男孩偏好虽然依然存在，但是女孩也不会因此受到歧视。

（三）意愿生育时间

1. 晚育趋势

受访近城维吾尔族育龄妇女的生育时间受初婚年龄的影响，她们往往婚后立即准备生育。《新疆维吾尔自治区人口与计划生育条例》第二章第十四条明确规定："少数民族公民男性年满 23 周岁、女性年满 21 周岁初婚为晚婚。达到晚婚年龄结婚后初次生育的为晚育。"[1] 表 5-6 显示，16 位受访者最早在 21 岁结婚，最晚在 32 岁结婚，均在 21 岁之后结婚并生育第一胎子女，第一胎呈现晚育趋势。初育年龄是影响妇女终生生育率和实际生育期的重要参数，一方面因为年龄会影响不孕率；另一方面初育时间早则会延长育龄妇女的生育期，增加新生儿数量。受访者的生育时间都符合晚育规定，她们都积极主动地响应了国家晚婚晚育的号召。

表 5-6　受访者初婚年龄统计

单位：岁

案例编号	年龄	案例编号	年龄
1	23	4	21
2	30	5	28
3	22	6	23

---

[1] 《新疆维吾尔自治区人口与计划生育条例（2010 修正）》，http://jsw.xjhm.gov.cn/info/1012/1105.htm，最后访问日期：2016 年 5 月 12 日。

续表

案例编号	年龄	案例编号	年龄
7	24	12	29
8	28	13	27
9	32	14	23
10	24	15	23
11	23	16	24

帕迪亚姆（32岁）：我2005年，23岁的时候结婚，2006年第一个女儿就出生了。结了婚就要孩子很正常啊，能生当然就早早生下了。娃娃生早了不好，生得太晚了也不好，23左右要娃娃就好了。

赛娜普（49岁）：我们家条件不太好，我结婚的时候是30岁的老丫头了，结婚后就赶紧要孩子了，害怕自己年纪大了就不好生了。

赛娜普结婚晚，因而对自己的生育能力没有信心，所以选择婚后立刻生育。

热萨来提（37岁）：以前都让丫头早早结婚呢，现在也不那样了，我结婚的时候24岁，不算太小结婚，爸爸说，"丫头大了，可以结婚了"，我就结婚了。结婚第二年就生了儿子。

阿瓦古丽（43岁）：我1995年结婚的，那时候24岁，男的比我大3岁，那时候我也没有工作，结婚以后就在家生娃娃、养娃娃了。

2. 生育间隔多样

出于健康和经济等方面的考虑，受访者认为两胎之间必须有生育间隔。它能使产妇身体得到有效恢复，也能使由第一个孩子产生的家庭经济压力得到缓解。访谈中发现，与汉族一些地区不在娘家坐月子的习俗不同，维吾尔族待产妇女在孩子满月之前都住在娘家。在产妇生产后几天，丈夫会同其他婆家人一起来到产妇娘家，送给娘家 1~2 只羊、茶叶等礼品，以给产妇补充营养，并表达对亲家的感谢。直到孩子过完命名礼和摇床礼之后，产妇才跟从丈夫回到自己家中。这样的习俗使得产妇身体得到充分休养，避免短时间内再次怀孕。

受访者一致认为生育间隔 3 年以上比较合适。她们认为生育二胎的前提是照顾好第一胎，并且有余力继续生育，生育第二胎的合适时间是在家庭经济、精神状态都比较好的情况下。每个家庭的实际情况不同导致了她们的生育间隔时间不同。受访妇女的生育间隔呈现多样性的特点，短则间隔 4 年，长则达到 11 年。

> 米娜娃（39 岁）：我从小身体就弱，1999 年生了大儿子以后身体就更差了。我们维吾尔族生娃娃后可以住在自己的妈妈家，自己妈妈照顾得好……那时候还想再要个娃娃，但是不能紧跟着就生，一个是身体受不了，一个是家里面照顾不过来。这个小孩非得隔个 5、6 年才行，那时候大的不用操心了，还能帮着带小的。

> 海丽恰姆（41 岁）：我 22 岁结婚，1998 年生了第一个丫头，那时候我们条件太差了，所以也不着急再要孩子……2006 年，下山以后才要了老二。

> 海切姆（48 岁）：隔几年生小孩好呢？其实我也说不好，我两个娃娃中间隔了 5 年，我的哥哥家两个隔了 10 年。没有说非要隔几年，但是总得有个 3 年以上吧，周围隔几年的都有呢，这个不要紧。

对生育时间的控制反映了人们对生育行为的干预程度。随着观念的转变、科技的发展，人们对于生育时间有了更强的控制力。
初育年龄、生育间隔在一定程度上决定了妇女一生的生育状况。
选择在何时生育、间隔多久生育与人们对于生育问题的认知密切
相连。近城维吾尔族育龄妇女普遍认为婚后立即生育、有一定的
生育间隔是最佳的选择。

（四）生育目的

"为什么要生孩子？"当笔者引出这一问题时，多数受访者都
是明显"一愣"，然后是长时间的停顿，似乎无从回答。可能的情
况是，此前这些受访者从未思考过这一问题。

> 热米娜（44岁）：没想过，哪有没有娃娃的家呢？生娃娃
> 为啥，我也说不好，有了就生了。

《我国城乡居民生育意愿调查研究综述：2000—2008》（姚从
容、吴帆、李建民，2010）指出，我国近三成育龄人口的生育目
的依然是"传宗接代"，这是城乡居民最主要的生育目的，其次是
"养儿防老"，最后是"情感寄托"。以此研究结果为依据，本研究
对近城维吾尔族育龄妇女进行有针对性的提问，得到以下答案：

> 阿则古丽（46岁）：男人女人在一起不就是为了生娃娃
> 嘛，那会儿我怀不上娃娃的时候天都塌了，一天天往医院跑，
> 哈密的医院我们都跑遍了，也去了乌鲁木齐的医院。女人不
> 生娃娃能行吗？没有娃娃的时候我压力大，头发一把一把地
> 掉，公公婆婆也不高兴。那时候我就想，为了这个家，我必
> 须得想办法生。谢谢胡大，终于给了我一个丫头。
>
> 如会艳姆（44岁）：从来没想过为啥要孩子，有个孩子才
> 算一个家，高高兴兴的一家人。政府给我安排了公益性岗位，
> 帮我交了养老保险，娃娃爸爸也参加新农保。我们以后嘛可

以自己养活自己，孩子也不一定能指望上，长大了成家了能经常看看我们就行了。

维吾尔族有个谚语："有孩子的家好比巴扎（闹市），无孩子的家好比麻扎（墓地）。"近城维吾尔族育龄妇女眼中，生育更多不是为了种族延续或生存保障，而是为了一种心理需求。从主观上看，维吾尔族信仰伊斯兰教，认为孩子是胡大赐予的，结婚生子繁衍后代是每个人的责任和义务，孩子是家庭重要的组成部分，因而生育的目的确实含有传宗接代的成分。但是维吾尔族又不像汉族一样依靠姓氏来维系家族、种族的繁衍，他们的全名由本名和父名组成，本名在前，父名在后，本名和父名之间用间隔号，如"阿泽古丽·买买提"。由于没有专用的姓，维吾尔族单从名字上看不出家族延续性，三代以后很难区分亲属范围。因此，生育目的中的种族延续在维吾尔族这里并没有实质意义，生育更多的是满足心理需求。从客观上看，人们现实生活复杂多样，在抉择生育问题时，考虑的出发点往往是生育对自身和家庭的利弊，而很少是民族、国家这样宏大的层面。访谈中，人们提到的生育目的多是基于更为个体的、现实的意义，例如，"我需要一个娃娃"、"女人就应该生娃娃"，这些回答都表明生育实际上满足的是人们的心理需求。

> 如会艳姆（44岁）：孩子都是早早就必须给起名字的，这是我们的习俗。就算是孩子出生就不在了，也得给他起名字，这个名字是我们一直要用的，从这个世界一直到那个世界（死后的世界）。你知道吧，我们的名字有好多都是重复的，比如好多丫头都叫古丽。因为我们都是从《古兰经》里面选的好名字，一般圣人的名字我们也不选，害怕娃娃承受不起。丫头一般起古丽、阿依夏木等，男娃子一般叫阿克拜江等等。我们没有姓，但是知道了娃娃的全名，就能知道娃娃爸爸的

名字，所以我们认亲戚的时候都说"这是××的儿子/丫头"，
不像汉族人能根据姓氏知道自己属于哪个家族，我们伊斯兰
民族认为大家都是一家人，不太说家族。

阿依夏木（44岁）：我只有一个女儿，以后迟早也是
嫁人的，但是我觉得有孩子就有了寄托。我离婚好多年
了，这么多年都是和女儿一起过的，娘俩在一起挺好的，
不孤单。

生育目的是生育意愿的集中体现和重要组成部分，它在一定
程度上影响了人们对生育数量、生育时间、生育性别的选择。生
育目的反映了人们的生育动机和需求，构成了生育的价值取向，
因此，生育目的是生育意愿更深层次的内容。

（五）小结

通过观察和访谈，笔者走进近城维吾尔族妇女的生活，归纳
总结了她们的生育意愿。在意愿生育数量方面，她们与母辈明显
不同，多生多育的传统并没有延续下来，她们认为两个孩子是最
合适的选择；在意愿生育性别方面，她们认为儿女双全最好，男
孩偏好仍然存在，但也并不因此歧视女孩；在意愿生育时间方面，
她们认为婚后最好尽快生育，实际上她们也都实现了晚婚晚育，
两胎之间必须有间隔，具体间隔几年要根据各自状况而定，但普
遍都是3年以上；在生育目的方面，她们的生育选择多从实际角度
出发，最主要的目的是满足心理需求。

受访近城维吾尔族妇女的生育意愿与城市维吾尔族接近。访
谈发现，她们无论在生活上还是思想上，都或多或少地表露出向
城市维吾尔族及汉族学习的倾向。她们的收入虽处于城市底层，
但正在努力向城市人靠近，并对自己的下一代成为真正的城市人
抱有信心。她们认为自己应该像城市维吾尔族和汉族一样少生孩
子，因而即使在政策允许生育三胎的情况下，也自觉自愿地最多

生育两个孩子。相比农村人，她们更容易获取避孕知识和药具，因而她们多能按照希望的时间生育。

受访近城维吾尔族妇女的生育意愿与其父母辈明显不同，突出表现在，从多生多育转变为普遍两个孩子，从早育、频育转变为晚育、间隔生育，男孩偏好弱化。她们中的大多数人早年生长于农村，在近10年的时间逐渐开始与城市有了紧密的联系。伴随着这种联系的深入，她们的生活、思想观念等也受到了冲击，传统的生育观念、生育意愿随之改变，以适应当下的社会生活。传统的频繁生育受到现代生育技术的影响变为了可控、可计划的生育行为。

四　生育意愿成因分析

生育意愿作为一种主观认识，受到多方面因素的影响。笔者将访谈过程中受访妇女提到的影响因素进行归类，并根据提及频次将其划分为强、中、弱三个层次（见表5-7）。其中，城市化、家庭经济状况被提及次数最多，几乎为每一位受访者所提及，这两个因素对受访者生育意愿的影响作用最强，从侧面印证了在生育决策中每个个体都是理性"经济人"的假设。宗教信仰是中等强度的影响因素，为12名受访者提及，多用于对其生育行为提供合理解释。宗教信仰是维吾尔族生育意愿影响因素中独具特色的一部分。计划生育制度和婚姻状况分别被2位和3位受访者提及，属于较弱强度的影响因素。以下则对这些影响因素进行逐条分析。

表5-7　生育意愿影响因素统计

影响程度	因素归类	访谈中涉及词语	被提频次
强	城市化	城里、城上、城市、城市人等	14
	家庭经济	钱、收入、穷等	16

续表

影响程度	因素归类	访谈中涉及词语	被提频次
中	宗教	古兰经、真主、阿拉、阿訇、胡大、穆斯林、伊斯兰教、清真寺等	12
弱	婚姻状况	离婚等	3
	计划生育	计划生育政策、国家政策等	2
其他		有无家人帮助照料、育龄妇女身体状况、父母的生育意愿等	—

（一）城市化

城市化作为社会经济发展的动态过程，本身无法直接对生育意愿产生影响，而是通过中间环节产生作用。现阶段来说，城乡二元格局仍然存在，城乡之间存在着生产方式、生活方式、制度、文化等方面的显著不同。相比农村，在城市居住、生活的人面临越来越大的压力，例如住房、就业等，因而倾向于少生；相对完善的社会保障制度也支持了人们的这种选择。农村生养孩子的成本较低，农业对劳动力的需求较高，此外，养老、医疗等社会支持的缺乏都为农村"多生多育"的行为、"多子多福"的观念保留了土壤。

生育关乎一个家庭的未来，人们的生育数量常常是郑重选择的结果。城乡家庭都会通过各自对未来生活的预期，对家庭资源（收入、时间、精力等）进行理性分配和使用。她们在生育决策上类似理性的"经济人"，倾向于使家庭收益最大化。近城维吾尔族育龄妇女居住、生活在城郊或城市，收入水平相对于城市居民较低，经济压力较大。考虑到家庭收入、生活成本、孩子照料等因素，受访的育龄妇女都减少了生育数量，这不仅减小了受访者的家庭压力，也使她们更加有动力向城市人和城市生活靠近。

如会艳姆（44岁）：我们在城里生活，一天吃的、喝的都得花钱，哪有那么多钱呢？两个娃娃就够了，再多一个就负担不起了，压力大得很，现在两个孩子都上学，我们觉得挺好的，两个教育好了就行了。

阿依夏木（44岁）：现在城上谁还生那么多娃娃，哪有那么想不通的呢？汉族人都生一个了，我们还生上那么多，啥时候才能走到人前面去呢？想好好养一个娃娃也不容易呢，你看我丫头现在上学呢，吃、喝、上各种补习班哪个能少，我们都是农村人，学习不好，娃娃得好好养才行，不能比人家城里娃娃差吧，要不然以后更是跟不上了。

城市化带来的家庭收入结构的转变也影响了受访者对生育性别的偏好。在城市化发展程度较低、以农牧业为主要生产方式的社会，对男性劳动力的高需求使人们更愿意生养男孩。近城维吾尔族过去在农村种地，在天山附近放羊；现在近城家庭种植少部分的地，以城市打工收入为主要家庭收入来源，主要职业有个体户、园林工人、宰羊人等。近城家庭的收入增长不再依靠人员的增多。由于家庭经济来源的转变，男孩作为主要劳动力的观念已经悄然改变，这部分地解释了近城维吾尔族妇女在意愿生育性别上没有明显偏好的现象。

城市化也为有效避孕、合理扩大生育间隔提供了便利。近城维吾尔族在地域上占有优势，她们所在的社区或者村委会离城市中心不远，她们能更方便地享受良好的医疗卫生条件，并获得避孕节育技术的帮助，因而较易控制生育时间。此外，较为开放的家庭环境也给她们晚婚晚育提供了支持。

买木娜木（44岁）：村里面定时给我们发避孕套，自己没领的就送到家里面。生娃娃以后嘛，也给我们说让我们上环去。离城上近，一会儿就进城上上环了，快得很，还是在大医院上环，我们也放心，一分钱都不用花。我们村还挺好的，年年妇女过节的时候都让我们免费做妇科检查，就是去检查的人不多，我也就去过一次。

（二）家庭经济状况

地区经济发展、社会医疗水平、教育水平等是生育文化的物质方面的内容，这些对生育意愿的影响不言而喻。但是，通过此次调查笔者发现，对于每一个生育个体来说，家庭经济状况是每个受访者都会提到的，更为直接的影响生育意愿形成的因素，也是她们生育意愿形成的基础保障。

在笔的调研活动中不难发现，家庭经济状况对个体生育意愿有显著影响。接受访谈的维吾尔族育龄妇女多生活在城市中或者城郊地带，她们有的是在公益性岗位工作的低收入人员，有的是自负盈亏的个人，有的是在家中务农、养殖的农民，她们的家庭跟千千万万家庭一样承受着生存带来的经济压力，不同的是她们有更加迫切的改变家庭经济状况的愿望。一部分原因在于她们曾体验过贫穷生活，另一部分原因在于她们自身在向城市居民转变的过程中体会到的城市与农村在教育、医疗、文化等方面的巨大差距。因此，在面对生育问题时，每个育龄妇女都会根据家庭实际经济状况做出合理的规划，这不仅涉及对生育数量的考虑，也涉及对生育性别和生育时间的期望。抚养、教育孩子的成本对家庭的经济能力提出的要求，影响了育龄妇女做出生育数量的估计；孩子性别不同导致养育孩子的投入与收获不同，影响了育龄妇女对生育性别的期望；是否具备生养孩子的经济条件影响了初次生育的时间；头胎过后，家庭经济压力还会影响生育间隔。

赛娜普（49岁）：我男的家里面兄弟三个，爸爸妈妈都是农民，一年收入不好，没钱给几个儿子娶媳妇，所以我和我男的 30 多岁了才结婚，那时候我们年龄都不小了。我们结婚第二年以后就有了大儿子，哎……有了儿子嘛，高兴是高兴呢，但是就是压力大得很，儿子肚子大（吃得多），以后还得娶媳妇，虽然那时候我们还想再要一个娃娃，但是，没钱啊……就一直等着家里面条件好一点再说。以前我们一家人守着一点地过日子，2000 年我男的买了拖拉机开始在建筑工地打工，慢慢挣了点钱了，我们就想着再能生个丫头就好了。

如会艳姆（44 岁）：虽然政策上我们可以生三个小孩，但是两个就够了。我有两个儿子了，我们住在城跟前，吃的、喝的、用的都要买。我在公益性岗位上，一个月 1500 元都不到，娃娃爸爸种点地，每天也花好多钱。现在上有老的，下有小的。大儿子马上上大学，小儿子也高中了，都是要钱了。往后说，孩子结婚也要钱吧，我们还得留点钱看病养老吧，到处都是用钱的地方，再多要一个娃娃负担就更重了。

在众多受访者中，因家庭经济状况改善引起最大变化的家庭要属海丽恰姆一家。她们一家从天山附近一个村子搬迁至哈密市城郊，政府的帮助、扶持加上自身的辛勤劳动使得他们家庭的物质生活水平得到了极大改善，然而对于她本人而言，最值得高兴的还是不用再像在山上生活的老一辈人那样没完没了地生育，不用担心生了孩子养不活，不用担心孩子没有学上。家庭经济状况的改善帮助海丽恰姆实现了自己的生育意愿，生育真正成为一件能够自己做主的事情。

海丽恰姆（41 岁）：2000 年以前，我们的爸爸妈妈，爸爸妈妈的爸爸妈妈都住在天山乡××村，山上的人都靠放羊过日子，不会种地也没有地种，也没啥别的收入，天天都是养羊、放羊，哪有好草往哪去。一年下来也就挣个2000多块钱，日子过得不好。山上的人不知道计划生育的，一家人都有好多娃娃，娃娃长大也是放羊，没有钱让娃娃上学，而且学校太远了。山上没有学校，没有医院，商店也没有。后来政府说服我们到山下去，答应给我们房子、地，帮助我们好好生活，我们相信政府，就跟着政府的车队从山上搬到下面（城郊），爸爸妈妈年纪大了，不愿意跟我们一起搬下来。

到了山下以后，住上政府给我们修的砖混结构的新房子，冬暖夏凉的。政府给我们十亩地，派人教我们种枣树、种葡萄，这两年大枣、葡萄卖得好了。我们家房子正好在路边上，我就开了个小商店，我男的在市里给人家宰羊，一年的收入也不少了。这两年政府还每年给我们免费发土鸡让我们养，教我们种菜、种西瓜、种棉花。刚开始我们中间有些人不太适应，就回山上去了，但是留下的人日子过得都越来越好，好多回去的人都后悔了。

以前在山上的时候我就担心自己怀孕，怀了就得生，生了又养不起。到山下以后计划生育办公室把我们这些女人都聚到一块开会，给我们讲计划生育，帮助我们不要怀娃娃，每年还让我们去检查身体。我的大丫头是在山上出生的，那时候妈妈和婆婆帮我接生的，丫头刚生下来瘦瘦小小的，生了第一个以后不敢要了，养不起。我们搬到TJG的时候大丫头才两岁，现在都16岁了。在这好啊，我们条件好了，收入好了，娃娃都能上学去了。现在她在哈密市一中上学，哈密最好的民族学校里面，也是政府帮助我们联系的。要是还在山上的话，我的娃娃就不一定能上学了。前几年，我男人想的山下条件也比较好，我们家也有多余的钱了，能够好好再养一个小孩了，就说我们再要一个娃娃。第二年就有了儿子。感谢真主，我2006年生了这个巴郎——乃比江，是他爸爸爷爷的名字，现在8岁了，在我们附近的学校上学，也不要学费，还送他到市里面学习英语呢。而且他们学校从小就让他们学汉语，双语班里面的孩子都挺好的。我儿子的汉语比我说得还好，平常他还教我。以前发愁两个娃娃咋样呢，现在我们的生活好多了，我和我男的现在就是好好挣钱，供我们两个娃娃上学，让他们都有出息，学问大大（有学问的意思）的。下山了，家里面有钱了，多生少生自己能做主了，生了娃娃我们能养得起了，男的女的我们都养得起。

（三）宗教信仰

宗教信仰为受访者的生育行为和观念提供了合理性解释。在访谈中，受访者常以这样的引导词回答笔者的许多提问："真主说……""阿拉告诉我们……""《古兰经》里面讲……"伊斯兰教作为维吾尔族民族性的宗教，它的思想教义影响到信众日常生活的方方面面，包括女性的生育意愿。维吾尔族都在出生之后不久就成为穆斯林，从此接受伊斯兰教的教化、指导，行使一名穆斯林的权利，履行穆斯林应尽的义务。从小在浓重的宗教气氛中生活，她们将《古兰经》奉为她们思想、行为的准则，希望按照先圣的指引，在世俗社会顺利生活。

> 阿瓦古丽（43岁）：我要是有什么不懂的地方，我就会看看这个（《古兰经》）。以前年轻的时候不懂，现在年纪大了，慢慢也能看懂一些了。

当受访者双手捧出一本厚厚的、旧旧的《古兰经》并告诉笔者现在她会经常翻看时，笔者能够感受到她心里对伊斯兰教虔诚的信仰。

伊斯兰教主张早婚早育、多生多育，认为女子天生屠弱，无力保护自己，早早出嫁可以避免婚前失贞（阿依先·肉孜、茹克亚·霍加，2010）。父母盼孩子早日成家立业、生儿育女，也是期望自己老有所依、老有所养，因此维吾尔族人普遍认为孩子是家庭不可缺少的要素。

大多数妇女希望婚后早日怀孕，如果不孕就想方设法怀孕，例如拜树、拜水、拜麻扎等。维吾尔族认为堕胎是一种犯罪，胎儿被赋予灵魂，具备了作为人的各种属性，并享受人的权利，"你们不要违背真主的禁令而杀人，除非因为正义"（马坚，2013：72），禁止用任何途径打掉四个月以上的胎儿。禁止堕胎、崇尚自然生育的思想直接导致受访者母辈们多子的情况。伊斯兰教尤其严厉谴责虐杀女婴的恶行，"当他们中的一个人听说自己的妻子生女儿的时候，他的脸黯然失色，而且满腹牢骚。他为这个噩耗而不与宗族会面，他多方考虑：究竟是忍辱保留她呢？还是把她活埋在土里呢？真的，他们的判断真恶劣"（马坚，2013：135～136）。

宗教信仰对近城维吾尔族育龄妇女的生育意愿依然产生着不可小视的影响，但是这种影响并不像家庭收入那样直接、立竿见影，而更多是间接的、潜移默化的。

（四）婚姻状况

离婚对育龄妇女的生育意愿有着十分重要的影响。受访的 16 位妇女中，3 位育龄妇女因为离婚未再嫁而只生育了一个孩子，没有实现生育两个孩子的愿望。有研究表明，离婚率高是新疆少数民族人口婚姻中最为突出的问题，其中以维吾尔族为主要代表（艾尼瓦尔·聂吉木，2009）。维吾尔族传统的婚姻制度包括一夫一妻、收继婚制、包办婚姻、离婚自由（艾尼瓦尔·聂吉木，2009）。目前，居住在农村的维吾尔族确实还存在包办婚姻、听从父母安排的状况，但是在城市的维吾尔族大都通过自由恋爱、征得父母同意后组成家庭。通过与受访的离婚维吾尔族育龄妇女沟通发现，不稳定的婚姻让她们缺乏安全感，继而主动减少生育数量。

　　帕塔木（41岁）：我的儿子今年8岁了，我和他爸爸前年离婚了。儿子的爸爸脾气不好，经常回家跟我吵架，越吵架感情越不好。不敢多要孩子，万一离婚了怎么办呢？2002年我们的耕地被占用以后，他一直也不出去找事情做，我们的日子越来越不好过了。前年我狠了下心就离掉了。我的爸爸妈妈刚开始不同意，但是我实在过不下去了。现在我在园林处公益性岗位上工作，一个月收入2000块钱，养我的儿子有点费劲，平时都靠爸爸妈妈兄弟姐妹们帮我。没想过再要娃娃，这一个就够了。以后要是再婚的话也可能再要一个，就这一个儿子也有点孤单，到时候再说吧。

　　关于离婚，伊斯兰教主张首先设法调解婚姻危机，若调解无效，夫妻双方有要求离婚的同等权利。离婚后的维吾尔族妇女一旦结束了自己应遵守的"守制期"，其原夫或监护人及亲属，都不得阻碍她再次结婚。离婚后的妇女在法律上享有未婚女子的一切权利和待遇，她可以接受任何男人的求婚。离婚自由的婚姻制度使得维吾尔族妇女能主动结束不幸的婚姻，但是这也侧面影响了她们的生育意愿。访谈中那些只生育一个子女的育龄妇女都是因为其家庭破裂而改变了原有生育两个孩子的愿望。从生活现实的角度出发，离婚未再婚的育龄妇女一般不再生育二胎。

　　阿依夏木（44岁）：我只有一个丫头，今年14岁了。我和丫头爸爸很早就离婚了，这些年都习惯了，也不想再结婚了。当初我和她爸爸结婚的时候我家里面就不太同意，娃娃的爸爸是哈密远乡的农民，我们家一直住在市里面，我的爸爸妈妈不愿意我嫁到农村去，也担心娃娃爸爸对我不好。我那时候年轻不懂事情，结了婚以后，丫头爸爸对我不好，不让我出门找事情做，一天到晚待在家里面做家务，我不愿意，后面矛盾越来越多了，最后就离婚了。离婚以后，我一直带着我的丫头生活，以前确实是想要两个娃娃，但是现在也是没办法。我一个女人带着娃娃生活也不容易，我又不想再结婚，以后打算跟着我的丫头过就行了。

在进入调查之前，笔者未料到婚姻的完整性可能影响生育意愿。然而，偶遇的三位受访者的情况将离婚带入笔者的视野，从侧面说明了离婚现象在维吾尔族群体中的高发性。访谈发现：离婚阻碍了生育意愿的正常表达，使得希望生育两个孩子的生育意愿无法顺利实现。

（五）计划生育

在寻找合适访谈对象的同时，笔者对受访者所在村落的计划生育专员也进行了访谈，并从计生专员那里了解了该村少数民族执行计划生育的具体状况。

小李，女，××村计生专员，32岁，在××村从事计生工作4年。

我们××村是城中村，总共有六个小队，除了一小队汉族多一点，其他小队都是少数民族多，不过就是一小队离市中心近一点，其他小队离市中心稍微远一点罢了。我们这个村70%是少数民族，维吾尔族又是最多的。你也知道吧，农村户口的维吾尔族能生三个娃娃，一般生三个就差不多了。我们村维吾尔族超生的少，现在都想得开了，一般不要那么多的娃娃。你看我们办公室外面都贴的是计划生育的条例和宣传画。……我们发的计划生育宣传册其实也没人看，但是大家至少是知道不能超生了。维吾尔族结婚到村里面办手续的时候，我们就有做计划生育宣传，我们提醒她们生娃娃之前要提前到村里面办准生证，那时候我们就做好统计，生了娃娃报好户口之后，我们打电话过去问一下她们还要不要继续生。生了一个娃娃的家庭一般都是要继续生的，维吾尔族人家少见只有一个娃娃的家庭。有两个娃娃的家庭比较常见，第二个娃娃出生以后我们也打电话过去问情况，有些人家就说不生了，我们就到村里面来给讲避孕的事情，有的要手术的我们也报销一部分费用。避孕套我们都发到她们手上，也能来村上领，但是自己来领的人少。确定了只要两个娃娃的人家我们就给发"光荣证"，还给 3000 块钱奖励，她们领上钱都挺高兴的。也有生三个小孩的维吾尔族，每年基本都有几家吧，大多数都是盼着要个儿子，不过也有特别想要丫头的人家。要生再多的就少见了，我干了四年计生工作了，这四年是没有出现过超生的人家，这会儿都是啥年代了，技术也先进了，不想生就能不生了。

访谈发现，每个村都有专人负责计划生育工作，育龄妇女对负责计生工作的村干部非常熟悉。基于常年来的计划生育工作奠定的扎实基础，目前近城地区计生工作的宣传和落实都比较到位，维吾尔族家庭有两个孩子是普遍状况，个别家庭也会选择生育三个孩子，但是超生现象已经非常少见。

在对育龄妇女生育意愿影响因素进行探究时，仅有两位受访者会主动提及计划生育制度对她们生育意愿产生的影响。但当笔者提到计划生育政策时，她们都表示知道，并且特别提及计划生育政策对她们的奖励。

如会艳姆（44 岁）：我们家在××村，周围住的全是维吾尔族，我们村每个人都多少有点地，但养活一大家子人就不够了。现在村上基本上都不种地了，都在城上找事情干呢。

那年政府征用了我们家的一半土地，就给我们两口子安排了公益性岗位的工作，给买了养老和医疗保险。我男的家里面特别穷，我嫁过来的时候房子都破得没办法住。他的爸爸妈妈生了好几个儿子，娶媳妇都困难得很，那时候我们结婚没怎么办事，就简单领了个结婚证。我记得那时候好像就给我们发了个计划生育的小册子吧……结婚第二年，生了大儿子以后更是过得不好。村上管计划生育的人给我们讲过要少生，你看看我们家的情况，也不允许我多生是吧，尤其是老二又是个儿子。我们村的计划生育工作做得挺好的，刚开始我们要生的时候就必须去村里面开准生证明，那时候就给我们宣传计划生育。村上搞计划生育的人经常到我们家里面给我们送计划生育用的东西，都是免费的，有需要的话还可以到村上办公室去领取，我们都不好意思过去取。

爸爸妈妈那时候没有计划生育，都是生了好多，不过我们就要计划生育了。我们是农村户口，按道理说是能生三个呢，但是还是算了吧，两个儿子压力大呢，老大争气，今年考上了大学，全家都高兴。我们其实不懂政策，因为现在养娃娃太累了，所以不太想多生了。不过，生了我们老二以后我们到村上说不生了，村上就给我们发了"计划生育父母光荣证"，还给我们发了3000块钱，你说好不好？3000块钱也不少了，那时候的3000块钱还是值钱呢，我们就买了些羊，爸爸妈妈帮着养羊也挣了些钱，现在日子越来越好了。我们周围的邻居没人生三个，生两个多好，还能到村上领些钱用呢，好多人家也是这么想的。我们都是普通人，违反政策的事情还是不要做的好。

阿依夏木（44岁）：我们周围的汉族都是执行计划生育，最多生两个。我觉得她们那样挺好的，自己压力小，生活也越过越好。也有一些为了躲计划生育的人来新疆打工，她们生了一个又一个，娃娃养不好，日子也越来越穷了，年纪轻轻的负担倒是重得不行。还是计划生育好，少生娃娃，把自己的娃娃好好教育就好了。

接受访谈的育龄妇女这一辈人赶上了计划生育政策的真正落实实施时期。在他们结婚之前村委会就会有专门的计划生育专员向他们宣传计划生育政策，帮助他们认识计划生育政策。村委会等组织也会按时向每一位育龄期妇女免费发放避孕套和避孕药品等。对于认真积极执行计划生育政策的家庭，无论是领取"独生子女父母光荣证"还是"计划生育父母光荣证"，这些家庭都纷纷从各自的街道办事处或者乡镇领取了 3000 元奖励金，享受了少生优生的福利。

通过对育龄妇女的访谈，笔者也收集到了一些被访者母辈的计划生育政策落实状况：计划生育政策在刚刚起步的阶段，对人们的强制性并不大，极少人的生育会受到制约。

> 阿瓦古丽（43 岁）：爸爸妈妈那个时候，不知道啥是计划生育政策，家里面兄弟姐妹也不少，但是也没印象有罚过钱。

国家制定政策和制度能够产生的最好的效果就是在约束了人们的行为的同时，让受约束群体感受到较低的强迫感，从而使得这种引导性的指示变为一种自觉自愿的行为。从对受访妇女的访谈中可以发现，少数民族计划生育政策自实施以来取得了显著效果，人们从计划生育中获得了实实在在的好处。对于计划生育工作，少数民族群众已经从最初的排斥到目前的欣然接受，计划生育的强制性降低，鼓励性增强。新疆地区在努力推行计划生育的同时，严格落实了对采取计划生育家庭的奖励，从而鼓舞了一部分人积极主动减少意愿生育数量。

（六）小结

本节在对生育意愿的影响因素进行分析时，没有使用经济、社会、文化一类的系统分析维度，旨在充分展示访谈调查结果，尽可能地收录"她们"认为重要的影响因素。同时，需要承认的是，在此次调查中我们发现育龄妇女的受教育程度、育龄妇女的身体健康情况、有无他人帮助照料孩子等因素也在一定程度上影响了近城维吾尔族育龄妇女生育意愿的形成，但考虑到这些因素是此次调查中出现的个别现象，因而没有详细说明，而将分析重点放置于频繁出现的影响因素上。

城市化、家庭经济状况是两个对近城维吾尔族育龄妇女生育意愿产生较强影响作用的因素。这个群体所处的独特的地理位置决定了城市化在她们生命历程中的重要影响，这种影响也反映了城市化对她们思想观念的影响。城市化使得她们的观念偏向现代城市群体的思想观念，而家庭经济状况对生育意愿的影响是基础性的。对于近城维吾尔族家庭来说，他们的家庭经济状况较其母辈确实有所改善，然而他们也面临进入城市的巨大压力。随着家庭收入的增加和生活质量的显著提高，家庭抚养孩子的成本也在提高，在形成自身生育意愿时她们会更多地考虑家庭经济状况能够允许的孩子数量、孩子性别以及孩子出生的时间。

宗教信仰是对近城维吾尔族育龄妇女生育意愿产生中等强度影响作用的因素。宗教信仰作为一种历史性的影响因素，对近城维吾尔族育龄妇女生育意愿产生了潜移默化的影响。这种因素经历了世代传递与时间的考验，对维吾尔族的精神世界产生了深刻的、难以抗拒的塑造作用。生育意愿作为一种精神世界的心理产物，它的形成必然受到维吾尔族宗教信仰的重要影响。宗教信仰影响了她们对生育事件的看法、对孩子价值的判断、对孩子性别的选择。

婚姻状况、计划生育制度是对近城维吾尔族育龄妇女生育意愿产生较弱影响作用的因素。婚姻状况，是笔者在调查之初没有想到的影响因素，而三位离异妇女的述说使得婚姻状况对生育意愿的影响凸显出来。稳定的婚姻保障了人们顺利实现自身的生育意愿，离异状况使得个体生育意愿的实现受阻从而形成少育的生育意愿。同时调查也显示，计划生育政策虽然在受访者母辈中并没有具体实施，但是国家从未停止过计划生育政策的宣传工作，因此受访的这一代育龄妇女对计划生育思想并不陌生。她们开始生育后，感受到的计划生育政策的强迫性也较低。相比计划生育的惩罚措施，人们更感兴趣的是奖励措施。维吾尔族能够轻易地在政策允许范围内实现自身的生育意愿，因而不会惧怕惩罚措施。她们重视采取了计划生育之后对于她们的实际鼓励，少部分的现金奖励就能够让她们感到满足，这种奖励示范作用也带动了周围的人们采取从众的行为。

五　基本结论

此次调查是对近城维吾尔族育龄妇女生育意愿进行的一次探索性研究，并试图解释生育意愿背后的影响因素，从而了解新疆哈密近城维吾尔族生育文化及其发展状况。新疆哈密地区近城维吾尔族育龄妇女群体的生育意愿主要包括：希望一生中能够孕育两个孩子，最好是一男一女；偏好男孩，但是不会因此歧视女孩，期待儿女双全的子女性别结构；晚婚晚育，两胎之间的间隔以三年以上为佳；生孩子被认为是责任也是义务，生育最主要的目的是满足人们的心理需求。数量需求降低、性别要求减弱、时间控制更强、目的性降低是她们生育意愿的核心内容。同时，因为工作、居住地与城市的密切联系，她们更加倾向于学习、模仿城市维吾尔族以及汉族的生活习惯、思想观念，因而她们的生育意愿在性质上偏城市性；考虑到现实生活的种种需求，这一辈育龄妇女的生育意愿与她们的母辈家庭相比有了较大转变，在生育意愿的内容上具有转变性。

影响新疆哈密近城维吾尔族育龄妇女生育意愿的因素有：城市化、家庭经济状况、宗教信仰、婚姻制度以及计划生育政策。城市化是一种综合性的影响因素，也是这些因素中比较独特的一个，是因为她们所代表的近城群体所处地理位置、户籍制度不同而显现出的特殊因素。家庭经济因素对于生育意愿的影响作用具有普遍性，在许多研究中都有涉及，而在此次研究中家庭经济状况也确实成为她们形成自己生育意愿的关键因素。维吾尔族对于伊斯兰教的信仰在当下已经成为一种能够影响人们日常生活的意识，是近城维吾尔族育龄妇女的生育意愿形成的深层因素。婚姻状况，特别是维吾尔族群体正在日益增多的离婚现象，成为人们在形成自身生育意愿时不得不考虑的因素，从而成为近城维吾尔族育龄妇女生育意愿形成的现实性因素。计划生育政策对于近城维吾尔族育龄妇女生育意愿的影响并不十分突出，它设置了生育数量的上限，近城维吾尔族育龄妇女往往不会突破这种限制，因而不会感到其带来的强制性，反而是计划生育制度的奖励性措施使得人们感受到这种制度的存在。

生育意愿及其影响因素都是生育文化的重要内容。生育文化由物质、精神、制度三个层面的内容构成。在影响受访者生育意愿的因素中，家庭经济状况属于生育文化的物质层面。物质决定意识，物质生活水平决定了社会群体的生育文化。任何一种生育文化的形成都是建立在一定的生产力发展水平上的，生育文化也同样适应着物质资料生产的要求而变动。生育习俗、宗教信仰则属于生育文化的精神层面。传统文化与宗教文化交织在一起，往往在人们心中形成固有的观念意识。计划生育政策、婚姻状况则是生育文化的制度层面，制度需要与生育文化的组成部分协调一致，才能取得良好的效果。

通过对近城维吾尔族育龄妇女生育意愿的调查发现，近城维吾尔族生育文化实现了对生育数量、时间的控制，对性别的正确看待，对生育目的的发展型认识，并且形成了一套支持这种生育意愿发展的物质、精神、制度保障。近城维吾尔族生育文化想要继续发展，需要物质、制度、精神等方面的支持。物质基础的发展一直都是生育文化发展的基础，促进少数民族地区经济发展，帮扶少数民族家庭提高家庭经济水平，建立健全社会保障、医疗等条件都能够有力促进现代生育文化的形成。制度是生育文化发展的有力保障，制定与少数民族习俗、宗教、现实状况相适应的政策制度，适时调整政策导向，实施积极的引导措施，加大奖励性措施的实施力度都将辅助近城维吾尔族生育文化的发展。精神是生育文化发展的不竭动力，充分尊重少数民族的习俗和宗教信仰，努力发挥习俗、宗教信仰的正面积极作用都将为近城维吾尔族生育文化的发展提供源源不断的支持。

本项研究有两方面特色。一是在研究方法上，采用了质性方法研究人口问题，使用受访者生动的语言来描述她们自己的生育意愿，通过受访者个人经历寻找影响个体生育意愿的因素。相比于量化研究，此次调查能够通过访谈与参与观察发现一些细致的影响过程，并通过受访者的详细状况展现具体影响因素的作用机制。二是在切入点上，选取了处于城市化过程中的群体作为研究对象。本次调查的近城维吾尔族育龄群体在以往研究中极少受到关注，她们不是维吾尔族的大多数，也不能代表整个维吾尔族，但是这个独特的群体因为拆迁、征地等原因从农村进入城市，随着职业、收入、居住地的改变，其生育意愿也发生了相应的调整。这种变迁的视角，不仅能够帮助我们了解目前她们的生育意愿，也有助于预测未来该群体的发展状况。

本研究也存在许多不足。例如，样本的可推广性较低，近城地区维吾尔族人口的生育意愿是否一致还有待商榷。此外，此次调查的深度有限，语言不通的问题制约了调查的深度。虽然近城地区维吾尔族普遍能够使用汉语进行交流，但涉及宗教理念等一些较复杂的问题时，受访者很难用汉语完全解释，访谈者也不能够很好理解。受到笔者学术水平和现实条件的制约，本研究对于了解维吾尔族整个族群的生育意愿所能提供的参考作用有限，但笔者希望抛砖引玉，借此引起学界对新疆维吾尔族的生育意愿更多的关注。

参考文献

阿里木江·阿不来提、茹克亚·霍加，2013，《论维吾尔族生育文化及其对人口可持续发展的影响》，《西北人口》第 5 期。

阿依先·肉孜、茹克亚·霍加，2010，《维吾尔族习俗中的多元宗教文化——以婚育为例》，《世界宗教文化》第 6 期。

艾尼瓦尔·聂吉木，2006，《边疆少数民族人口生育及生育意愿研究》，《边疆经济与文化》第 1 期。

艾尼瓦尔·聂吉木，2009，《新疆维吾尔族人口离婚问题研究》，中央民族大学出版社。

蔡果兰、徐世英，2014，《中国少数民族人口的发展》，科学出版社。

陈华，1999，《从富阳实例看浙江富裕农村育龄妇女生育意愿转变》，《南京人口管理干部学院学报》第 1 期。

陈俊杰、穆光宗，1996，《农民的生育需求》，《中国社会科学》第 2 期。

陈卫、靳永爱，2011，《中国妇女生育意愿与生育行为的差异及其影响因素》，《人口学刊》第 2 期。

风笑天、张青松，2002，《二十年城乡居民生育意愿变迁研究》，《市场与人口分析》第 5 期。

高卉，2008，《新疆维吾尔族与汉族生育文化比较研究》，硕士学位论文，石河子大学。

顾宝昌，1992，《论生育和生育转变：数量、时间和性别》，《人口研究》第 6 期。

顾大男，1999，《生育文化对生育行为的影响机制探讨》，《西北人口》第 2 期。

国家民族事务委员会经济发展司、国家统计局国民经济综合统计司编，2013，《中国民族统计年鉴 2013》，中国统计出版社。

国家统计局和就业统计司、国家民族事务委员会经济发展司编，2013，《中国

2010 年人口普查分民族人口资料（上）》，民族出版社。

国家统计局人口和社会科技统计司、国家民族事务委员会经济发展司编，
　　2003，《2000 年人口普查中国民族人口资料（上）》，民族出版社。

侯伟丽，1995，《新疆锡伯族人口发展及状况评析》，《西北史地》第 3 期。

李建新，1993，《维吾尔族地区妇女生育率分析——新疆喀什妇女生育模式研
　　究》，《人口研究》第 2 期。

李新吾、许尚峰、沈念梓，2003，《千名育龄人群生育意愿的调查与分析》，
　　《南方人口》第 2 期。

刘爽，2005，《中国育龄夫妇的生育"性别偏好"》，《人口研究》第 3 期。

刘小治、李亚丽，1987，《新疆墨玉县维吾尔族妇女婚姻生育调查分析》，
　　《中国人口科学》第 1 期。

马坚译，2013，《古兰经》，中国社会科学出版社。

乔晓春，2004，《性别偏好、性别选择与出生性别比》，《中国人口科学》第
　　1 期。

热依拉·达吾提，2004，《麻扎与维吾尔族妇女——从麻扎朝拜谈维吾尔族妇
　　女的生育观》，《西北民族研究》第 1 期。

邵夏珍，1999，《中国城乡家庭育前和育后生育意愿的比较研究》，《中国人
　　口科学》第 1 期。

首都经济贸易大学，2005，《20 世纪 90 年代中国各民族人口的变动》，国务
　　院人口普查办公室、国家统计局人口和社会科技统计司编《2000 年人口
　　普查国家级重点课题研究报告（第二卷）》，中国统计出版社。

司光南，2010，《新疆维吾尔族生育状况与生育观念的发展演变》，《社会科
　　学论坛》第 20 期。

童玉芬、尹德挺，2004，《新疆柯尔克孜族和汉族婚姻差异及其对生育影响的
　　比较研究》，《西北民族研究》第 4 期。

王海霞，2001，《农村维吾尔族家庭生育选择成因试析——库车县牙哈乡调
　　查》，《人口与经济》第 3 期。

王璞华，2011，《改革开放以来兵团维吾尔族婚育观嬗变研究》，硕士学位论
　　文，石河子大学。

吴帆，2014，《20 世纪 90 年代以来我国生育意愿研究：评述与展望》，载顾
　　宝昌主编《二孩你会生吗？》，社会科学文献出版社。

杨柳，2003，《吉林省农村妇女生育意愿的个案研究》，《中华女子学院学报》

第 3 期。

姚从容、吴帆、李建民，2010，《我国城乡居民生育意愿调查研究综述：
　　2000-2008》，《人口学刊》第 2 期。

张毅，1995，《新疆的蒙古族人口发展的特点与思考》，《新疆社会科学》第
　　6 期。

周亚成，1996，《哈萨克族妇女生育习俗调查》，《西北民族研究》第 2 期。

（北京市通州区宋庄镇镇政府　沈　洁）

第六章　广西平地瑶的生育文化研究

——基于富川瑶族自治县的田野调查[*]

章节摘要： 在中国人口结构转变、生育政策不断调整的时代背景下，研究生育文化具有重要意义。生育文化是一个整体，包括婚姻家庭、生育习俗、生育意愿、生育控制、生育健康等方面。广西富川瑶族自治县平地瑶的生育文化是在长期的历史发展过程中形成的，深受民族文化的影响，其中，信仰对生育的影响广泛而深刻，体现出平地瑶的宇宙观。随着社会的发展和文化的变迁，平地瑶的生育文化也在不断发生变化。影响其变化的因素包括经济的推动、政策的影响、生活方式的改变、医学知识的普及、对外交流的增多、教育水平的提高等。未来平地瑶的生育文化仍将继续发生变化，需要持续关注和探究。

瑶族是中华民族大家庭中的一员，是我国一个古老的民族，也是一个拥有悠久历史和独特文化的民族。我国的瑶族主要分布在湖南、广西、广东、云南、贵州、江西六省（区）的130多个县、市内（《瑶族简史》编写组，2008：1）。根据分布区域及特点，瑶族又细分为过山瑶、蓝靛瑶、花篮瑶、白裤瑶、平地瑶等

---

[*]　原文发表在《湖北民族学院学报》（哲学社会科学版）2017年第4期，本章略有删改。

支系，其中平地瑶主要分布在湖南南部与广西东北部的交界地带，因主要分布在平地，所以以平地瑶著称。相比其他瑶族支系，平地瑶与汉族的交往更密切，汉化程度也更高。本章的研究对象是平地瑶，研究地点位于广西富川瑶族自治县（以下简称富川县）的 X① 乡。富川县位于广西的东北部，与湖南接壤，全县总面积1572 平方公里，辖 12 个乡镇，137 个村委会和 18 个社区，总人口约 32 万人（2012 年年末），其中瑶族人口 15.2 万，占总人口的47.5%。② 富川县的瑶族以高山瑶和平地瑶为主，其中高山瑶主要分布在西北部的山区，平地瑶主要分布在东部的丘陵地带。X 乡位于富川县的东南部，下辖 1 个社区，10 个行政村和 62 个自然村，总人口约 1.88 万人，其中瑶族人口占 99.5%（《富川瑶族自治县概况》编写组，2008：60～61），居民以平地瑶为主，也有部分汉族。在研究方法上，本章主要运用人类学的参与观察和深入访谈法，试图从整体的视角探讨平地瑶的生育文化。

一　研究背景与文献综述

生育是自然界的普遍现象，而人类的生育既是自然现象，也是文化作用的结果。对于文化的理解影响人们对生育文化的定义。在人类学界，人们普遍认同泰勒的"文化"定义，即文化是"一个复合整体，包括知识、信仰、艺术、道德、法律、习俗以及作为一个社会成员的人所习得的其他一切能力和习惯"（夏建中，1997：20）。西方学者对于"生育文化"（fertility culture）概念的讨论相对较少，中国学者普遍运用泰勒的"文化"定义来界定"生育文化"，将"生育文化"视为一个与生育有关的文化整体。其中最具代表性的是费孝通的定义，他在《乡土中国　生育制度》

---

① 为了保护当地人的隐私，本章中的地名用汉语拼音的首写字母代替。

② 《富川概况》，http://www.gxfc.gov.cn/E_ReadNews.asp? NewsID = 2684，最后访问日期：2016 年 12 月 1 日。

一书中明确指出："当前的世界上，我们到处可以看见男女们互相结合成夫妇，生出孩子来，共同把孩子抚育成人。这一套活动我将称之为生育制度"（费孝通，1998：99），又说"生育制度包括求偶、结婚、抚育"（费孝通，1998：100），"于是我们看见有不少文化手段在这上边发生出来，总称之作生育制度"（费孝通，1998：109）。费先生所说的"生育制度"实际上就是"生育文化"。李银河在《生育与村落文化》一书中，明确地将"生育文化"定义为"人类在生育这一问题上的一整套观念、信仰、风俗、习惯及行为方式"（李银河，2009：2）。杨筑慧也指出："生育文化是人类在长期的生育实践中，逐渐形成的一整套与生育有关的信仰、观念、风俗习惯、行为方式等。"（杨筑慧，2006：9）以上学者的定义可以视为"生育文化"的广义内涵，也有学者用"生育文化"指代生育的某个方面，例如生育观念、生育行为、生育意愿等，这是"生育文化"的狭义内涵。有关中国生育文化的研究，不同学科的侧重点不同，其中人类学特别关注生育与文化及社会的关系。限于篇幅，这里只综述人类学的相关研究。笔者认为，人类学对生育文化的研究最早可以追溯到对婚姻家庭和亲属制度的研究。婚姻家庭和亲属制度是生育的社会基础，这些研究呈现社会结构和交往体系，为生育文化的研究奠定了基础。

自费孝通的《乡土中国 生育制度》之后，中国人类学对生育文化的研究逐渐多元化。目前有关生育文化的研究可以分为四个方面。其一是从生命史的角度探讨生育文化，即按照生命发展历程探讨从生到育的完整过程。例如，杨筑慧的《中国西南民族生育文化研究》一书系统地梳理了中国西南各少数民族的生殖崇拜、婚姻家庭、求子习俗、孕产习俗、抚育习俗、成年礼等完整生育过程，呈现不同民族的整体生育文化，强调习俗对生育文化的影响（杨筑慧，2006）；古文凤的《云南苗族传统生育文化论》一文也通过求子、产前和产后禁忌、命名、成年礼等生命发展过程呈现苗族的传统生育文化，凸显其生育观和性别观（古文凤，1998）。这些研究可以归为广义生育文化研究，体现了人类学的整体观。

其二是探讨文化对生育的影响。影响生育的文化因素多种多样，例如，有学者系统地梳理了贵州各少数民族的地理环境、宗族观念、婚姻制度、妇女地位、信仰崇拜和妇女受教育情况等民族文化对生育的影响，并指出："文化对于生育的影响，有的呈现出显性作用，而大量的却是呈潜移默化的隐性作用，常不被人们所察觉"（杨宗贵，1995：53）；也有学者通过梳理云南各少数民族的生育观念和生育行为，指出影响生育的文化因素包括传统的宗教信仰、婚姻制度、习惯法等（赵鸿娟、陈梅，2006）。

其三是运用比较的视角对比两个及以上民族的生育文化。例如，有学者通过对比瑶族和汉族的生育文化，指出二者的差异主要与瑶族妇女的社会地位高且盛行从妻居有关，因此，提高女孩的社会地位是建设新型生育文化的关键（陈扬乐，2003）；也有学者通过对比汉族与藏族、贵州占里侗族的生育意愿，指出三者的差异在于汉族更倾向于多生和生男孩，藏族不愿多生且没有性别偏好，贵州占里侗族拥有严格的生育数量限制和"一男一女"的生育性别模式，认为改变人们的生育观念是稳定我国低生育水平的根本（向春玲，2003）。比较的视角能够帮助我们寻找到影响生育文化的原因，发现其中存在的问题并借鉴其他民族生育文化中的优秀成分。

其四是从变迁的角度探讨生育文化的演变和发展。例如，赵玉燕指出，经济发展水平的提升和计划生育政策的实施是苗族生育观念和生育行为发生改变的关键（赵玉燕，2002）；杨筑慧强调，外出务工和对外交流的增多是影响侗族择偶习俗变迁的根本原因（杨筑慧，2005）；洲塔、王云认为在现代化转型时期，婚俗文化是影响青海藏族生育文化变迁和重构的重要因素（洲塔、王云，2010）。变迁的视角使我们看到生育文化发生变化的原因、途径和结果，这在转型社会中，对推动人口结构的调整和新型生育文化的发展具有重要意义。

学者们虽然对生育文化研究的侧重点不同，但都将生育作为一种文化现象进行探讨，强调生育背后的文化机制和社会根源。目前有关瑶族生育文化的专题研究相对较少，且不够系统。除了李美的《瑶族妇女生育文化研究》（李美，2002）一文从婚姻家庭、生殖、抚育、生育意愿、生育观念等角度系统梳理了瑶族的生育文化外，其他研究大多侧重于生育的一个方面，例如对瑶族妇女生育健康的探讨（杨卫玲，2010）、对瑶族生育意愿的梳理（王钰文，2016）、对瑶族与其他民族生育态度的比较（李秋洪，1992）等。随着社会的发展和变迁，瑶族的生育文化也在不断发生变化，除了专题研究之外，系统地梳理和分析瑶族的整体生育文化也变得越来越重要。此外，由于瑶族的支系繁多，其内部存在一定差异，因此需要关注特定瑶族群体的生育文化。这不仅可以留下宝贵资料，也可以为今后的对比研究奠定基础。在本章中，笔者将运用整体视角，从婚姻家庭、生育习俗、生育意愿、生育控制、生育健康等方面系统梳理平地瑶的生育文化，展现广义生育文化的研究框架，并在章末对平地瑶生育文化的演变和发展做一简单评述。

二　平地瑶的婚姻与家庭

费孝通在《乡土中国　生育制度》中指出，婚姻是社会为孩子们确定父母的手段，也是确立双系抚育的手段（费孝通，1998：125）；家庭是父母子所形成的团体（费孝通，1998：163），是社会再生产的最根本的单位，也是抚育孩子的最基础的单位。婚姻和家庭是生育的载体和保障，因此，研究平地瑶的生育文化，首先要了解其婚姻和家庭情况。

平地瑶生活在山地、丘陵地带的平坦之地，过去交通不便，生活条件落后，许多外族都不愿与其通婚，因此，平地瑶过去实行民族内部通婚制。1970 年代之前，X 乡平地瑶的通婚对象主要集中在附近的一两个瑶族村落，通婚范围小。1970 年代到 1980 年代，当地盛行同村同姓通婚。据了解，这主要与当地的女孩不愿外嫁有关。虽然同村同姓者属于同一宗族，但是当地人对此有着严格的规定。他们以门楼来划分，规定同一个门楼中的人不能通婚，因为同一个门楼中的人血缘关系更近，这在一定程度上避免了近亲结婚。改革开放后，随着经济的发展和外出务工者的增多，当地同村同姓通婚的现象逐渐减少，通婚圈不断扩大。X 乡的平地瑶不仅与县内其他乡镇的瑶族和汉族通婚，也与外地人通婚，许多女孩嫁到了湖南、广东、浙江等地，村里也有许多来自河南、湖北、四川的媳妇。

　　X 乡平地瑶的婚姻形态是一夫一妻制，婚后以从夫居为主，也有部分家庭从妻居，这样的家庭多与入赘婚有关。入赘即男方来到女方家与女方的家人共同生活，这些男人或改姓女方家的姓，或保留原姓，所生的孩子既可以全部姓母亲的姓，也可以部分姓母亲的姓、部分姓父亲的姓。如果只有一个儿子，则一般姓母亲的姓。不同于当地其他乡镇的瑶族或汉族村落，X 乡的平地瑶对上门女婿没有歧视心理，这是因为 X 乡的平地瑶最集中，入赘习俗能够扩展开来，其他乡镇多是瑶汉混居，瑶族受汉族的影响更深，汉族对上门女婿的歧视心理潜移默化地影响了瑶族民众对入赘婚的看法。入赘习俗也深刻影响了平地瑶的生育观。因入赘婚盛行，人们普遍认为生男生女都一样，即使生了女儿也可以留一个在家，通过入赘的方式招一个男人上门。一位计生干部表示，过去 X 乡的入赘婚比较普遍，其计生工作在全县来说是最好做的。近年来，随着外出务工人员的增多和通婚圈的扩大，X 乡平地瑶受汉族的影响不断加深，许多年轻男性不愿做上门女婿，入赘婚的比例逐渐减少。

　　平地瑶的婚姻缔结流程相对复杂，要经过"提亲""拿八字""看新娘""上门酒""结婚酒"等阶段。"提亲"是指男方和媒人（俗称"走路媒"）去女方家送聘礼，一般是用荷叶包两包鸡蛋

（每包四个）送给女方，如果女方的父母同意婚事，便收下来。"拿八字"是指男方在媒人的陪同下，带上四包鸡蛋和两斤猪肉来到女方家，从女方的父母处获得女方的八字。女方的父母将女儿的生辰八字写在一张红纸上，用手帕包起来放进一只黑色布鞋里，另一只鞋里放一条女儿织的彩带，然后送给男方，表示定下了亲事。男方回到家后，男方的父母将男女双方的生辰八字拿给算命先生，由算命先生定下结婚日期。接着是"看新娘"，即男方到女方家给女方的亲属送礼物，并正式将二者的婚事告诉女方的亲属。男方要给女方的所有亲戚送"喜饼"（月饼），每家一包（每包四块），其中舅舅要送两份，因为舅舅是"正媒"。出嫁的时候，舅舅要去送亲，此后婚姻中出现问题也要找舅舅。

看过新娘之后，便可择日办"上门酒"。按照习俗，男方要先到女方的舅舅家"请媒"，带上两斤猪肉和两包鸡蛋，告诉舅舅办上门酒的日子。到了办酒当天，男方邀请女方及自家的亲戚过来吃午饭。吃饭时，女方的亲属坐在堂屋的正中间，舅舅坐在上座，那是最靠近神台的位置，也是最尊贵的位置，并且只有舅舅动了筷子，其他人才能吃饭。这些习俗都体现出平地瑶"娘亲舅大"的传统。午饭过后，男方的亲属聚在一起给新娘送红包（俗称"添钱"）。在桌子中央摆放一个圆盘，里面铺上红纸，男方的每位亲属要按照顺序（新郎的父母—舅娘—嫂子—姐姐—叔娘等）将红包放在圆盘里，然后新郎的母亲一一告诉新娘添钱者的名字。这个仪式的目的是将男方的亲属介绍给新娘。"添钱"之后，男方的舅娘和叔娘将钱数清，然后大声报出来，并转交给新娘的母亲，再由新娘的母亲转交给新娘。当新娘的家人回去时，男方的父母要送给他们每家一包鸡蛋，新郎的舅娘还要包一个"长包蛋"给新娘，里面有九颗鸡蛋，寓意长长久久。

办了"上门酒"，新郎和新娘便可同居，但是许多女孩仍居住在娘家，男方可以随时拜访，女孩过年过节时也可以到男方家小住，但是大部分时间仍待在娘家，有些甚至生了小孩之后还留在

娘家多年，直到办了"结婚酒"。这一习俗称为"不落夫家"，在
中国西南的少数民族中比较盛行。平地瑶将"结婚酒"视为婚姻
真正缔结的标志，从"上门酒"到"结婚酒"要相隔一段时间，
甚至相隔几年，有时"结婚酒"也与孩子的"三朝酒"一起办。
这既是出于经济方面的考虑（为了办"结婚酒"要攒钱），同时也
印证了费孝通所说的婚姻是确立双系抚育的手段，只有生了孩子，
夫妻关系才得以稳固。平地瑶的"结婚酒"是婚姻仪式中最复杂
的环节，也是最重要的环节。其中最具特色的是哭嫁习俗。新娘
在出嫁的前三天就要开始哭，村里的年轻女孩（俗称"伴娘"）
都过来陪她，她们一起在阁楼上织布、编彩带、做鞋子。新娘哭
诉的内容主要包括对娘家的不舍、对婚后生活的担忧、对婆家人
的恐惧和长大后的烦恼。哭到伤心处，伴娘们也会跟着哭起来。
平地瑶认为，新娘哭得越伤心，婚后的生活就会越甜蜜。哭嫁的
前一天晚上最热闹，村里及附近的后生仔[①]都来"闹歌堂"。他们
一路唱着歌，一直来到新娘的阁楼上。到了阁楼上，他们要唱歌
劝说新娘，让她不要哭，并告诫她到了婆家如何做个好媳妇，例
如歌词："劝姐去，劝姐去到乖做人。去到人家做媳妇，塞高枕头
听鸡啼。鸡啼一刹姐起身，鸡啼二刹姐梳头，鸡啼三刹姐担水，
鸡啼四刹担水归。细手担水冷不冷，脚踏寒霜寒不寒。"新娘则要
哭着回应他们，诉说不舍之情。就这样，一唱一回直到天亮。天
亮后，后生仔纷纷离去，新娘开始梳妆打扮。吃了午饭后新娘起
身去婆家，到了婆家又要经过一番复杂的仪式如祭拜祖宗、闹洞
房等，直到深夜才结束。

"结婚酒"后新娘正式搬到男方家居住，开始真正的家庭生
活。X乡平地瑶的家庭模式以主干家庭和核心家庭为主，也有部分
联合家庭。如果家里有几个儿子，当儿子长大后便要分家，分家
时要请舅舅来主持，这也再次体现出舅舅的权威地位。当儿子们
都逐渐成家并建立起核心家庭后，父母便独自生活或与其中的某

---

① 当地方言，指年轻人。

个儿子一起生活。如果只有一个儿子，老人一般不与儿子分家，形成主干家庭。部分主干家庭多由父母与已婚的一个儿子及单身儿子组成，由于当地的大龄未婚男青年较多，所以这样的主干家庭也相应较多。如果这个单身的儿子一直未婚，则父母均去世后，已婚的兄弟才会与他分家。近年来，外出务工成为当地人最主要的生计方式，年轻人外出务工后，许多家庭实际上演变为隔代家庭，即祖辈与孙辈共同生活的家庭模式。过去人们按照性别进行分工，男性主要从事农业生产，女性主要从事家务劳动，并照顾孩子的日常生活。如今随着生计方式的转变，当地家庭的劳动分工演变为年轻人外出赚钱，老人在家从事农业生产，并抚育儿童成长。

三 平地瑶的生育习俗

婚姻和家庭为生育提供了保障，生育为家庭和家族的延续奠定了基础。生育分为生和育，在生和育的过程中蕴含丰富的习俗文化，这些习俗文化是生育文化中最具特色的文化形态，是对民族文化的反映。富川平地瑶的生育习俗具体分为求子习俗、孕产习俗和抚育习俗。

(一) 求子习俗

对于平地瑶家庭来说，生育是头等大事。若妇女婚后许久不孕，人们便举行求子仪式。过去由于缺乏医学常识，平地瑶认为不孕是因为妇女触犯了神灵，于是便通过向神灵献祭的方式来求子。平地瑶信奉盘王，盘王即盘瓠，被视为瑶族的"创世之神"。在 X 乡与湖南的交界处有一座盘王庙，每年农历十月十六日人们都会在庙里举行隆重的"还愿仪式"。不孕的妇女便在这一天来到庙中祭拜，向盘王求子。此外，X 乡的平地瑶也向莫仙娘求子。莫仙娘被视为掌管生育的神灵，当地许多村子都有娘娘庙。还有一

些不孕的妇女选择去看"仙婆"（俗称"看黑路"）。"仙婆"即
灵媒，被视为人神之间的媒介。当地人相信，仙婆能够通过特殊
的方式与神灵进行沟通，寻找到妇女不孕的原因，并告诉其解决
办法，例如，让其到河边放生一条鱼，或到某个庙中祭拜等。许
多被访者表示，这样做有时真的能起作用，一些妇女因此而怀孕。
如今随着医学的发展和普及，当地许多不孕的妇女也通过现代医
学技术如"试管婴儿"来获得生育力。但是，人们往往并非采取
一种方式求子，而是多种方式同时进行。求子习俗反映了平地瑶
"万物有灵"的信仰方式和功利主义的信仰目的。此外，也有一些
妇女通过"抱养"的方式来求子。当地人认为，抱养的孩子能够
为家庭带来好运，他们能使不孕的母亲怀孕生子，在当地也确实
有过这样的案例，许多人对此深信不疑。

（二）孕产习俗

　　孕产包括怀孕、分娩和坐月子。怀孕对于妇女而言是个特殊
时期，平地瑶妇女在怀孕期间要遵守许多禁忌。有学者指出，"禁
忌是一种神圣化了的民族法，它被赋予了超自然的神秘力量，具
有不可违抗性"（古文凤，1998：16）。平地瑶的孕期禁忌分为饮
食禁忌和行为禁忌。在饮食上，孕妇不能吃酸菜和辣椒，认为这
样会使胎儿身体过敏；不能吃狗肉①，因为狗肉太热，孕妇吃了会
使胎儿身上长红疹。在行为上，孕妇不能摘树上的果子，尤其是
桃树（因为桃核是辟邪之物），否则这棵树来年不结果；孕妇不能
杀鸡或鱼，也不能在卧室中剪指甲，否则会造成胎儿畸形；家人
不可随意搬动孕妇卧室中的家具尤其是床，也不能在卧室中钉钉
子，否则会引起孕妇腹痛，甚至流产；不能随意拆建家中的房屋、
灶台和墙壁，要看了古历才可动工，否则也会导致孕妇流产。这
些禁忌虽然没有什么科学上的依据，但作为习惯法，它规范了孕

---

①　虽然平地瑶将盘王视为"创世之神"，但是广西富川的平地瑶却有食狗肉的
　　习俗。

妇及家庭成员的日常生活，其目的是明确的，通过减少危险动作和行为来保证孕妇和胎儿的健康。

为了顺利地诞下婴儿，在分娩前的一个月，孕妇常用草药如"石枪红""黑皮藤""鸡血藤""竹龙"（均是音译）等煮水来泡脚或沐浴。由于临产前身体负担较重，脚常常会瘀肿，用草药泡脚或沐浴不仅可以消肿，而且可以使孕妇的身体得到放松。过去平地瑶妇女普遍在家中分娩，一般由"接生婆"来接生。分娩时，男性不能陪在身边，一般是婆婆或其他女性长辈陪着产妇。当地妇女长期从事农业生产，直到分娩前还在劳作，身体活动量大，所以分娩过程一般比较顺畅。分娩时接生婆要先通过按摩的方式将胎位顺正，以免难产。产妇采取跪姿或蹲姿，通常是在床边，双手扶床以便增加力气。待婴儿出来后，接生婆用手托住婴儿的身体，将其抱出来，再用热水烫过的剪刀将脐带剪断，并用细线扎好。接着，接生婆再帮助产妇排出胎盘。胎盘对于当地人来说是不洁之物，因此要特殊处理。人们一般将胎盘埋在树林里或山坡上，并且埋得越深越好。平地瑶认为胎盘埋得深，小孩才不会吐奶。如今当地妇女普遍在医院分娩，这些习俗也因此丧失。

产妇生下婴儿之后，按照传统要"坐月子"。在当地，无论是否办了"结婚酒"，产妇都要在婆家坐月子，不能在娘家坐月子，否则对娘家人不好。例如，当地一位嫁到广东的妇女怀孕期间一直都住在娘家，因为分娩前赶不回婆家而在 X 乡卫生院分娩。出院后她不敢回娘家住，而是在乡里租了一间房子，她的母亲每天去照顾她。她在那里坐完月子才回娘家。她说："我不敢在我妈家坐月子，万一我哥哥和我大伯家以后出现什么不好的事情，都怪罪到我的头上。"此外，在坐月子期间，产妇也不能进别人家的门，更不能进庙。平地瑶认为产妇的身体是不洁的，会给别人带来晦气。当地产妇坐月子时的饮食比较清淡，以鸡汤泡饭和鸡蛋汤泡饭为主，汤里只放盐和姜。坐月子期间，产妇也要遵守一些饮食禁忌，例如，不能吃凉性水果（如葡萄、西瓜、橘子等）和青菜，否则会使婴儿拉肚子；不能吃生食和冷食，尤其是肉类，否则会引起腰痛。因此，用来熬汤的鸡必须是家养的活鸡，不能用冰冻过的鸡；不能吃豆腐和糯米，认为前者会导致白带增多，后者会导致身体浮肿。此外，产妇还要坚持每天用草药水擦拭身体，除了上文提到的那些草药之外，此时还用艾叶、姜叶、鸡毛、稻草等煮水来擦拭，有助于排出体内的恶露。坐月子是产妇恢复身体的过程，也是哺育婴儿的过程。为了给产妇催奶，婆婆常给产妇煮木瓜排骨汤、牛鼻子黄豆汤，有时也用"发奶草"（一种当地草药）给产妇煮鸡蛋。这些习俗在平地瑶中代代相传，至今仍发挥重要作用。

（三）抚育习俗

婴儿的诞生给家庭带来了希望，也为社会增添了新的成员。农村是一个熟人社会，为了将婴儿介绍给亲朋好友，家人会为其举办一个仪式，俗称"三朝酒"。"三朝酒"不同于"满月酒"，并非在婴儿满月时举办，而是由算命先生根据婴儿的生辰八字算出日子。办"三朝酒"时，主家邀请亲朋好友及娘家人到家里吃饭，客人们则要带上鸡蛋、大米、猪肉、衣服、背带等礼物来探望婴儿和产妇。此外，"三朝酒"当天还要为婴儿命名。男孩一般要按照辈分取名，因为男孩要上族谱，女孩则可以不按辈分取名。起名者一般是孩子的祖辈、父母或舅舅。当地人认为，孩子是神灵赐予的，算命先生在为婴儿算八字（俗称"开书"）时会告诉家人孩子是哪位神灵"送"的，这与孩子的生辰八字有关，该神灵则被视为孩子的守护神。在办"三朝酒"这天，孩子的爷爷或奶奶要拿着祭品到该神灵所在的庙中祭拜，以示感谢，并祈求神灵保佑孩子健康成长。如果孩子的命理不好，算命先生则要求孩子的家人到庙里给孩子求一个小名，将孩子的名字写在一张红纸上，拿到神像前祭拜，将孩子托付给神灵，之后将红纸烧掉，人们认为这样孩子就能得到神灵的庇佑。

平地瑶为了保护婴儿健康成长，在抚育的过程中也要遵守许多习俗和禁忌。例如，为婴儿剃胎发的人应该是一位命好的女人，她必须生了孩子，最好儿女双全，这样会将好运传递给婴儿，同时在剃发时要选择一个吉日，这样会给婴儿带来福气。婴儿的胎发要用一块红布包好，丢进河水中，使其顺着河水流走，象征着孩子的人生像河水一样源远流长，寓意孩子会长命百岁。此外，平地瑶认为，农历二月、五月、八月不能给婴儿剃头发，否则婴儿的头上会长疮；如果在这三个月中孩子从床上掉了下来会被视为不吉利，这时大人不能说话，直接把孩子抱起来放在床上，也不能告诉其他人。夜晚抱小孩出门时，一定要把孩子竖起来抱，不能横着抱，因为平地瑶认为横着是抱死人的姿势。此外，夜晚回家或出了远门回家时，在路上要不停地呼唤孩子的名字，告诉他（她）要回家。这与当地人的鬼神观念有关。平地瑶认为，在盘王等神灵以及祖先之外还存在一种邪恶力量，即"鬼"。鬼是那些得不到供奉的灵魂，他们会干扰活着的人。婴幼儿由于阳气弱，容易受到鬼的惊吓和干扰，因此去了陌生的地方或在夜晚时要不停地呼唤孩子的名字，以免孩子的魂魄被鬼带走。

此外，在孩子的成长过程中，平地瑶也常常给孩子戴上辟邪之物如狗牙、铜钱、桃核、香包（里面包着"神符"）等来保护孩子免受鬼的干扰。狗牙之所以可以辟邪是因为瑶族的始祖盘王原是一只灵犬，所以狗在当地人的心中具有神圣性。此外，铜钱、桃核、"神符"也具有辟邪的功效。当孩子渐渐长大，身体逐渐强壮时，辟邪之物便可以取下。这一习俗表达了平地瑶对孩子健康成长的期待和盼望。如果孩子在成长的过程遇到一些阻碍如久病不愈或者莫名哭闹，人们就会怀疑是鬼碰了孩子，于是便举行驱鬼仪式。平地瑶的驱鬼仪式有很多，这里只简单介绍三种。其一是请算命先生给孩子"收惊"。他按着孩子的额头念诵咒语，然后顺时针摸三下，逆时针摸三下。其二是从孩子的床下驱鬼。孩子的家人将一把稻草点燃，然后拿到孩子睡的床下挥舞，嘴里念着

驱赶的话，一直赶到大门口。在大门口供奉一些祭品，点燃香和
纸，并拿着稻草朝门外挥舞几下，将鬼驱赶出去。其三是架桥驱
鬼。一般是孩子的父亲或爷爷在特定的时间如凌晨来到门楼前或
小河边，用竹子架起一座桥，摆上祭品，燃烧香和纸，将鬼向外
驱赶，然后绕一大圈后回到家，其目的是不让鬼跟着回去。驱鬼
仪式在平地瑶非常普遍，许多家庭都有过类似的经验。

  禁忌和驱鬼仪式都是当地人信仰体系的一部分，蕴含平地瑶
的宇宙观。当地人将世界分为世俗世界和鬼神世界，两者并不是
不可通约的，而是通过仙婆、仙公等灵媒进行沟通。人们还认为，
鬼神对世俗世界中的人能够产生影响，具体表现为神灵和祖先对
人具有庇佑作用，而鬼会干扰人的正常生活。于是人们对神灵和
祖先保持敬畏之心，在神诞日举行隆重的酬神仪式，用牛等牲畜
向神灵献祭，每逢清明、中元以及初一、十五在祖先牌位前祭拜
等；对鬼则怀有恐惧之心，并想出各种办法进行防御和驱赶。民
间信仰在平地瑶的日常生活中发挥重要作用，而这也在其生育习
俗中得以体现：不孕时，人们向神灵求子，将神灵视为掌管生育
的力量；产前和产后，通过禁忌来约束行为，通过仪式将干扰生
育的力量向外驱赶，以保证生育的安全和人的平安。这些都体现
出平地瑶对生育的重视。

四 平地瑶生育文化中的其他因素

  生育文化涉及生育的方方面面，除了婚姻制度、家庭模式、
生育习俗外，生育文化中还包含许多其他因素，例如生育意愿、
生育控制、生育健康等，它们共同构成了生育文化的整体。研究
平地瑶的生育文化，也应当对这些因素给予关注。

  生育意愿是指人们对是否生育，生育的时间、间隔、子女数
量及性别等的意愿和愿望。X 乡平地瑶的生育意愿主要表现为以下
几个方面。首先，对于是否生育，当地人持肯定态度。由于盛行

"祖先崇拜","香火"观念在人们的心中占据重要位置,人们认为
生育是延续后代的根本;同时鬼神观念也使平地瑶相信生育能使
人死后得到祭祀而避免成为孤魂野鬼,因此当地人十分重视生育。
其次,对于生育时间,过去当地人普遍结婚较早,生育的时间也
相应较早,女性一般十八九岁时生育第一胎,早生育是女性具有
生育力的表现,也是女性赢得家庭地位和社会地位的重要途径。
如今随着社会的发展和生产生活方式的改变,女性的意愿生育时
间和实际生育时间相比过去都有所推迟,妇女生育第一胎的平均
年龄在 22 岁左右。再次,对于生育数量,过去人们崇尚"多子多
福",但因为缺乏有效的避孕措施,人们实际的生育数量往往超过
意愿生育数量,生育四五个小孩非常普遍,有的甚至生育七八个,
乃至 10 多个小孩。如今随着"计划生育"的推广和生育观念的转
变,当地人的意愿生育数量和实际生育数量都有所减少,意愿生
育数量一般是 2 个,实际生育数量也以 2 个居多。相比生育数量,
人们更加重视生育质量,对儿童的养育和教育投入更多。再者,
对于生育间隔,过去当地妇女的生育间隔相对较短,一般是 1~2
年,这与缺乏有效的避孕措施密切相关。生育间隔短不仅损害了
妇女的身体健康,也增加了家庭的养育负担。如今随着现代避孕
措施的普及,当地人对于生育间隔也更具有自主性。许多被访者
表示其理想的生育间隔为 3~4 年,这不仅有利于妇女身体的恢复、
提高每个孩子的养育质量,也有利于孩子之间的彼此陪伴。最后,
对于生育性别,过去由于入赘婚比较普遍,X 乡平地瑶对男孩的偏
好相对较弱。如今随着社会的发展和教育水平的提升,女性在家
庭养老、生产生活等方面都发挥重要作用,因此人们对生育性别
的偏好更加弱化。目前平地瑶认为儿女双全是最佳的生育组合,
但是两男或两女的组合也能够接受,"女儿也是传后人"的思想在
当地越来越深入人心。

　　生育意愿反映了人们的生育态度和生育观念,直接影响人们
的生育行为,同时人们也通过具体的生育行为来满足生育意愿,

例如通过节育的方式来实现意愿生育时间、生育数量、生育间隔等。节育是指通过避孕方法来实现对生育的人为控制。不同的民族有不同的节育方式，例如，有些民族通过性禁忌、延长哺乳期、夫妻分床睡等方式控制生育，但相对于现代科学的避孕措施来说，这些节育方式的效果较弱。在 X 乡，过去一些平地瑶妇女使用中草药避孕或堕胎，但这些方法很难扩展开来，其效果也不尽如人意。一是因为这些方法比较隐晦；二是因为这些方法存在危险性，对妇女的身体有一定的伤害，甚至会导致不孕。科学的避孕措施是随着计划生育政策的落实而在当地扩展开来的。计划生育的目的是控制人口数量，提高人口素质。一方面计划生育政策影响了人们的生育意愿，另一方面也通过大力推广科学的避孕措施满足人们的生育意愿，减轻妇女的生育负担。从 1960 年代初到 1980 年代末，富川的计划生育主要推行上环和结扎这两种避孕措施，当时的口号是"一胎上环、二胎结扎"。虽然刚开始因为技术水平欠佳，上环和结扎对妇女的身体造成了一定的伤害如月经量增加、腹痛、腰痛、体力下降等，但有效地控制了生育，避免妇女因生育过多而对身体和家庭造成压力。1990 年代之后，当地推行的避孕措施更加多样，除了上环和结扎，政府也不断向民众推广避孕药、避孕套等避孕方式，并在乡（镇）政府免费发放。此外，随着人们生活水平的提高和避孕知识的增加，人们对生育的控制也更加自主和有效。

生育健康涉及妇女的权利、婴儿的安全、家庭和社会的兴衰。近年来，学者们对生育健康的关注越来越多，并且从身体、精神和社会等多个维度解释生育健康，认为生育健康包括生育以及调节生育的能力、分娩的安全与成功、和谐健康的性关系等（杨筑慧，2006：344）。笔者认为，生育健康是生育文化必不可少的组成部分。X 乡平地瑶的生育健康意识和措施随着社会的发展也在发生变化。首先，对于生育和调节生育的能力，过去平地瑶普遍认为生育是妇女的事情，将不孕归结为妇女的问题，并且通过求子仪式来获得生育力，但这包含许多迷信成分。如今随着医学的发展和人们文化水平的提升，当地人开始理性地看待生育问题，知道生育由男女共同决定。不孕的夫妻也开始通过科学的方法如"试管技术"来获得生育和调节生育的能力。其次，对于分娩的安全与成功，过去当地妇女普遍在家中分娩，接生婆没有接受过专业的医学训练，接生条件也非常简陋，许多孩子因生产时感染病毒而丧失生命，当地婴儿的死亡率较高。1970年代末，随着"医疗技术下乡"，政府为各行政村配备了接受过专业医学训练的"赤脚医生"和接生员，并推广新式接生法，这不仅大大提高了婴儿的存活率，也提高了妇女和婴幼儿的健康水平。1990年代后，当地越来越多的妇女选择到医院分娩，这进一步保障了分娩的安全与成功。此外，当地妇女的孕检率也不断提升，目前达到了95%，有效地保证了孕妇和胎儿的健康。最后，对于和谐的性关系，一方面当地妇女的家庭地位和社会参与度不断提高，另一方面随着婚前体检的普及和避孕措施的增加，当地人的性关系也变得更加安全和健康。

五　结语

广西富川平地瑶的生育文化是其民族文化的重要组成部分，是在长期的社会发展过程中逐渐形成的。平地瑶生育文化中的各个部分相辅相成，其中婚姻和家庭是基础，生育习俗体现生育观念和生育态度，生育意愿影响生育行为，生育控制和生育健康作为一种生育行为又反过来满足生育意愿。文化包罗万象，它对生育的影响体现在方方面面。对于富川平地瑶而言，文化对生育的影响可以归结为三个方面。第一是婚俗对生育的影响。平地瑶普遍结婚较早，因此妇女的生育时间也相应较早；入赘婚在当地比较盛行，因此人们对生育性别没有特殊的偏好，对上门女婿也没有歧视心理；"娘亲舅大"的传统使舅舅在婚姻和婚后生活中发挥重要作用，从而将娘家人和婆家人联系起来，扩大并巩固了亲属关系。第二是民间信仰对生育的影响。平地瑶信奉万物有灵，在其信仰体系中既有世俗世界又有鬼神世界，后者是一个超自然的世界，人们对其怀有神秘主义心态，因此产生了许多禁忌。这些禁忌是人们对神秘力量的惧怕，也是对不可知力量的解释。世俗世界和鬼神世界在当地人看来可以通过特殊的方式进行通约，同时人们用善和恶来划分神灵、祖先和鬼，并以祈求、祭拜和驱赶的方式来分别对待，其目的是将干扰日常生活的力量驱赶出去，满足人们的心理寄托，保证生育的成功。第三是民间中草药对生育的影响。民间中草药是平地瑶在长期的生活实践中积累下来的经验，在生育实践中，中草药有利于妇女的身体健康，体现了平地瑶的智慧。

　　人类社会不断发展，文化不断变迁，生育文化也随着社会的发展和文化的变迁而发生变化。在长期的历史发展过程中，平地瑶生育文化中的一些内容延续至今，例如婚姻的缔结方式，求子仪式，孕期、产后和抚育禁忌，"三朝酒"的流程，辟邪习俗，驱鬼仪式等；一些内容已经丧失，例如接生习俗、埋胎盘的习俗等；也有一些内容出现了新的变化，例如入赘婚的逐渐减少、通婚圈的不断扩大、家庭模式的改变、分娩地点和分娩方式的变化、避孕措施的增多、生育意愿的改变、生育健康意识的增强等。这些变化与外部力量的干预和内部力量的驱使有关。外部力量包括国家生育政策的影响、医学技术的发展、民族间的频繁交往等。"计划生育"作为国家的基本生育政策，在过去的三四十年中对平地瑶的生育文化产生了根本影响，不仅改变了当地人的生育意愿，使人们逐渐从早生到晚生、从多生到少生优生，还通过普及避孕措施减轻了妇女的生育负担，推动了妇女的健康发展；医学技术的发展和普及一方面使许多不孕的夫妻获得了生育力，另一方面保证了分娩的成功、胎儿和产妇的健康；民族间的频繁交往扩大了平地瑶的通婚圈，也使平地瑶吸收了其他民族生育文化中的优秀成分。内部力量包括当地经济的发展、外出务工的增多、教育水平的提高等。经济的发展改变了当地人的生活方式，使人们越来越重视生育和养育的质量；外出务工的增多使当地人更多地接触外部世界，开阔了视野，也在潜移默化中影响了人们的生育意愿和生育观念；教育水平的提高增强了人们的生育健康意识，也提高了人口素质。随着社会的发展和文化的变迁，未来平地瑶的生育文化还将继续发生变化，需要我们持续关注和探究。

参考文献

《富川瑶族自治县概况》编写组，2008，《富川瑶族自治县概况》，民族出版社。

《瑶族简史》编写组，2008，《瑶族简史》，民族出版社。

陈扬乐，2003，《瑶族与汉族生育文化比较研究》，《人口与经济》第 3 期。

费孝通，1998，《乡土中国 生育制度》，北京大学出版社。

古文凤，1998，《云南苗族传统生育文化论》，《贵州民族研究》第 4 期。

李美，2002，《瑶族妇女生育文化研究》，《社科与经济信息》第 4 期。

李秋洪，1992，《广西汉壮瑶族农民生育态度的比较研究》，《民族研究》第 1 期。

李银河，2009，《生育与村落文化》，内蒙古大学出版社。

王钰文，2016，《社会转型中的瑶族生育意愿研究》，《广西民族研究》第 1 期。

夏建中，1997，《文化人类学理论学派》，中国人民大学出版社。

向春玲，2003，《汉族与少数民族生育意愿的文化解读》，《青海民族研究》第 3 期。

杨卫玲，2010，《湘南瑶族村落妇女生育健康中的公共卫生服务》，《云南民族大学学报》（哲学社会科学版）第 6 期。

杨筑慧，2005，《当代侗族择偶习俗的变迁》，《中央民族大学学报》（哲学社会科学版）第 1 期。

杨筑慧，2006，《中国西南民族生育文化研究》，中央民族大学出版社。

杨宗贵，1995，《贵州少数民族传统文化对生育的影响及其对策》，《贵州民族研究》第 1 期。

赵鸿娟、陈梅，2006，《传统生育文化对生育率的影响》，《山西师范大学学报》（社会科学版）第 1 期。

赵玉燕，2002，《苗族生育观与生育行为的变迁》，《贵州民族研究》第 1 期。

洲塔、王云，2010，《从婚俗文化看社会转型过程中藏族生育文化的变迁》，《兰州大学学报》（社会科学版）第 2 期。

（北京大学社会学系　郑观蕾）

第七章　她们为什么不愿意多生

——广西瑶族农村妇女生育意愿及影响因素研究*

章节摘要：研究瑶族女性生育意愿为预测"全面二孩"政策对生育的促进作用提供了现实依据。瑶族人口的生育意愿如下：绝大多数人理想生育子女数为两个，受访者越年轻越倾向于只生一个孩子；由于"入赘"习俗的广泛存在，瑶族人口对生男生女没有明显偏好；平均生育间隔为四到五年，生育间隔越大，生育总数越少。尽管计划生育政策、经济理性和婚姻习俗共同造成了瑶族人口的生育现状，但经济理性已经超越计生政策，成为影响个人和家庭生育决策的首要原因。外出打工从提高生活质量和养育成本、缩短哺乳期、延长生育间隔、提高女性对工作弹性的要求等多方面限制了生育。本研究指出，为了促进生育、延缓老龄化，仅靠"全面二孩"的政策手段是不够的。大力提倡女性的养老，尤其是祭祀功能，对生育二胎进行经济补偿，将更为有效地促进生育。

2015年12月27日全国人大常委会会议表决通过《人口与计划生育法修正案（草案）》，该修正案明确规定"国家提倡一对夫妇生育两个子女"，"全面二孩"政策自2016年元旦起在全国范围

---

* 文章原发表于《中国发展研究基金会研究参考》第207号，此处略有改动。

内施行，① 这标志着严格执行了 40 多年的 "国家提倡一对夫妻生育一个子女" 的 "一孩政策" 正式退出历史舞台。由于生育惯性的存在，全面二孩政策对促进生育的作用还有待观察。

在中国人口总和生育率连续多年低于更替水平（TFR = 2.1），并处于超低生育率的背景下，生育意愿的核心问题已经从探询 "为什么不愿意少生" 转为 "为什么不愿意多生"。已有研究表明，我国人口的生育率受到民族、地域、城乡等诸多因素的影响。研究者一般认为，少数民族人口生育率高于汉族人口生育率，农村人口生育率高于城市人口生育率，中西部欠发达地区人口生育率高于东部较发达地区人口生育率。西部农村少数民族人口与中国其他人口相比具有更高的生育率。多年来，由于国家对少数民族的生育实施照顾政策，少数民族人口普遍实施 "二孩" 或 "二孩半" 政策，研究这部分人口的生育水平及生育意愿对预测 "全面二孩" 政策的影响、把握我国人口未来变动的趋势具有十分重要的意义。

我国是多民族国家，每个少数民族都具有自身独特的历史、文化、经济发展水平和活动地域，因而少数民族内部也具有不同的生育文化和生育意愿。为了避免笼统地谈少数民族，本研究根据资料可及性和方便调查的原则，选取了广西瑶族农村地区作为调查地点，考察瑶族农村育龄妇女的生育意愿，挖掘影响其生育意愿的个人、社会及文化因素。本章采用人口人类学的研究方法（周云，1995），注重文化对人口和计划生育的影响，并采用定性为主、定量为辅的数据收集方法。

一　研究背景

随着计划生育国策的执行以及经济水平的提高，中国的生育

---

① 《计生法修正案草案获通过》，http://news.hexun.com/2015/jsfxf/，最后访问日期：2017 年 8 月 7 日。

率已经下降到更替水平以下，目前我国人口已经进入低生育率时期，人口结构老龄化和家庭核心化的趋势日趋明显，长期来看将导致人口负增长（郭志刚，2014；《人口研究》编辑部，2009）。由于我国人口基数大、幅员辽阔，而生育的地域文化特色明显，不同群体的生育意愿之间存在重大差异。生育意愿存在城乡差别，农村地区又存在东中西差别。在期望孩子数量上，城市人口小于农村人口，东部发达地区人口接近城市人口，西部农村地区人口期望的孩子数量最多（郑真真，2004）。城市和部分发达农村的生育水平已经长期低于人口更替水平，而中西部的农村人口，特别是少数民族人口因为"二孩"或"二孩半"政策而普遍表现出相对较高的生育意愿。

尽管研究者普遍认为西部农村地区相对于我国其他地区具有较高的生育率，但对与其生育率相比其人口更替水平是高是低却存在不同意见。一些研究认为少数民族地区人口具有远高于更替水平的生育意愿。李旭东、张善余（2007）的研究表明，民族地区独特的地理环境促成了传统生育文化的积淀，导致少数民族人口出现增长较快、生育水平偏高、早婚早育等问题。艾尼瓦尔·聂吉木（2006）于2001年对新疆境内五个少数民族生育意愿的抽样调查表明，已婚妇女的平均初育年龄为20.47岁，56.23%的人想要三个及以上的孩子，只有8.89%的人想要一个孩子，且人们普遍偏向要男孩。吕昭河、余泳、陈瑛（2005）指出少数民族村寨妇女普遍多育，平均生育孩子数量为6.3个。

另一些研究表明少数民族地区生育水平和生育意愿接近更替水平。陆卫群、朱江（2008）对贵州省已婚育龄妇女生育意愿现状的调查显示，少数民族农村家庭平均期望的子女数为2.15个，汉族农村家庭为1.97个、城市家庭为1.98个。少数民族农村家庭的生育意愿虽然比汉族农村家庭和城市家庭高，但已经十分接近人口更替水平。马正亮（2014）指出全国少数民族人口占总人口的比重从1953年第一次人口普查时的6.06%上升为2010年"六普"时的 8.49%，近 60 年来仅增加不到 3 个百分点，且"六普"数据显示有 13 个少数民族的人口呈现负增长。他的研究表明，边远地区人口流出水平高、流入意愿低，随着劳动力向非农业的转移，人口总和生育率要保证略高于更替水平才能保证稳定地区生产和发展所需要的人口基数。

　　经济发展水平的提高、社会养老保险制度的完善以及妇女就业率的提高都有助于降低女性的生育意愿（陆卫群、朱江，2008），在讨论少数民族的生育水平及生育意愿时，应综合考虑民族文化、经济发展水平、区位、国家政策等不同因素的影响。本章选取广西瑶族农村女性的生育问题作为研究对象，以了解特定少数民族的生育文化对生育意愿的影响。研究资料主要来源于笔者所在研究团队于 2014 年 7 月对广西富川瑶族自治县 H 村和 S 村的调查，此次调查共深入访谈了 20 个家庭，15 位育龄女性。此外，研究人员还对当地完全小学三至五年级共 72 个孩子的家庭情况进行了统计调查。笔者的团队调研时在当地完小吃住，采用随机偶遇和熟人介绍的方法寻找研究对象，调查全程没有村干部陪同，最大限度地降低了生育话题的敏感性，保证了资料的可信度。以下从瑶族女性的生育意愿及影响因素两个方面展开论述。

二　瑶族女性的生育意愿

　　生育意愿（fertility desire）指个体对理想子女数目、性别、生育时间和生育间隔的偏好与期望，即期望生几个孩子、期望孩子的性别是什么、希望自己什么时候生孩子以及生育不同孩子需间隔多久。生育意愿并不等于实际的生育水平：在高生育率社会，由于人们缺乏必要的避孕措施，实际生育行为高于生育意愿；在低生育率社会，人们由于经济和社会原因而抑制生育意愿，导致生育水平低于生育意愿（陈蓉、顾宝昌，2014：2）。尽管如此，了解生育意愿仍然对预测未来人口的总和生育率、把握人口势能和结构动态具有十分重要的意义。

（一）期望子女数

调查发现，绝大多数受访者希望生两个孩子，希望生一个或三个及以上孩子的受访者很少。一位 29 岁的女性受访者说，村子里与她同辈的人"一般生两三个，至少都是两个，生两个的多，一个的几乎都没有"。她有三个孩子，大女儿 9 岁，二女儿 6 岁，目前在家里照顾刚 6 个月的小女儿，并明确表示自己不愿意再生孩子，"就是生到两三个就不生了"。一位 27 岁的女性受访者表示，"农村里面吗，两个都是要的。我们这里，一般基本上都是两个"。

当被问及为什么想要孩子时，大部分受访者将其当作一个不言自明的问题，结婚生子是一个完整的生命周期不可缺少的部分，孩子不是自己想要的，而是到了时间自然就有了孩子。只有一位女性受访者表示自己没有打算要小孩，但是有了孩子。她是 1992 年生人，21 岁时生了一个女宝宝，本来想选择人工流产的，但是父母劝她说，怕第一个孩子流掉后影响以后生育，因而才选择要孩子。

当被问及"为什么生一个不够，要至少生两个孩子"时，受访者指出了三方面原因。其一，遵从当地的生养习惯。受访者认为，"农村里面么，不论你怎么样，两个小孩是要的。在我们这边，不管男孩女孩，都要两个"。其二，为养老考虑。受访者认为当地处于山区，"老人做工太累了嘛，最起码也要两个孩子，那么偏僻的地方，人口一旦少了，一个村子就这么几个人，那些老人怎么办呢？"生养两个孩子，能尽可能地保证留一个孩子继承家里的土地、财产并给自己养老。其三，受家人影响，主要为遵从受访者婆婆的意愿。有两位"80 后"的女性受访者表示自己本来只想生一个孩子，"家婆叫我再生一个，才生了"。调查发现，在瑶族农村地区，女性比男性在生育问题上更有话语权，育龄妇女在选择生育时除了考虑夫妻二人的意见以外，还主要受到婆婆意见的影响。

为了验证上述观察，笔者收集了当地完全小学三至五年级儿童的基本情况。该完小生源覆盖包括 H、S 村在内的 15 个村，当地绝大多数学龄儿童均在此就学。研究人员请小学生们写下自己的年级、姓名、居住村庄、性别、年龄、共有几个兄弟姐妹，并从大到小写下每个兄弟姐妹的性别和年龄。剔除重复个案后，共获得了 72 份有效问卷，即 72 个家庭的孩子情况。

表 7-1　受访者的兄弟姐妹数

受访者父母的孩子数（个）	频率	百分比（%）
1	10	13.9
2	47	65.3
3	10	13.9
4	3	4.2
5	1	1.4
6	1	1.4
合计	72	100.0

资料来源：根据本研究田野调查资料整理。

表 7-1 列出了受访者的兄弟姐妹数，72 个家庭的孩子数从 1 个到 6 个不等。其中，受访家庭有 2 个孩子的比例最高，占 65.3%；共有 1 个或 3 个孩子的比例次之，均为 13.9%；而受访者家庭有 4 个及以上孩子的情况非常少见，共 5 例，占 7%。由于受访者为小学生，受访时没有兄弟姐妹的人在将来有可能再有 1 个甚至更多的兄弟姐妹，这样随着时间推移，受访者父辈有 2 个孩子的比例将有所提高。当地完小的受访者父母共有 4 个及以上孩子的情况共有 5 例：第一例 4 个孩子全是女孩，年龄分别为 20 岁、18 岁、15 岁和 10 岁；第二例 4 个孩子，老大女孩，其余 3 个全是男孩，年龄分别为 9 岁、7 岁、3 岁、1 岁；第三例 4 个孩子，前 3 个都是女孩，老小是男孩，年龄分别为 11 岁、8 岁、5 岁、4 岁；第四例共有 5 个儿女，为大儿子 11 岁，大女儿 9 岁，二儿子 6 岁，

三儿子 5 岁，小儿子 1 岁；第五例共有 6 个儿女，前 4 个是女孩，后 2 个是男孩，年龄分别为 23 岁、20 岁、19 岁、17 岁、14 岁、11 岁。可见，绝大多数瑶族育龄妇女生育 1~3 个孩子，且生 2 个的情况最为常见。

2001 年育龄妇女生育意愿概况（$N = 39586$）显示，西部农村理想孩子数为 1 个的占 24.1%，2 个的占 62.7%，3 个及以上的占 12.9%（郑真真，2004），笔者所得的数据与这一总体情况较为接近。

（二）期望子女性别

生育的性别偏好即期望子女的性别，主要可以分为偏好男孩、偏好女孩、儿女双全和无性别偏好四类（韩小雁，2013）。性别偏好不仅会导致人口出生性别比失调（刘爽，2005），还是多胎率的重要原因（郑真真，2004）。陈蓉、顾宝昌（2014）对上海市自 1980 年代以来历次人口调查数据的综合研究表明，大部分人对子女性别没有偏好，部分有性别偏好的受访者中不仅存在男孩偏好，也存在女孩偏好，对男孩的性别偏好主要受养老预期影响。韩小雁（2013）的调查表明，青海藏族牧区偏好生育女孩的原因主要是女孩细心体贴（42%）、更加孝顺（40%），偏好男孩的原因主要是养儿防老（35%）、传宗接代（33%）、增加劳力（10%）。

本研究显示，瑶族农村女性对孩子的性别没有明显偏好。一些受访者表示没有考虑过想要男孩还是女孩，"只要听话、好带就可以了"，"男宝宝女宝宝还不是自己的，都无所谓的啦，男孩女孩我觉得都是一样的"。但是 "80 后""90 后"的部分受访者在表达自己对孩子的性别没有偏好时，会提到自己的父母更偏爱男孩一点，但老人也看得开，因为 "女孩子也可以继承香火"。

与汉族人口传统上 "重男轻女"的男孩偏好相比，受访者没有明确表示偏好男孩，且有两位受访的 "80 后"女性明确表示更喜欢女孩。其中，一位受访者目前只有一个不足一岁的女儿，她表示自己比较喜欢女孩子，因为"女孩子乖一点，比较听话，跟妈妈比较亲"。另一位受访者已经有两个儿子了，她表示再生一个孩子也行，但再生的话想要一个女儿，以满足自己"有儿有女"的愿望，不过，因为当地严格禁止性别鉴定，自己生的话是男是女不知道，因而她说"领养的话也行，领养一个肯定是女孩嘛"。就访谈材料来看，当地瑶族对领养的孩子没有表现出偏见，笔者的访谈对象中也有一位是被领养的女性，养父母对她视如己出，她跟养父母的亲生儿女都相处融洽，跟亲生父母几乎没有任何来往。受访者偏好女孩的原因与韩小雁（2013）的研究相一致，主要是从感情角度考虑的。

从当地完小获得的数据来看，受访学生中男女性别基本持平，没有出现明显的性别差异。在 72 个样本家庭中，10 个家庭共育有 1 个孩子，孩子的性别为 4 男 6 女。表 7-2 列出了 47 个二孩家庭的孩次和性别情况：头胎二胎都是男孩的情况有 11 例，都是女孩的情况有 9 例，略小于前者；头胎男二胎女的情况有 13 例，头胎女二胎男的情况有 14 例，略高于前者。可见，当受访者父母共育有 2 个孩子时，头胎生男孩与头胎生女孩的情况为 24∶23。头胎生男孩时，二胎有较高的概率生女孩，而头胎生女孩时，二胎有较高的概率生男孩（60.87%），且这一比例高于头胎男孩二胎女孩的概率（54.17%）。

表 7-2　二孩家庭的孩次和性别

	频次	百分比（%）
头胎男、二胎男	11	45.83
头胎男、二胎女	13	54.17
头胎女、二胎男	14	60.87
头胎女、二胎女	9	39.13
总计	47	100

资料来源：根据本研究田野调查资料整理。

可见，绝大多数瑶族农村家庭对孩子性别没有明显偏好，且进一步验证了访谈中得知的受访者对"有儿有女"的期望。

（三）生育间隔

受访者父母平均生育间隔为 4.72 年。如表 7-3 所示，72 名小学生及其兄弟姐妹共构成了 85 个生育间隔，时长从 1 年到 13 年不等，众数为 2 年，生育间隔为 1~4 年的比例占 56%。

表 7-3　受访家庭的生育间隔

生育间隔（年）	频次	百分比（%）	生育间隔（年）	频次	百分比（%）
1	8	9.41	6	8	9.41
2	16	18.82	7	6	7.06
3	10	11.76	8	10	11.7
4	14	16.47	9	2	2.35
5	6	7.06	10 年及以上	5	5.88

资料来源：根据本研究田野调查资料整理。

当受访家庭共有 2 个孩子时，生育间隔平均为 5.78 年；共有 3 个孩子时，头胎、二胎、三胎间的生育间隔平均为 4.5 年、3.8 年，生育跨度 8.3 年，大于 5.78 年；共育有 4 个孩子时，二胎、三胎、四胎的生育间隔依次平均为 2.4 年、2.8 年、2.2 年，生育跨度为 7.4 年，略小于受访者父母有 3 个孩子时的生育时间跨度。可见，随着胎次的增多，胎间生育间隔逐渐缩小，生育总时间的跨度也相对增加，高龄产妇的比例逐渐增加。

三　瑶族女性生育意愿的影响因素

生育不仅是女性生命周期的重要一环，也是家庭延续不可或缺的部分，在社区公共事件中，生育仪式在其中占据重要位置。许多瑶族女性结婚虽然领证但并没有办仪式，只有在生育孩子后才为孩子办满月酒，且这场满月酒名义上同时是结婚仪式。调查发现，影响瑶族女性生育意愿的因素主要有计划生育政策、家庭经济状况（如外出打工等）、当地入赘习俗三方面。

（一）计划生育政策的影响

计划生育是将个体及家庭的生育纳入国家人口规划并使前者服从后者的强制政策。1980 年"夫妻双方都有实行计划生育的义务"进入我国的婚姻法，1982 年宪法修订案规定"国家推行计划生育，使人口增长同经济和社会发展计划相适应"。从当地计生部门了解到，计划生育政策在 1980 年前后在受访村推行，该村绝大多数为少数民族，推行"二孩"政策。1980 年至 21 世纪初期都属于严格执行期，对违规生育的村民采取过罚款、扣粮等强制措施；此后由于人们的生育意愿逐渐下降至政策允许的生育水平，且国家施行对少数民族地区的生育照顾政策，受访瑶族女性普遍反映政策执行得较为宽松。

调查中笔者巧遇了 H 村第一例因超生而被罚款的情况。李姓大娘 1980 年生第三个孩子时正赶上计划生育，成了该村计生罚款的首例。李大娘 1948 年生，共有兄弟姐妹 7 人，2 男 5 女；丈夫 1949 年生，兄弟姐妹 4 人，2 男 2 女。他们共育有 3 个孩子。她的大儿子 1974 年出生，在村里的修理厂工作，同时经营一个小卖铺，共育有 2 个孩子，15 岁的男孩和 12 岁的女孩。她的二儿子 1976 年出生，目前在广东打工，入赘到别村，有 1 个男孩，由妻子的父母照顾。她的小女儿 1980 年出生，目前也在广东打工，共有 2 个孩子，老大男孩 9 岁，老小女孩 8 岁。李大娘和老伴在农村老家照料着大儿子家和小女儿家的 4 个孙辈（他们是典型的留守儿童），耕种土地维生，她老伴也在农闲时打零工以补贴家用。李姓大娘夫妻俩的兄弟姐妹数分别为 7 人和 4 人，他们一共有 3 个孩子，他们的子代分别有 2 个、1 个、2 个孩子。可见，20 世纪以来，受访者家族不同辈生育的子女数明显减少。

以往研究认为，响应计划生育国策号召而非经济因素是少数民族人口少生孩子的主要原因。马正亮（2014）通过对蒙古族和哈萨克族牧民的研究指出，计划生育降低少数民族人口多胎率和生育率的原因在于这些地区的群众十分信任共产党的政策，积极响应政府的号召，同时对"多子女家庭负担重、困难多、生活受拖累、致富希望小"的情况引以为戒。艾尼瓦尔·聂吉木（2006）的研究表明，"响应国家号召"是 2/3 少数民族受访者生育水平低于生育意愿的主要原因，而选择"少生快富""孩子多、养不起""抚养孩子投入多、回报少、划不来"为主要原因的受访者加起来不足 1/3。

本研究并不支持上述观点。郭志刚（2014）的研究指出，对于降低生育率的原因应该区分主次，区分强制少生还是自愿少生。本研究在询问当地人为什么不愿意生三个及以上孩子时，没有受访者提及计划生育政策的限制。受访者反而指出计划生育政策执行得不严，例如在生育二胎后并没有强制上环，但是人们不愿意多生。本研究发现，当地人口已经从政策性少生转向了自愿性少生，计划生育政策改变了瑶族女性多育的传统，但其影响是潜在的、不明显的，并不能作为解释当地女性理想子女数的主要原因。

（二）外出打工与家庭生计的影响

调研的 H 村和 S 村紧邻，两者距离县政府约 30 公里，地形以山地和丘陵为主，农业主要是"糊口"经济。当地除了种植玉米、水稻、花生等粮食作物外，很多人家里还种植了烟草、西瓜等经济作物。H 村以养猪为主要农业收入来源，S 村则以烟叶为主。受访者说，种烟草是体力活，一般有农用车、有年轻人收烟叶的人家才会种，一年收入几千元已经算是好年成了。近年来，年轻人大量外出打工，村里绝大多数土地由老人种植，种烟叶的人家逐渐减少。"老人"种地主要不是为了挣钱而是为了"粮食不用掏钱买"。

外出打工是当地主要收入来源。受访村外出打工者采取"候鸟式"的人口迁移模式，绝大多数外出者打短工，而不是长期在外。中青年男子普遍外出打工，当地人口老少化和女性化的现象非常明显。访谈期间 H 村只有两位中青年男子在家，其中一人在家陪产，另一位在家做小生意。访谈发现，村中房屋类型主要为传统瑶族的木结构房和砖混结构的二层楼房，只有外出打工的人家才盖得起新房。两层楼房的造价大约在 15 万元，为了省人工费，人们一般不雇建筑队，而是亲戚之间互相帮忙，楼房也不是一次盖完，而是打工攒下钱来就加盖一点。

外出打工对当地女性生育意愿的影响主要表现在以下几个方面。其一，打工提高了人们对生活水平的预期，进而提升了养育孩子的成本，使得一些年轻父母出于养育孩子经济压力的考虑而减少生育数量。一位 33 岁的受访者已有两个儿子，大儿子 8 岁，目前在家带不满 1 岁的小儿子，在被问到"想不想再生一个"的时候，她并未提及计划生育政策，而是说"经济允许的话再要一个也行"。

其二，外出打工使女性缩短了哺乳期。受访者中有一位在怀孕三个月时回家待产，另一位在怀孕五个月时回家待产。外出打工使得孩子提前断奶，当地女性一般母乳喂养到一岁，更长的可到一岁半。但如果想要外出打工的话，一般在孩子八个月的时候就断奶。村里的年轻人普遍表示喜欢外出打工的生活，觉得家里的生活非常无聊，一位在家带孩子的年轻妈妈说，"如果有人帮我带孩子，我现在都不知道跑到哪里去（打工）了"。

其三，外出打工延长了女性的生育间隔。为了家庭生计考虑，年轻女性在生完一个孩子后，即使还想再要孩子，也会适当延长生育间隔。受访者说，"一般都是（间隔）三四岁这样比较好吧？中间可以再去打工"。一位 1981 年生的女性受访者指出，"政策规定是生完一个孩子后，至少得隔四年才准生二胎"，她目前共有两个孩子，生育间隔 8 年。生育间隔大主要不是受政策规定影响，而是她生完大儿子后一直在外打工，之后在婆婆的要求下才回家生育二胎。

其四，出于照料家庭的考虑，当地女性多以打零工为主，对工作时间灵活自由有较高的要求。除了报酬以外，他们对工作最大的期望就是"自由"，主要体现在请假方便，在老人和孩子生病需要照顾时能方便回家。一位受访女性从19岁起外出打工，主要在广州一家工厂里面做质检，"工作不累"，"打工不好的地方呢就是假少，不能想回家就回家，有什么事情还得请假，请个几天假，还没有跟孩子熟悉呢，就又得回去了，时间还不够来回跑的"。她目前在家里打算把第二个孩子养到断奶以后再出去工作，但不回原来的工厂，而是去不远的镇上跟丈夫一起做建筑工，这样刮风下雨不能做工的时候，或者老人孩子生病的时候，回家方便。

陈蓉、顾宝昌（2014）指出流动人口的生育意愿会因为人口流动而有所下降，外出打工影响人们的生育意愿。女性的打工周期相比于男性来说更加不稳定，不仅受农业季节的影响，还受到生育周期、照顾家庭的责任等影响。可见，外出打工从生育时间、生育间隔、养育成本等方面降低了人们的期望孩子数目，有效减少了生育行为。

（三）入赘习俗的影响

与汉族不同的是，"入赘"是瑶族婚姻制度中重要的一种。有研究指出，瑶族婚后"从妻居"者占已婚或曾结过婚的27.7%（钟年，2001）。对处于山区的瑶族来说，由于瑶族女子享有较高的社会地位且不外嫁，那里的婚姻形式以"招郎"为主（胡隆福，2003）。从妻居的婚姻模式提高了女孩的养老和祭祀价值，淡化了生育意愿的性别偏好（胡隆福，2003；陈杨乐，2003）。

本研究的受访村是传统瑶族聚居区，入赘已经是当地人普遍接受的结婚形式。调研中发现，不仅只有女儿的人家选择"招郎"从而让女儿养老，已有儿子的人家也有让女儿"招郎"的情形。

例如，受访者王姐 18 岁与本村人结婚，20 岁生子，共育有 2 个女儿，大女儿 26 岁，小女儿 24 岁。受访者想留一个女儿在身边，就让大女儿"招郎"，大女婿是临镇人，在广东开货车，他家除了他，还有两个小妹。不过也有受访的媳妇强调，"一般只有没有儿子的才'招郎'，有儿子的不留女儿在家，女儿是出嫁的，留在家里怕媳妇进来的时候不高兴"，潜台词是女儿"招郎"后有可能与儿子争家产。

由于入赘习俗的存在，瑶族受访者比汉族受访者在观念上有更强的女孩养老期待，即认为女孩和男孩一样可以养老。虽然受访村在入赘的观念上有一定差别，但在实际生活中，不论家中有没有儿子，让女儿"招郎"都是可以接受的行为。有研究者区分了"招郎"的三种模式，即"男从女姓"、上门女婿、"两不避宗"或"两边走"（胡隆福，2003；陈杨乐，2003）。按照这个分类，本研究受访村采取的是上门女婿的策略，即男从女居，继承女方财产，所生孩子随母姓或者轮流随母、随父姓，孩子对母亲和父亲的爸妈都称爷爷奶奶。与汉族上门女婿不同的是，受访村上门女婿的社会地位并不低。女儿也可以继承香火，在祭祀和养老上拥有与男子同等的社会责任和地位。入赘的习俗化、制度化减少了当地人口的性别偏好，进而减少了出于性别选择的多胎现象。

四　讨论

从理想子女数来看，瑶族绝大多数人口的理想子女数为两个，想生三个孩子的比例略高于只想生一个孩子的比例，实际生育四个及以上孩子的情况极少，受访者越年轻越倾向于生一个孩子，但她们也常受到家人（尤其是婆婆）的影响而生二胎，访谈中没有遇到不想要孩子的受访者。收养也是当地可以接受的养育方式，收养的孩子享受与亲生孩子同样的待遇。从理想子女性别来看，瑶族人口对生男生女没有明显偏好，但部分受访者表示老人更偏好男孩，不过由于女孩在当地习俗中也可以继承香火，即具有传统中男子养老和祭祀的社会功能，因而老人对生女孩也看得开；部分受访的女性因为女孩更乖巧、好养育而更加喜欢女孩。从生育间隔来看，瑶族人口的平均生育间隔约为 4.72 年，生育间隔的个体差异较大，一对夫妇生育孩子数目越少，生育间隔越大，生育时间跨度越短。

可见，尽管西部农村少数民族人口与汉族、城市、经济较发达地区人口相比具有更高的生育率，国家对其实施"二孩"或"二孩半"政策，但从现实情况来看，并没有发生西部农村少数民族人口普遍多生多育的现象。她们的理想子女数仍为两个，且有部分年轻女性倾向于只生一个孩子，希望生育三个及以上孩子的育龄妇女极少。

瑶族农村女性的生育意愿和现状是由计划生育政策、家庭经济状况、入赘及女儿也可养老的习俗等因素共同造成的，但三者所发挥的作用并不相同。计划生育政策对瑶族传统上的多育行为踩了急刹车，但对目前瑶族育龄妇女的生育安排丧失了限制作用，她们在生育选择时并未过多考虑计划生育政策的约束。瑶族育龄女性已经从制度性少生转变为自愿性少生，经济理性而非政策限制是造成瑶族育龄女性少生的首要原因。当被问及为什么不愿意多生的时候，受访者主要从经济理性角度考虑，如"生多了也累""养不起"等，认为养育孩子的经济支出、时间成本和照料成本高。此外，入赘习俗的普遍存在肯定和鼓励了女性的养老责任，女儿不仅可以养老，也可以通过"子随母姓"而继承香火，有效减少了因为性别选择而造成的多育行为。

本研究显示，外出务工从多方面抑制了生育。外出务工是当地最重要的经济来源，瑶族农村年轻人如果没有考上大学，大部分在不足 20 岁时就外出打工。女性一般怀孕三至五个月即回家休养待产，孩子出生后一般照料到八个月或一岁，此后交给祖辈照料再出去打工，生育一个孩子将导致一年半至两年的时间不能务工。生育通过减少打工时间而降低了家庭经济回报，这是"越生越穷"在当地农村的现实版本。外出打工对女性生育的影响是多方面的：其一，打工提高了当地的生活水平，生活水平越高，孩子的抚养成本也越高；其二，外出打工使女性缩短了哺乳期，从传统的一年或一年半缩短为八个月或者更短；其三，打工延长了女性的生育间隔；其四，打工也影响了当地女性对工作的选择，出于照料家庭的考虑，当地女性多以打零工为主，对工作时间灵活自由有更高的要求。

生育虽是个体行为，却关系到整个国家的发展，健康优质、结构合理的人口基础是国家社会经济发展的强大助力。人口发展应与经济、社会、资源、环境相协调，在我国人口老龄化日趋严重、多年来处于超低生育率的情况下，"全面二孩"政策的推出是十分必要的。该政策对于促进生育的作用有待进一步观察，少数民族多年来实施的"二孩"或"二孩半"政策为预测"全面二孩"政策的影响提供了有力依据。笔者认为，瑶族农村女性生育意愿和生育行为对我国人口政策的制定有以下启示。

其一，提倡男女平等对于合理生育具有积极意义。就生育而言，男女平等不仅指女孩应具有同男孩一样的养老功能，还指女孩应在文化上具备与男孩同等的祭祀功能。从现实情况来看，开始强调对女性的养老责任，但对女性的祭祀功能强调不足。国家政策及文化氛围应该鼓励"子从母姓"，例如，当一对夫妇生育两个孩子时，提倡一个随父姓、一个随母姓。减少生育的性别选择、降低畸高的出生性别比，将有效减少对女婴的伤害行为，使未来适婚人群趋向性别平衡。

其二，即使在西部农村少数民族这类人们普遍认为生育水平较高的地区，人们实际上理想的子女数也是两个，而极少出现多生多育现象。

其三，经济理性而非政策是影响个人和家庭生育决策的第一原因。由于生育惯性的存在、生活水平以及育儿成本的提高，年轻人越来越倾向只要一个孩子。"全面二胎"政策对生育的促进作用短时间内恐将难以体现。为了促进生育，仅从政策角度入手是不够的，经济激励也是有效的手段。

此外，全面二孩政策将对女性的职业生涯造成更为不利的影响，这一点对于女性农民工同样适用。生育二孩是个体为减缓人口老龄化、促进一国人口结构之均衡所做的重要贡献，为鼓励生育，国家亦可予以经济补偿。

参考文献

《人口研究》编辑部，2009，《再论人口生育水平》，《人口研究》第 4 期。

艾尼瓦尔·聂吉木，2006，《边疆少数民族人口生育及生育意愿研究》，《边疆经济与文化》第 1 期。

陈蓉、顾宝昌，2014，《生育意愿与生育行为的演变历程及二者关系研究》，载顾宝昌、马小红、茅倬彦主编《二孩，你会生吗》，社会科学文献出版社。

陈扬乐，2003，《瑶族与汉族生育文化比较研究——以湖南省江华瑶族自治县为例》，《人口与经济》第 3 期。

郭志刚，2014，《关于低生育率研究思路、视角和方法的讨论》，载顾宝昌、马小红、茅倬彦主编《二孩，你会生吗》，社会科学文献出版社。

韩小雁，2013，《农牧区少数民族生育意愿研究》，《攀登》第 6 期。

胡隆福，2003，《瑶、汉族婚嫁模式与新型生育文化建设——湖南省江华瑶族自治县的实证分析》，《南京人口管理干部学院学报》第 7 期。

李旭东、张善余，2007，《贵州高原少数民族传统生育文化生成的地理背景——从地理环境与文化生成的角度阐述》，《西北人口》第 3 期。

刘爽，2005，《中国育龄夫妇的生育"性别偏好"》，《人口研究》第 3 期。

陆卫群、朱江，2008，《贵州省已婚育龄妇女生育意愿现状的调查研究》，《中国妇幼保健》第 23 期。

吕昭河、余泳、陈瑛，2005，《我国少数民族村寨生育行为与理性选择的分析》，《民族研究》第 1 期。

马正亮，2014，《少数民族生育意愿转变的因素探析》，载顾宝昌、马小红、茅倬彦主编《二孩，你会生吗?》，社会科学文献出版社。

郑真真，2004，《中国育龄妇女的生育意愿研究》，《中国人口科学》第 5 期。

钟年，2001，《居住模式与生育文化》，《市场与人口分析》第 2 期。

周云，1995，《人类学对人口研究的启示》，《人口研究》第 3 期。

（中国发展研究基金会　秦婷婷）

第八章　少数民族计划生育变迁史研究

——以广西 L 县一个瑶族村落为例

章节摘要：本章以广西壮族自治区 L 县一个瑶族村落的田野调查为基础，考察计划生育政策在当地的实施经过，及伴随其中的社会变迁，以展现少数民族计划生育的变迁历史。研究发现，计划生育在基层社区伴随着两个方面的进程：一是外在公共政策的进入，二是内在社区的社会变迁。同时，少数民族村落承受着来自市场经济的压力，这种压力是包裹在国家政策之内的多重力量的集合；市场经济与村落传统文化、人文生态一起构成了现代社会进程中少数民族村落的发展动力。少数民族村落的发展需要从微观社会文化和村落个体生活出发，以一种根植于民族文化之中的自觉性，推出更适合自己的公共政策，保障少数民族地区的稳定与和谐。

一　引言

（一）研究背景与意义

中华人民共和国成立以来长期受到物质资源短缺、人口过多、人口与经济发展矛盾突出等问题的困扰。1970 年代末开始，中国政府根据国内外形势做出判断，认定"人口众多、人均占有量少的国情，人口对经济社会发展压力沉重的局面，人口与资源环境关系紧张的状况"，是建设小康社会所面临的突出矛盾和问题。计划生育政策从十一届三中全会后逐步展开，到1980年成为基本国策，1982年写入宪法，到2001年最终通过《中华人民共和国人口与计划生育法》，这一政策伴随着至少三代人的出生与成长。

计划生育实施之初的背景是人多地少资源少，要发展，而现阶段计划生育政策变革的出发点则是人口结构失衡与急剧老龄化。这两个阶段性特征是中国大多数地区所经历过或正在经历的情形，少数民族地区是否也经历了同样的情形？而且，少数民族文化本身如何对"发展"与"失衡"进行定义？现代治理在少数民族地区的文化和社会中扮演了怎样的角色？无论是从个人层面还是从基层政府层面，计划生育已经不止于一项基本国策，而是每个个体心中的"价值图腾"，是每个个体日常活动均需考量的潜在因素。

本章以广西L县一个瑶族村落——隆岭坝——的田野调查为基础，考察计划生育政策在当地的实施经过，及伴随其中的社会变迁。基于以上所关注内容及田野调查，本研究主要基于以下两个问题展开：

（1）少数民族的计划生育经历了一个怎样的过程？

（2）少数民族的民族特质到底根植于哪里？

在少数民族地区，计划生育政策和其他民族政策往往交织在一起，共同影响地方治理。政府为了少数民族发展繁荣与保护文化传承而进行民族识别，民族识别是我国在少数民族方面的工作重点，形成了当下的中国少数民族基本格局和政策方向；为了国民经济社会的长久发展而制定和实施的计划生育政策在很多少数民族地区加以推行，这两股力量交织在少数民族地区的地方治理之中。同多数中国农村社区一样，隆岭坝的治理遵循着"中央—自治区政府—自治县政府—乡政府—行政村—村"的现代治理轨迹，这一轨迹本质上是资源上下级间在契约关系下的双向输送。基层政府治理除了需要契约精神，还需要人情关系去维护。隆岭坝作为少数民族自然村，其基层治理中除了应考虑人情关系之外，还应考量隐含的少数民族特质，这种民族特质和隐含其中的文化要素在少数民族地区盛行，并在现代治理的博弈中寻找平衡。民族识别和计划生育政策的出发点均是为了保护少数民族的权利，以留存和体现民族特质。但在实际情况中，当周围全是少数民族时，单个村落的少数民族特质往往难以体现。

无论是站在国家政府的立场，还是站在被研究个体的立场，对于少数民族社区进行计划生育和人口政策的微观研究，都将有助于国家人口及其他类别社会政策的制定和执行，也有利于少数民族内部的和谐与稳定。随着经济发展逐渐成为民族地区政府关注的焦点，如何处理经济发展和市场经济体系带来的现代性与少数民族地区传统文化之间的关系变得十分重要。富于特色的民族文化成为地方政府在吸引游客和投资方面得天独厚的条件，在把民族文化放置在很高地位之后，做到保护与利用的结合才是重中之重。作为一种国家现代化的手段，计划生育在少数民族社区内的渗入过程，也能一定程度上反映现代化在农村社区的历程。

本章将通过微观描述，展现一个当代少数民族社区中计划生育政策的变迁图景，以及与之同步的社会变迁，以反思少数民族人口政策的制定过程，推动相关政策在少数民族地区更好地实施。隆岭坝乃至 L 县最近几年都在谋求经济上的发展，本章综合考量政府语境中的"发展"与普通村民的"发展"观念，以便对"发展"进行更全面的思考。本章期待通过一个计划生育政策实施的微观视角，简要回答人口控制在推动中国现代化发展中所起的作用。本章还将对瑶族研究的视角和方法进行某些方面的尝试，以丰富瑶族研究的领域。

（二）文献简述

根据本研究的问题，文献综述主要集中在少数民族的计划生

育、瑶族研究以及民族特质与基层治理相关的研究方面。笔者在
田野调研过程中发现，计划生育在基层的推行本质上是民族文化
与现代治理、现代政策之间的互动，民族文化以民族特质为核心，
计划生育的推行也少不了现代治理手段的展开。

有关少数民族计划生育的研究大多数集中于少数民族计划生
育政策性回顾与现状分析，或从政策解读和立法状况的角度对少
数民族计划生育进行政策性阐释（如杨书章，1993；徐晓光，
1995；王有星，1998；张立、张晖，2000；毛雪颖，2006）。学者
多认为在中国少数民族地区推行计划生育政策应注意到地区内少
数民族的特殊性（如杨一星，1984）。艾尼瓦尔·聂吉木（2006）
对新疆地区少数民族计划生育政策的考察发现，计划生育工作的
问题主要出现在少数民族聚居的广大农村和牧区，要把计生工作
重点放在广大农村和牧区，采取更为严格的奖惩制度、发挥宗教的
作用和提高避孕措施成功率三项措施。

涉及瑶族的研究多有如下特点。以某一瑶族民族文化要素或
某一日常生活切面研究为主，如瑶族音乐研究、瑶族服饰研究、
瑶族医学研究、瑶族地区生态现状和保护研究，但不涉及人口与
文化相关内容。人类学学界对瑶族地区关注已久。早在1930年代，
费孝通先生（1988）就在大瑶山地区做了人类学田野调查，采用
"社区法"① 调研了金秀大瑶山花篮瑶的基础人口数据、家庭形态
和社会状况，指出了金秀大瑶山花篮瑶采用人工方式限制人口数
量的传统，从而达到族群人口数量与自然生态的平衡。钟年
（2000）基于记载瑶族迁徙生活的重要文献《评皇券牒》对社会变
迁中的瑶族族群意识做了分析，认为共同社会记忆和瑶族族群认
同感是瑶族族群意识形成和维系的重要因素。米莉（2014）曾在
湖南隆回县做了长时段的人类学田野调查，以"国家、传统与性

---

① "社区法"是20世纪二三十年代开始流行在中国社会科学界的研究方法，有时
也可以称为"微观社会法"，是经典人类学田野调查与中国社会调查现状的结
合，是突出对"微观"、空间上较小的社区进行研究的方法。

别"为主题对隆回县境内的花瑶做了国家权力和地方传统在村落区域内相互关系的考察，其中有对花瑶性别、婚姻与权力的论述，揭示了瑶族妇女作为"他者的她者"，在瑶族社会变迁和现代进程中的角色地位，展示了传统家庭视域下的国家与传统对花瑶个体的影响。这是少有的完整展示花瑶社区文化的人类学研究。

再转至民族特质与基层治理研究。本章对于瑶族村落的研究，关注少数民族计划生育政策，而落脚点在于瑶族村落在现代化过程中的地位与角色，因而也关注瑶族村落的特殊性研究。在人类学研究领域，一个与民族特质相关联的词是"国民性"，民族特质相当于"国民性"的地方化和民族化的一个缩影。本尼迪克特（2009）曾经在《文化模式》中提出经典的心理人类学观点：文化是大写的人格。本尼迪克特（1990）在其另一本著作《菊与刀》中通过对日本青少年教育与日本文化之间关系的研究，指出不同的民族文化造就了不同的个体人格和不同的国民性。可以看出，一个民族的族群特征在很大程度上来源于民族文化，而民族特质也是根植于民族文化之中的。人类学的心理学派往往过分强调文化而忽视物质条件，但其长处于对民族特质做整体文化上的分析，包括物质方面的因素。现代少数民族文化，包括瑶族文化，不光是传统意义上的民族文化，还包含在现代化治理中逐步重新组织起来的文化要素，放置在中国情境下，就是民族文化与国家现代治理、公共政策的互动结果。对于一个瑶族村落而言，计划生育不单单是对于生育的控制，更多是以公共政策的角色发挥作用。

国家公共政策往往具有某种形式的层级性，同时任何一项重大的公共政策都具有多属性特征，它同时承载经济、政治、社会、文化和生态等多项任务（贺东航、孙繁斌，2011）。由此看出，在少数民族地区实施的计划生育政策之中必然存带一部分民族特质，或者说是民族文化成分。王金营、赵贝宁（2012）曾基于公共政策视角对计划生育政策的调整做了相关论述，也强调了个体作用。对于瑶族个体而言，个体作用更多的是民族文化作用。无论从心理人类学，还是从公共政策研究的视角，对于少数民族计划生育的研究，都应从民族文化中汲取政策的合理性。从计划生育政策执行过程中寻找民族特质，讨论一个政策如何从"执行"演变到"内化"，也是本研究所采取的视角。

如果从计划生育政策出发，把计划生育作为现代政策的代表和基层治理的核心，就会出现另一个与民族特质捆绑在一起的因素：现代性，或者说农村的现代化。如果乐观地预测，作为瑶族文化组成之一的隆岭坝可能会成为符合社会主义新农村要求的现代社区。在现代化剧变中，以"新农村"的标准去要求村落整体和村民个体，民族特质不但面对现实上的激烈对抗，还会面对其合法性和现代中国农村经济社会现代化的种种难题。① 费孝通（1980）指出中国民族识别工作是与中国民族工作的实际需要相结合的，即中国民族识别工作和之后的区域民族自治是结合在一起的。民族识别中以民族特质作为民族是否为少数民族的重要依据，这里的民族特质包括民族语言、服饰、生活习惯和信仰等各方面，而一旦某一民族成为少数民族，则具有天然性质的民族特质。②

我国在少数民族聚居区推行少数民族的自治，这一治理模式收到了显著成效，但同时政府治理和现代化在改变这一自治模式，民族自治与自决不断受到市场经济的挑战。国内学者注意到现代中国以项目制为核心确立了新的国家治理体制，这一新的体制形成了中央与地方政府之间的分级治理机制，这一机制在实际运作过程中对基层社会带来了诸多意外后果，如项目制引起的基层单位债务问题、部门利益化以及体制的系统风险（渠敬东，2012）。随着中国市场化和现代化的发展，中国基层村落治理结构在模式

---

① 对于中国农村的研究，国内有着成熟的理论体系，在这里的论述更多地借助于这一成熟理论体系强调少数民族地区农村的现代化。至于少数民族农村地区现代化与主流现代化的区别，或者中国农村的未来和前景，或者中国农村的问题对策，均不是文章所讨论的内容。

② 前两个民族特质是指少数民族个体在体质和文化上的一种自然属性，而后面的民族特质则是政府在治理过程中对于某一类群体按照某一标准的"定义"。

上应该加以创新性转换，建立"县政、乡派、村治"的治理结构，即使县一级单位具有更多的治理自主性；乡级单位只是县政府的派出机构，办理专事政务并指导村民自治；村民委员会主要从事村民自治工作，经过这种途径使其治理合理化。中国城镇化进程从过分依赖土地财政收入的城镇化模式转向"以人为本"的城镇化模式具有历史必然性（徐勇，2002；周飞舟、王绍琛，2015）。

在少数民族地区村落治理的研究中，国内学者有着种种尝试。例如，文永辉（2010）通过一个水族村寨的田野工作，以乡村干部的"治理"为主线，深入探讨了少数民族传统习惯法和现代国家法律在乡村社会秩序维护中的共同作用，认为现代国家法律并非总是受排斥，民族传统习惯法并非总是受欢迎。徐建（2015）指出中国少数民族地区社会经济发展比较缓慢，现代乡村治理建设与标准还存在较大的差距，少数民族地区在自治过程中还存在诸如基层政府权力和管理受限、现代民主思想缺失、少数民族群众与政府缺少沟通等问题，并提出对基层政府角色进行重新定位、落实基层民主自治制度和加强地区法治建设等解决方案。

上述各种研究对笔者的启发首先是，计划生育研究属于社会政策研究的一种，社会政策研究的重点在于政策，这一点与现在多数社会科学研究直面问题形成反差，这种反差也在现有的很多计划生育研究中有所体现。对于社会政策的关注不能为社会问题的解决和社会变迁途径的选择提供很大的帮助，同时社会政策的形成需要长时段论证，执行周期很长，且存在某种滞后性，因此政策研究更应当针对问题和与问题存在关联的社会政策。相对于计划生育研究的庞大体量，少数民族计划生育研究极其稀少，一些学者看到了现在少数民族地区计划生育存在的问题，并尝试给出可行的解决方案。每个少数民族都有着其特殊的民族文化，对于瑶族的计划生育研究也应该深入其中，寻求问题，给出答案，这样才能进入民族文化的内核，达到对整体性社会文化的理解。社会政策研究应当在解决社会问题方面拥有某种先导性，与社会政策同步。既有瑶族研究多集中于对于瑶族民族文化及其附属物的研究，很少有研究会涉及社会变迁过程中瑶族文化的变化；同时很多瑶族研究放置在任何少数民族都能成为一种"研究"，而对于民族本身，或者说瑶族本身并没有任何实质意义。

其次，民族特质研究是一个复杂的体系，虽然有研究做到了深入瑶族民族文化，但在量上还不足。民族特质研究或者说民族文化研究应该在少数民族研究中占据一定的位置，这一研究的出发点和落脚点应当是民族文化包裹着的每个少数民族个体，而非宏观意义上或者中观话语中的开发与保护，社会政策实施过程中首先要保护的也是个体权益。因此，本章将在民族地区经济社会现代化背景下，从瑶族个体出发，关注计划生育政策在隆岭坝的实施历程，并具体阐释在这一历程中，政策实施方的机构和人员以及村民生产生活形态的变化、隆岭坝的现状，并反思现代化过程中瑶族文化的选择。

二　研究设计与地点

本小节将介绍本章的研究方法、对象及框架，展现研究地点所在的县乡两级概况，以及研究地点的民族志详情。

（一）方法与对象

本研究采用文献法对计划生育政策文件和执行情况做梳理，对县志和族谱等资料做简单分析，以找到政策上的变迁线索，为其他方法做基础性铺垫。同时主要利用田野调查法，对民族村落进行全观性研究，描绘关于村落的整体性文化，进而勾勒出村落的变迁进程。除此之外，本研究还涉及个人口述史、数据收集与统计两种研究方法，用以补充和佐证上述方法及研究内容。

调查对象主要分为两类。一是居住在广西 L 县隆岭坝的瑶族村民，他们属于平地瑶支系。一般认为瑶族包括四大支系，即盘瑶、布努瑶、平地瑶和茶山瑶。其中平地瑶受汉族文化影响深深，既保持了瑶族传统文化，又借鉴了汉族生产方式和生活习俗。二是当地的基层干部，对于计划生育的研究不仅应涉及政策对象，还应对政策执行者做政策回顾和反思上的访谈。

笔者曾在 2014 年 6 月和 2015 年 1 月在 L 县隆岭坝做了两次田野调查，并在 L 县及乡政府进行了资料收集工作，共计 1 个月。田野调查获得了隆岭坝最新的人口学数据、宗教信仰与习俗、日常生活和生计方式、当地的基层管理制度与主要人员等方面的信息，以及当地小学的基本资料。田野调查中笔者对 14 位村民和 10 位基层干部做了深入访谈，并随机访谈了隆岭坝大部分村民，涵盖不同的人口年龄组。

（二）分析框架与地点

本研究将首先详述民族志背景，包括隆岭坝的自然环境、生计方式、村落概况、瑶族民族文化、社会信仰和社会习俗等方面，然后对广西壮族自治区计划生育政策做简单回顾，这也是本研究的制度背景。计划生育政策是以省为单位进行修订和颁布的，研究隆岭坝村计划生育政策及其管理机构、落实情况等，不可避免地要溯及其所在省的政策内容。

之后则进入文章的主体部分，即从计划生育政策实施过程变迁、村落治理变迁两条主线来描写一个瑶族村落 30 多年来的变化。村落视野内的计划生育变迁史主要包括更为细致化的政策执行人员和机构变迁、个体对于计划生育和相关政策的反应、计划生育实施情况、超生罚款执行情况以及避孕手段和药具的发放、计划生育补贴的发放、生殖健康服务等方面。计划生育政策在村落推行的过程中，村落治理是作为计划生育的载体和手段出现的，并且与之紧密联系，因而在隆岭坝计划生育变迁史部分还会对村落治理做同时期回顾，将研究视野从计划生育扩大到村落整体性的变迁，包括村际关系、土地问题、生计手段、传统文化和现代性。

最后则是本研究的讨论部分。

研究地点位于广西壮族自治区 L 县旧镇乡隆岭坝。L 县地处桂湘粤结合部，总面积 1572 平方公里，四面环山，大致为椭圆形盆地，地势北高南低，属亚热带季风气候，耕地面积 235.8 万亩，全县总人口 32 万人，其中瑶族人口占 47.5%。① L 县在广西壮族自治区内属于社会经济中等偏下水平，但与珠三角地区的交通较为便利，旅游资源和自然资源比较丰富，经济发展潜力很大。L 县共下辖 12 个乡镇，本次调查所在的乡既是县内瑶族聚居地之一，也是县境内瑶族文化保存最为完整的地区之一。隆岭坝属于新建行政村，新建行政村另外还下辖 H 姓莲山坳村，本章提及的 H 姓坪原村属于龙川行政村，与新建村毗邻。本章涉及村落及层级结构如表 8-1 所示。②

表 8-1　行政区划与各层级名称

行政划分层级	名称
地区市级	中北市
县级	L 县
乡级	旧镇乡
行政村级	新建村、龙川村
自然村级	隆岭坝、莲山坳、坪原村

选择隆岭坝作为本次田野调查的核心区域，有着内外两个层面的原因。外因而言，由于对广西 L 县地区民族风俗和语言掌握欠缺，只有预先的大致了解，所以研究采用了自上而下的方式，由县政府推荐某几个村落，在预调查之后再做选择，隆岭坝是县政府着力推荐的村落。内因而言，隆岭坝交通条件较为便利，村

---

① 数据来自《L 县瑶族自治县概况》（编写组，2008：8、45~50）与《L 县瑶族自治县统计年鉴》（内部参考资料，2013）。

② 本章中涉及的地名和人名均做了符合学术规范的化名处理。

落保留了瑶族富有特色的舞蹈文化和祭祀文化，村落姓氏单一，村内尚存多处瑶族传统建筑，族谱和庙宇保存相对完整。隆岭坝瑶族人数占比 99% 以上，是瑶族村落的典型；村民大多能使用普通话，有利于田野调查的展开。隆岭坝自 1980 年代以来发生了深刻的社会变迁，村内生计手段不断变化，传统文化和村落治理也在预调查中给笔者留下了深刻的影响。综合以上，笔者选择隆岭坝村作为本次调查的核心区域。

（三）隆岭坝详述

隆岭坝是自然村，隶属于新建村（行政村）。它位于旧镇乡的东北部，坐落在一个名为隆岭的矮山脚下，村内水泥路可直达乡镇。隆岭坝村内 99% 以上为瑶族，辖 5 个村民小组，全村共计 106 户，489 人，青壮年居多，占比约为 67%。[①] 隆岭坝属于"八山一水一分田"的典型喀斯特地貌，自然条件非常恶劣，农业生产易旱易涝。根据村内宣传长廊上的介绍，村民经济收入主要来源于烤烟、蔬菜种植、优质粮、水果、畜牧养殖，已形成了以脐橙种植、瘦肉型猪养殖为主的"猪-沼-果"的生态农业格局。

隆岭坝是一个 H 姓单姓村。H 姓在当地共有三个村子，据说是一个家族三兄弟的后裔聚落成村。隆岭坝村内原先设有祠堂，后在 1953 年被毁，原址上已经建成了村民娱乐设施和瑶族传统文化传承基地等设施。隆岭坝村内瑶族文化的典型代表是瑶族芦笙长鼓舞。芦笙长鼓舞是为了纪念瑶族始祖盘王进行"还愿"[②] 活动而创造的民族舞蹈，它集 L 县平地瑶历史文化、生产生活、宗教信仰和文学艺术于一体，是瑶族文化的重要表现形式。隆岭坝有

---

① 数据截至 2015 年 1 月 1 日。

② 瑶族人民认为生活中的任何喜事全部根源于自己所许下的愿望，每年会定期前往盘王庙还愿。汉族也有类似的习俗。也有说法是瑶族祖先打猎时与野牛搏斗，跌入悬崖，瑶族人民用牛皮作为鼓面以纪念祖先。

市级芦笙长鼓舞传承人 HXS，有自己的表演队伍和表演乐器，村内保存了瑶族长鼓舞全部 12 套舞蹈中的 9 套，因此被广西壮族自治区誉为"瑶族民俗传承基地——长腰鼓之乡"。"我们村的长腰鼓是传自瑶族发源地湖南省江永，上面（政府）经常让我们组织去表演和比赛，还拿过广西壮族自治区的一个一等奖。"（HXS）芦笙长鼓舞曾经在 1957 年和 1964 年进京为国家领导人献艺，一时引起轰动。该地区的芦笙长鼓舞在 1964 年后就被禁止，一直到 1989 年盘王大会的时候才得以重新演出。作为广西地区民族舞蹈的代表，长鼓舞也在全国民族运动会和广西壮族自治区民族运动会上演出并屡屡获奖。2011 年隆岭坝被命名为"瑶族舞蹈·芦笙长鼓舞村"。长鼓舞的传承遵循传内不传外的原则，隆岭坝村内 H 姓村民都可以学习。

瑶族婚俗和汉族较为相似。隆岭坝属于平地瑶，保留着瑶族通过唱歌物色心仪对象的传统，但并非自由恋爱。传统婚姻必须经过父母的同意才能作数，与"父母之命"和门当户对的中华传统习俗相当。瑶族青年的婚姻过程大致如下：看八字，提亲酒，清明饭，送大礼，找日子，过门，回门。瑶族新娘还保留着哭嫁的传统，但这一传统往往在"过门"时候表现为瑶族女家男青年与新郎之间互相比赛唱歌，婚礼中还会有富于隆岭坝当地特色的象征粮食丰收、早生贵子的"洒米"仪式。值得注意的是，L 县当地瑶族婚礼一般会在孩子出生后，和孩子的满月酒一并举行。

盘王节是农历十月十六日举行的庙会，隆岭坝村民也称为"还愿"，它是瑶族最为盛大的节日。"还愿"分为数年一次以村寨为单位的"还小愿"和十几年一次数村联合的"还大愿"。现在的盘王节是传统的"还大愿"，一般是由庙会的发起方组织出游队伍，包括各类民歌表演、杂技队伍和长鼓舞等，传统情况下出游队伍要经过参与组织的各个村落，每个村落此时会宣读祭文，之后会有专门的戏班演出，现在形式与庙会接近。

隆岭坝村内同村同姓通婚现象比较典型，隆岭坝 106 户中访谈到的有村内通婚或者同姓通婚的有 60 多户，但通婚范围也执行类似于汉族的"五服"禁忌。和大部分 L 县瑶族类似，在隆岭坝入赘情况也很普遍，分管隆岭坝计生工作的干事 CW 说："我们这边一个村子里面互相通婚的人特别多，上门女婿也特别多，不过也很正常嘛，我们这边没有男女歧视，瑶族比较看重对方是不是瑶族的，而不是看性别。"男性入赘之后需要改姓，从原来的姓氏变为 H 姓，只有这样才能写进族谱，才能参加村内组织的活动，如长鼓舞的学习。

隆岭坝传统家庭模式一般是三世甚至四世同堂，核心家庭较少，男主外女主内的家庭模式也较为普遍。村民所居住的房屋为家族传下来的，新婚时会做修缮或者原址重建，但不是新居制。在村内庙宇和盘王庙求子也是当地生育习俗之一。新生儿的姓名一般是由道士帮助起的，按照 H 姓族谱记载的辈分排序，再结合生辰八字取名字。隆岭坝村传说中的人口控制手段有人为堕胎（服用有毒中草药）和弃婴杀婴（一般是丢弃在深山中或者溺婴）。妇女一般在家庭下屋内生育，并会采集一些草药擦拭身体达到消毒的效用。隆岭坝村民对于出生性别偏好不是特别明显，村民给出的答案都是"男孩和女孩都一样，瑶族人没有偏好"。中华人民共和国成立前隆岭坝村民的初婚年龄为 14~16 岁，而且家庭生育子女数量很多。传统隆岭坝村民缺少有效的避孕手段，在防治性病和妇科病方面也缺少办法。

隆岭坝传统村落权威存在于三个方面：处理瑶族村内邻里事务、负责瑶族节日庆典和祭祖活动的族长，在新生儿出生、结婚和葬礼或者重大生命事件中发挥作用的道士，以及拥有瑶族特定技能和民族文化技艺（如芦笙长鼓舞）的传承人。据村内老年人回忆，族长一般是一位年长的男性，是由定期的祠堂会议选出来的，实行终身制。在中华人民共和国成立后不久族长就被逮捕了，后来隆岭坝村一直没有族长。道士的作用在于维护村落信仰与实践之间的平衡，凡是遇到家庭成员的增减、精神层面无法解决的问题，村民都是求助于道士。做道士是一种技艺，家族传承居多，隆岭坝 1950 年代还有一个道士，后来被判成反革命分子，一直到 1980 年代新的道士才产生，坪原村道士 HXT 就是新时期第二代道士。芦笙长鼓舞是瑶族传统祭祀舞蹈，中华人民共和国成立后曾进京表演，所以作为民族优秀文化得以一直传承，但在 1964 年后中断近 30 年，传承人在村内享有极高的社会地位。现在传承人是 HXS，传承人没有家族传承的说法，一般是以技艺水准高超作为传承人的标准。

三　计划生育条文的变迁①

本小节主要论述国家少数民族计划生育政策的出台、广西壮族自治区对应政策的颁布，以及广西壮族自治区人口变化的情况。本次田野调查所在的广西壮族自治区成立于 1958 年 3 月，开始称为"广西僮族自治区"，1965 年改为现称。由于少数民族在宗教文化和地域分布上的特殊性，中国政府在制定计划生育政策时，长期采用区别对待的政策。根据上述少数民族基本情况和中华人民共和国成立以后中国少数民族计划生育情况，少数民族计划生育可分为三个阶段。

第一阶段是 1949~1977 年的萌芽阶段。从 1949 年开始，在完成土地革命和三大改造之后，面对人口众多、粮食供应困难的现实情况，中国政府对人口控制有了最早期的认识。中华人民共和国成立初期的人口控制政策主要指向汉族地区，而且只是停留在指导的层面上，并未实际实施，在少数民族地区则实行促进人口增长的政策。在 1950 年代最早期的计划生育政策中，包含"少数民族地区除外"的表述，之后当在汉族地区"提倡计划生育"时，

---

① 本节内涉及计划生育相关条文来源于中央及各级地方政府不同时期的法律和政策文件，已在文献部分注明，引文来源在多处文献中有所体现，故不分别做出引文注解。

也规定在少数民族地区不做宣传。中央领导人在会见民族地区代表和在全国性会议期间，多次指出"边远的省份多增加人口"，"少数民族地区不推广计划生育政策"。① "文化大革命"时期计划生育工作全面停顿，包括广大的少数民族地区。

第二阶段是 1977～1981 年的宣传与落实阶段。这一阶段中国政府开始在汉族地区大范围地开展计划生育，但对少数民族地区仍然区别对待，"少数民族地区除外"的字样依然存在于中央多次的计划生育政策之中。同时，伴随着人口数量的增加，粮食产量并没有大幅度的上升，少数民族地区土地承载量有限，人地矛盾比较突出，少数民族地区的计划生育逐渐得到重视，实施计划生育的条件基本具备。计划生育政策包含控制人口和生殖服务等多个方面，在保持对少数民族地区实行"人口增长"政策的同时，民族地区全面深入开展生殖健康和生殖卫生的教育工作，使得少数民族地区逐渐接触和认识到计划生育及其作用。1980年 9 月，中共中央发表了《关于控制我国人口增长问题致全体共产党员、共青团员的公开信》（下文简称《公开信》），信中指出："对于少数民族，按照政策规定，也可以放宽一些。"以《公开信》的发表为标志，少数民族地区根据本地方的具体情况制订了具体的计划生育办法。广西壮族自治区在 1972 年成立了计划生育办公室，隶属于区卫生局，开始在全区范围内开展计划生育的宣传工作。1979 年自治区颁布了《关于计划生育政策的若干规定》，对计划生育特别是控制人口数量方面做了具体的规定，计划生育开始在广西全区范围内展开。1980 年以宣传《公开信》为契机，广西地区举行了计划生育大范围普及活动，这是广西全面实行计划生育的标志。此时的计划生育集中于汉族和壮族地区，其他人口较多的少数民族地区也有涉及，包括人口总数居

---

① 如 1955 年 3 月 1 日党中央发布的《关于控制人口问题的指示》，1957 年 10 月 9 日毛泽东在中共八届三次扩大会议上的讲话，1962 年 12 月 18 日中共中央、国务院《关于认真提倡计划生育的指示》等。

前的瑶族和苗族。

第三阶段为 1981 年以来的展开与规范阶段。这一阶段又分为两个时期。少数民族地区生态薄弱，自然资源相对匮乏，随着人口基数的增加，人口数量与自然资源之间的矛盾日益显现，在少数民族地区实施计划生育已经刻不容缓。1982 年 2 月，中共中央、国务院在《关于进一步做好计划生育工作的批示》中指出，少数民族也要提倡计划生育，不过要求上给予适当放宽。1982 年 9 月，党的十二大把实行计划生育确定为基本国策，两个月后写入新修改的《中华人民共和国宪法》，其中规定"夫妻双方有实行计划生育的义务"，之后全国范围内的少数民族计划生育工作走上了正式化的道路。1982 年通过的"六五"计划中就规定"少数民族聚居的地区，也要实行计划生育，并根据各个地区的经济、自然条件和人口状况，制定计划生育工作规划"。1984 年国家计划生育委员会在《关于计划生育工作情况的汇报》中提出"人口在 1000 万以下的少数民族，允许一对夫妇生育二胎，个别的可以生育三胎，不准生四胎"的说法，这一说法在 1986 年通过的"七五"计划中也有说明。

广西壮族自治区于 1988 年 9 月 17 日在自治区第七届人民代表大会常务委员会五次会议上通过了《广西壮族自治区计划生育条例》，并于次年起实施，这一条例是中国五个自治区中较早通过的自治区级别的计划生育法律政策文件。当人口数量和规模得到了初步控制之后，计划生育的重点由控制人口数量转变为提高人口素质，计划生育进入规范化时期。从 1990 年开始，中国政府着手进行提高少数民族人口素质的工作，主要办法是对少数民族地区的干部队伍进行培训，通过带头示范作用，促使计划生育成为民族团结和共同繁荣的政策工具。1995 年国务院颁布的《中国计划生育工作纲要》指出，在少数民族地区实施计划生育是提高地区经济社会发展水平和民族素质的需要。2001 年，九届全国人大二十五次会议审议通过了《中华人民共和国人口与计划生育法》，少

数民族计划生育走上了法治化道路。国家计划生育委员会和国家
民族事务委员会于 2000 年 11 月印发《关于加强少数民族人口与计
划生育工作的意见》，其中规定了"今后十年少数民族和民族地区
人口与计划生育工作的目标和任务"，指出"能否有效地控制人口
过快增长，提高民族人口素质，是实施西部大开发战略、实现各
民族共同繁荣的重要保证"，规定了应"形成具有民族地区特色的
计划生育管理机制、服务体系和综合治理人口问题的局面"。[①] 少
数民族计划生育进入服务化和综合化治理的时期。

可见，广西壮族自治区境内的少数民族计划生育政策是根据
国家的部署，从萌芽、宣传到展开实施一步一步进行的。也可以
看出，国家层面上对于少数民族实行计划生育一直持有谨慎态度。
国家政策出台后，各级政府则根据上位法和具体情况出台相应的
计划生育政策。落实到隆岭坝村的政策，一般出自自治区级别，
地市级和县乡级更多的是在做政策上的强力推行，而非政策的宣
传与解释。

四 作为行动的计划生育：
隆岭坝计划生育变迁史

在叙述作为条文的计划生育之后，本节将对行动意义上的计
划生育展开论述。前文"隆岭坝详述"部分论述到隆岭坝村所属
的瑶族文化中的生育文化。计划生育在村落具体执行的过程中，
这种村庄内部的、传统的生育文化不可避免地与来自外部的、现
代的计划生育产生互动。本研究借助隆岭坝生育变迁史这一独特
的视角，来理解传统文化和现代政策之间的互动。

[①] 《国家计划生育委员会 国家民族事务委员会关于印发〈关于加强少数民族人口与
计划生育工作的意见〉的通知》，http://www.nhfpc.gov.cn/fzs/s3576/201502/
622c5f5523774c7497b6dc83a2bf54c3.shtml，最后访问日期：2017 年 6 月 29 日。

（一）隆岭坝计划生育实施前的背景（1949~1979）

众所周知，在中华人民共和国成立之初的 1950 年代，中央政府在少数民族地区采取鼓励生育的政策，一来是因为少数民族聚集区多属于边境和偏远地区，政权建立之初需要对这些区域加强管理；二来是少数民族地区缺少必要的医疗卫生条件，鼓励生育是保持和增加人口总量的重要方法。虽然计划生育在 1957 年的主席讲话和 1960 年第二届全国人民代表大会通过的《1956~1967 年全国农业发展纲要》中均有提及，但其中的一个条文便是"除少数民族以外"。

从访谈来看，隆岭坝村民对中华人民共和国成立后到计划生育政策实施前这段时间的叙述，主要集中于社会主义集体生活和生产，以及当时的恶劣环境。他们关于婚姻和生育情况的讲述出自传统生育文化的逻辑，没有提及国家人口政策的影响。中华人民共和国成立后，隆岭坝经历了几次村集体归属上的变迁，曾经与坪原村短暂合并过。隆岭坝曾是旧镇人民公社下辖的新建生产大队，目前是旧镇乡下辖的新建行政村。新建生产大队由临近多个村落组成，均为瑶族。村民家庭新生孩子并不需要向上级通报，加之土地的集体化，新生儿并不能带来家庭土地的扩展，村民更多地关注个体，温饱是他们必须每天面对的难题。当时隆岭坝并没有专门负责人口与健康工作的人员，村内事务由生产大队全面负责。

L 县卫生与计划生育局干部告诉笔者，1980 年代前，隆岭坝所属的 L 县并未设置专门分管人口出生和死亡的部门，这类政府职能分散在各个部门之中。在中华人民共和国成立后的很多年内，政府对于少数民族采取鼓励生育的态度，还会对出生孩子数较多的家庭给予嘉奖。

县里面的计生局是在大概（19）82 年的时候重新组建的，

组建之前 L 县内的生育情况好像是卫生局负责，那个时候哪有闲空去管底下的生育情况。计生局成立之后属于比较核心的部门，不过那个时候主要还是出生这一块，现在死亡这方面的也需要我们局里面过问。

中华人民共和国成立之后，修整土地和最大化利用土地是基层工作的重点，吃饭比其他任何事情都重要。当时的隆岭坝自然村和所在的新建行政村，工作重点一直在于开拓荒地、修整水利和道路。访谈中 82 岁的隆岭坝村民 HZD 说，"那个时候每天到处乱跑，村里面除了到生产队挣工分外，就是开荒地和打河坝"，说起当时生育的情况，"谁家里面多生一个娃娃，就是同宗族的一块吃个满月饭，也不用去报户口，长大以后再弄也不迟"。隆岭坝所在的地区属于喀斯特地貌，生态脆弱，水土流失情况严重，水田和旱田都需要水利工程才能获得好收成。中华人民共和国成立初期，由于粮食统购统销政策，加上政府对瑶族的扶持政策，基本能保证村民吃饱，但到了 20 世纪六七十年代，随着农田水利工程的修建，人均土地变少，之后水利工程日益老化，加上生产方式的落后以及政局的变化，温饱问题又成了村民的头等大事。

在计划生育政策实施之前，隆岭坝的生育率一直很高，但新生婴儿死亡率也非常高。隆岭坝村长 HDF 述说他小时候的情景，"那个时候没什么吃的，地也少，现在的很多地是原先的荒地开垦的，种地里的东西有时候连种子都收不回来。当时乡里面连一个卫生院都没有，小孩有啥病了都要到县里面，去一趟要赶一天的路"。村内一位曾经做过接生婆的 70 多岁的老奶奶回忆，20 世纪六七十年代，当时接生孩子都是在产妇家中完成，虽然村内配有专门负责接生的妇女，但卫生条件有限，初生婴儿夭折时有发生。

总体来看，从 1949 年到 1979 年的 30 年间，隆岭坝人口由 200 多人增加到 300 多人，村落规模并没有很大扩展。中华人民共和国成立后隆岭坝村的人口数据一度缺失。根据隆岭坝几位老年人的回忆，在计划生育实施之前，隆岭坝的人口总量一直都保持较为平稳的数量。村干部也提及隆岭坝从中华人民共和国成立后人口总数一直呈现缓慢增长态势。老年人口中的"平稳"更多是把人口附着其上的土地和房屋作为参照系，由于开垦土地和新建房屋需要耗费家庭大量的资源，隆岭坝的房屋建筑一般是上辈传下来的或者翻新的房屋，土地也没有太多增加。笔者从计生局联网的人口系统得到的数据最早可追溯至1980年1月，那时计划生育政策刚开始实施，得以保存村一级的人口资料，但这些材料存在明显的漏洞。

隆岭坝所属的平地瑶在中华人民共和国成立后与汉族地区相似度逐渐增加乃至趋同。一般情况下，散居在汉族社区的少数民族常常与汉族受到同样的计划生育政策的制约，像隆岭坝这样的瑶族聚居区，尤其是在L县是一个瑶族自治县的情况下，一般政策较为宽松，不过隆岭坝实施了类似于汉族社区的计划生育政策，而且很快得到了推行。中华人民共和国成立之后传统的村落权威分崩离析，族长不再存在，道士也不再以为别人提供服务为生，隆岭坝长鼓舞传承人在中华人民共和国成立后因未能进京演出而被逐渐遗忘。这一时期和多数中国农民一样，隆岭坝村民一直被温饱问题所困扰，人口与土地之间的矛盾也亟须解开。

（二）隆岭坝的计划生育史（1979至今）

隆岭坝计划生育的变迁与村落治理紧密相连。隆岭坝在行政级别上属于自然村，村内事务由行政村全盘负责。受上层政策和配套机构阶段性变化的影响，隆岭坝的计划生育也呈现阶段性特征。笔者根据L县县志、村落访谈、L县对旧镇乡和新建村计划生育机构及相关机构人员访谈等多种材料，试图以时间为线索，勾勒出计划生育政策实施的微观过程，主要包括核心政策点、机构人员配置、计划生育落实大致情况、罚款去向、生殖健康、给新生儿分地和对计划生育家庭的社会保障等内容。

隆岭坝计划生育变迁史可简要分为四个阶段。第一阶段，1979 年至 1987 年的"开始实施"阶段。1979 年是村民记忆中计划生育最早在村内实施的年份，同时也是 L 县县域内普遍实施计划生育的起始年份。第二阶段，1988 年至 1994 年的计划生育的"自治"阶段。1988 年发生了三件有影响力的事：国家层面上对计划生育实施过程进行了有限修正；《广西壮族自治区生育条例》出台，成为广西境内第一部关于计划生育的专门法律；1988 年隆岭坝村召开了村民大会，对整个村产生了深远影响。第三阶段，1995 年至 2002 年的计生政策实施的"正规"阶段。1995 年隆岭坝村民 HZX 出任新建村村主任，2002 年 HZX 故去。这一阶段，隆岭坝的计划生育和村落治理，乃至更广的村际关系都发生了重要变化；此外，计划生育实施以来的各种问题（如生育服务问题）悬而未决，人心渐而思变。第四阶段，即 2002 年及以后的"融入"阶段。随着国家计划生育政策遭遇挑战和更为宏观的社会变迁，新的社会问题在隆岭坝村内出现。以下将分阶段详述。

1. 开始实施（1979～1987 年）

1979 年冬，在十一届三中全会召开后，L 县着手进行农村经济体制改革，基层生产大队开始实行农业生产责任制，其中包括隆岭坝村。在全国范围内，中华人民共和国成立之后对少数民族实行的人口增长政策促进了人口数量的增加，这种增加加大了对土地的需求，但土地资源没有相应增加。从隆岭坝的情况来看，解决人地矛盾的方法，或是人口的减少，或是土地的增加，可能还存在其他的解决途径，比如劳动力的转移、土地的综合利用。1979 年计划生育政策第一次出现在隆岭坝村民的视野里，但没有引起太多注意，因为当时的计划生育政策只是作为"指导"性文件，并没有实际约束力。

但这个"指导"的时期很短暂。1980 年春季开始，隆岭坝"突然"开始实行起计划生育。访谈时 64 岁的 HXC 对计划生育刚实施时候的回忆如下：

我家一共四个小孩，大女儿 1974 年的，二女儿 1977 年的，1979 年的时候有了第一个男孩，1983 年的时候有了第二个男孩。1979 年的时候计划生育刚实行，村上没人负责，就是村民大会的时候随便说了一点，但到了第二年凡是超生的就会被罚钱。1979 年之前出生的不算了，1979 年之后出生的只要超生，就要罚钱。

对于计划生育什么时候在隆岭坝实施，村民和村干部给了不同的答案。村民一般回答是 1979 年到 1983 年，而村干部则认为是在 1986 年。根据 L 县人口文档资料查证，L 县是在 1980 年开始实施计划生育的，也就是说 HXC 论述的计划生育开始时的情况属实。

当时负责隆岭坝村内事务的机构是新建生产大队，"大队干部"是计划生育实施之初的执行人员；旧镇乡在 1980 年还没有更名，依然称为旧镇人民公社。隆岭坝村内没有任何人在大队/行政村，或者乡镇里面任职。计划生育开始施行的很长一段时间，隆岭坝村内在政治上也没有任何有话语权的人物。此外，基层组织缺失在计划生育初期的隆岭坝表现得十分突出。在人民公社时期，无论是新建生产大队，还是旧镇人民公社，工作落实的过程中都需要借助村民小组的力量，隆岭坝村共有五个村民小组，在当时是一股不小的力量，隆岭坝因而也较有地位。随着外部宏观环境的剧烈变化，特别是家庭联产承包责任制的推行，村民小组这一自治组织在法理上缺失了根据。1980 年代，L 县开始进行农村土地改制，在完成了家庭联产承包责任制以后，基层组织却没有及时跟进。基层政府所有的任务，都需要靠旧镇这个乡级单位出面，甚至很多时候需要 L 县来处理问题。1984 年起，L 县境内人民公社逐步改为乡镇，生产大队也改成行政村。

因为上述的"直接治理"模式，新生的计划生育政策从出现便在村民中形成了一种极具权力的印象。虽无专门机构和人员来管理，但计生政策的推行并未遇到很大的阻力。当时的生育政策可总结为"一对夫妇生育二胎，不准生育三胎"。

> 计划生育在县城里面宣传了几年，但实际工作上并没有落实，底下乡镇社区也没有做细致的宣传工作，很多瑶族村民就认为计划生育不可能实施到自己的头上。当时在县城周边的村民都不一定能吃饱，怎么让瑶族村民温饱问题得到解决是头等大事，其他的事就很难顾及了。所以1979年的时候，市里面把（计划生育）这个任务派下来的时候，县委没太在意，底下的人更不用说了。但到了第二年，上面直接下来人来巡视计划生育执行情况，一切来得太快。县里面会同乡里面抽调主要干部去下村执行，所有任务以县政府的名义下达。（QY，卫计局长）

也是在同年，L县计划生育委员会成立，其中包含驻乡镇计生专干和负责计划生育生殖健康方面的技术人员。1988年《广西壮族自治区计划生育条例》通过，法治化计划生育时代来临。这一阶段，隆岭坝计划生育执行得极为严格，无论有何种理由，超生即被罚款，执行机构和人员都是由乡政府和县政府直接负责。关于这一阶段社会抚养费的用途，县乡村三级政府人员基本上都说"时间太久了"或者"想不起来了"。这一期间绝大多数新生儿依然是在家生育，现代医学在隆岭坝村依然是缺失的。涉及新生儿分地问题，这一时期的新生儿只要是合规生育和缴纳罚款后的超生，根据家庭规模和拥有土地数量，都能获得0.6至1.1亩不等的土地。当然，这一时期的计划生育服务项目没有任何痕迹，对于计划生育家庭的社会保障，也没有专门的款项，而是合并在"五保户"和特别困难户补助之中。在实际工作中，为了起到威慑作用，被罚款家庭不能领取这两项补助。

2. 自治（1988~1994年）

从1988年到1994年只有短短的7年，计划生育政策在实际工作中以"依法治理"的形式和实践出现，在实践层面上出现了松动，这种松动表现在村民自治心态的出现，这种"自治"心态导致的村民政府矛盾引起的执行空白、计划生育政策执行上的平级化、政策条文的变化和生殖保健都在这一阶段开始出现。

1988 年召开的村民大会标志着隆岭坝进入"自治"阶段，对隆岭坝的发展影响甚大。1983 年 L 县瑶族自治县建立。在 1984 年上位法《中华人民共和国民族区域自治法》通过以后，1988 年 L 县通过了《L 县瑶族自治县自治条例》。在此阶段，县政府和乡政府鼓励瑶族村落召开村民大会，进行民主议事。在上层建筑逐步搭建完成之后，隆岭坝于 1988 年召开了全体村民大会。①

> 村民大会以前也有过，但那次情况不一样，那是生产队没有了之后第一次召开的会议。没有行政村和乡里面的领导参加，都是一个村里面的人。主要商议的是荒废的水利工程和乡村道路平整问题。还有一个就是行政村任职问题，生产大队取消之后，我们村一直没有人在行政村任主要职务，开会想商议一下，能不能村里面出一个人，到行政村里面任职。（HGY，村民，曾任村干部）

此次村民大会显示了隆岭坝活跃而团结的气氛。此后还有两件要事发生。从 1989 年开始，隆岭坝长鼓舞队就成为盘王大会中的主角。1990 年行政村换届选举时，隆岭坝推选的人成功成为大队会计。② 这两个事件为隆岭坝村的发展提供了更宽的道路。

这一阶段的计划生育政策出现了少许松动，表现出新的特点。在村民意识上，随着中国民族政策的松动和民族文化的兴盛，隆

---

① 这次村民大会用"族人会议"的叫法或许更好一点，一般村民大会是指在政府领导下的村集体会议，但这次会议并没有基层领导干部出席。
② 分管行政村财务问题。

岭坝村民自觉意识和自身力量也不断发展壮大，他们自身对计生政策的解读与政策宣传产生偏移。"计划生育就是让我们少生育，和我们瑶族文化没什么关系"，这是多数村民对本阶段计划生育政策的认识。计生政策在执行尺度上，由原先的"超过二胎就罚款"变成了"控制二胎，特殊情况生三胎，杜绝四胎"；在执行机构上，由原先的自治乡代管变成了行政村管；在人员组成上，乡及乡级以上政府更多是做指导性工作，具体工作由行政村出面；征收的社会抚养费由行政村、乡县政府按照比例留存，村级提留资金主要用作村庄道路水利建设、集体活动经费和困难家庭补助金。本时期计划生育中生殖健康服务在实际中有所体现，县级政府曾在1990年和1991年进行了流行病筛查和妇女生殖健康方面的普查，也下发了一些避孕药具，虽然这些药具并不能满足整个村落对避孕的需求。这个时期很多家庭因超生而面临罚款，但对于特别困难的家庭，行政村会给予一定减免。这一时期新生儿均能分到土地，但由于土地资源极其有限，标准由人均0.6~1.1亩下降到每人0.4亩。这也是最后一次给新生儿分地，隆岭坝村的土地分配就此固定下来。

> 我记得好像是1990年和1991年的时候，县卫生局来我们村做流行病的普查，还有对计划生育的那些妇女做了检查。那之前从来没有过，之后也没有了。一块儿来的计生干部发了一些避孕套和避孕药物，不是很多。我家当时就分到一盒避孕药和十个避孕套，但不知道怎么用的，长时间放在家里不知道丢到哪里了。（HXZ，村民）
>
> 我出生的那年（1985年）家里面好像分到了1亩多地，等到我小妹出生的时候（1988年）好像村里面只给了我家半亩地，还是因为我家是二女户，不然的话不会给这么多的。（HXM，村民）

　　这一阶段隆岭坝的村容也发生了很大变化。通往乡镇的道路由土路变成了砂石路，荒废的水利设施也得到了重新修复，最早外出拼的村民已经在广东电子厂上班了。农业生产依然是隆岭坝村民最主要的生计手段，且产量增加明显，"每亩稻谷能产大概八九百斤"，脐橙种植和蔬菜种植开始在村内出现，但都不具规模。

　　1994 年 12 月，新建行政村举行了村委会选举，隆岭坝村民 HZX 成为村史上第一位行政村村主任。伴随着新任村主任的上台，隆岭坝村的治理模式和村际社会地位发生了变化，计划生育和其他社会政策的实施与执行也进入新的章节。

3. 正规（1995~2002 年）

　　H 村主任在任期间，村治不同前一阶段的"自治"和松动，而是体现了某种程度上的"正规"，主要表现在计划生育在村落层面上的执行日益正规化，在国家层面上的立法进程也不断推进。为了与同期周围其他村落形成对比、显示成绩，村主任带领村干部强力推行很多政策，包括计划生育政策。隆岭坝的计划生育实施过程中行政村与村民的微妙关系，转化成为隆岭坝内部的事务，计划生育这一行政力量显示出在基层中与情理的"契合"。这种契合表现在以下几个方面：一是前文提及的超生被罚，未按时缴费的村民，在这一期间逐步补缴了社会抚养费；二是隆岭坝恢复了五个村民小组的建制，具体事务均由小组内部协商，但涉及村集体利益的事务由村主任负责；三是从 1999 年开始，隆岭坝多次用山歌和舞蹈的方式歌颂党和国家的政策，其中包括计划生育政策。补缴社会抚养费对很多隆岭坝家庭是一笔巨大的开支，也成为很多家庭的负担。

　　也是在同时期，县领导多次视察隆岭坝村。从 1995 年开始，隆岭坝连续多年获得"先进党支部""烤烟生产先进村""安全文明先进村"等称号。这一时期可称得上隆岭坝的"黄金时代"。

> 那几年无论是去乡里面还是去盘王节大会，感觉上我们村更有面子，县里面和市里面的领导经常来，别的村子一个也没去。不管是村里面的建筑还是道路，传统文化啊什么的，哪一样都比不过我们村，当年那可是示范村，在 L 县都是很有名的。（HDX，村民）

> 隆岭坝村有一个七八年的辉煌，一个是烤烟做得好，另一个是民族文化保存得好，乡里面一直都在支持他们的建设，上级政府也做了很多的宣传。隆岭坝村在执行上级政府的方针上也是非常积极的。（LL，乡政府办公室科员）

在计划生育政策条文上，从 1996 年开始根据 L 县计划生育政策的变化，隆岭坝的计划生育政策由"控制二胎，特殊情况生三胎，杜绝四胎"变更为"开放二胎，谨慎三胎，禁止四胎"。隆岭坝和新建行政村在本时期还没有配置专门的计划生育机构和人员，但旧镇乡配置了驻村计生专员。也因为村集体资金的富足，村内开设了卫生室负责村民日常健康监控。同时，这个时期的新生儿逐渐由传统的家庭生育转变为医院生育。村集体也会对某些计划生育家庭给予生活上的补贴，但不再针对超生家庭和困难家庭，而是补贴起模范作用的独生子女家庭和二女户。这个时候的隆岭坝村民依旧缺少必要的避孕手段，一旦发现超生怀孕，最主要的解决手段就是药物流产。除了日常健康之外的计划生育生殖健康也无法保障。

> 当时村里面对于村主任的想法都很支持，对于计生工作的支持就是支持村主任工作，所以一旦发生了超生现象，会很自觉地缴费、结扎什么的。（HDF，村主任）

本时期计划生育工作的重点还包括流动人口管理。每年的春节和盘王节成为基层计生工作者的繁忙之时。由于全国性计划生育系统尚未联网，更需要村级单位和负责人对流动人口进行摸底和核查。

> 流动人口是从 1999 年的时候才让行政村负责的，因为 1997 年和 1998 年的时候我们这边的农村地区的年轻人都出去打工。在村里面检查计划生育找不到人，有的在外面生小孩了，回家之后也不汇报。等到上学需要户口的时候才来弄，给我们工作带来很大的压力。（SR，乡政府办公室科员，曾在计生办工作）

本阶段是整个中国农村巨大变革的阶段。伴随着城市经济体制改革的推进，一方面城市对于农村劳动力的需求急剧上升，另一方面沉重的农业税让土地由资源变成累赘，隆岭坝在沉重农业税的压力之下出现了土地撂荒现象。进入 21 世纪以后，隆岭坝有六户人家常年外出，10 多亩土地荒废。计划生育在执行上的"正规"化是落后于宏观大环境的变迁的，也因此国家层面一直在做计划生育方面的立法工作。2002 年 2 月，隆岭坝首任本村村主任去世，同年 9 月第一步计划生育专门法《中华人民共和国人口与计划生育法》出台，隆岭坝计划生育变迁史和中国计划生育进程都进入新的阶段。

4. 融入（2003 年至今）

2002 年《人口与计划生育法》的颁布，标志着计划生育在法制化和标准化上又前进了一步，同时期 L 县也在推动基层计划生育法律建设，于 2003 年设立了计划生育监察部门。这一时期村落治理工作的重点逐步变成了推动村落经济的发展，计划生育虽然还是基层工作的重点，但不再是唯一重点。隆岭坝村民在现代化的浪潮中逐步适应了计划生育政策，并形成了新的生育文化。这套新生育文化，不仅包含传统的生育文化内容，例如对出生性别没有偏好、举办求子礼仪、请道士起名，还包含许多现代的因素，例如通婚范围的大幅扩张、核心家庭和新居制的广泛接受、现代技术在生育和避孕方面的运用、现代避孕手段在青年群体中的推广等。隆岭坝计划生育变迁的结果便是"传统"和"现代"的这种融合，公共政策和社会变迁为传统的民族特质注入新的内容。

隆岭坝 2003 年设立了"妇女之家"，计划生育协会也在新建村村委的领导下成立。之后的 2008 年新建村设立计生干事的职位，用于执行基层信息统计和对接上级部门的工作。

> 一般情况下计生干事的工作主要是在盘王节和春节两个时期。现在年轻的生育家庭都外出打工，这两个时期他们会回家，才能进行当面的信息统计和计划生育政策的宣传。当然对于常年不在家的年轻妇女，计生干事也需要通过电话或者其他通信手段进行联络，保证在行政村内计划生育工作顺利开展。（ZT，乡计生办专员）

> 我一般情况是在家做农活，只有乡里面通知去开会的时候才会去乡里面。计划生育工作的话春节时候和每年临近元旦的时候比较忙，统计一些新生儿、死亡人口，还有新婚家庭、流动人口什么的，非常复杂。工资是每个月 500 块，反正也没什么事，做这工作挺好的，为人民服务。（CW，村计生干事）

一直到现在，隆岭坝村主任依然兼任新建村村主任，但在实际工作中计划生育只占用很少的时间。从 2002 年开始，广西壮族自治区对瑶族生育政策适用于"人口数量少于 1000 万的少数民族可以生育二胎"这一规定，因而隆岭坝大多数村民对于生育子女数量的回答是"两个小孩""最好是一男一女"。在计划生育社会抚养费方面，2012 年修订的《广西计生管理办法》把"专款专用"写入文本。尽管社会抚养费对富裕起来的村民来说不再是一种负担，但出于养育孩子成本的压力的考虑，这个时期超生及罚款现象都很少。

> 从我出任计生干事以来，大概只有四五起超生情况，现在小孩你生下来还得养，上学、找工作、娶妻生子你都要负担起来。有点钱在家翻修房屋，日子过得多好，哪有人想着花钱买罪受，去多生一个干啥呢。（CW，村计生干事）

针对二女户、独生子女户在养老上存在的问题和压力，隆岭坝所在的市、县不断推出针对这两类家庭的社会政策。例如，2012 年开始对这两类计划生育家庭提供养老金补助，2014 年开始为他们缴纳农村合作医疗保险，收到了一定的效果。这类补助资金由国家和广西卫计委统一拨款，村集体不再出资。

> 我家就是独生子女户，只有我一个，我记得最开始从 2008 年的时候就有补助，每年 300 块钱，村干部也没说是什么补助。后来的话 2012 年开始就变得多了，每年 600 块钱，合作医疗的钱也不用交了。（HJZ，村民）

隆岭坝卫生所在 2013 年被废弃，统一合并到了乡卫生院中。由于多数村民外出打工，他们的生殖健康需求超出了村落范围。这一时期，计划生育成为上级政府与村落进行联系的一个桥梁。此外，2002 年开始中国政府逐步意识到计划生育带来的问题，包括计划生育在内的新人口政策主要围绕解决新的问题，对于原先计划生育所带来的旧问题，则一并综合在新的政策之中，很少有人口政策去直接解决旧问题。这也在国家层面上达成了计划生育政策的新旧融入。

五　隆岭坝村落社会变迁史

上文已经较详细地论述了隆岭坝的计划生育变迁史和村落治

理的变化，不难看出隆岭坝的计划生育变迁史不仅包括计划生育政策与政策行动上的变化，还包括村落与外界互动以及现代治理情境下村际关系的变迁。伴随着计划生育的变迁和村际互动，隆岭坝村民在生计手段上不断因外界因素（如科技和政策）和内在因素（如村落发展和村民个人发展）的双重作用而发生改变。与此同时，生计手段的改变促使村落经济实力上升，各级政府出于不同目的追逐民族文化，从而使得传统文化不断兴盛。在现代性因素不断进入隆岭坝村以后，传统文化不断扩张，形成了文化复兴的态势。

如果说是计划生育政策的变化导致隆岭坝计划生育的变迁，那隆岭坝村落的社会变迁史则是更高纬度下的变迁。隆岭坝村落社会变迁史有更多社会因素的参与，是更为复杂的社会现象的综合。同时，也应当看到在新时期村落治理之下，旧有政治力量和文化力量不断撤离，计划生育作为新时期最具权势的公共政策，在村落社会变迁的过程中发挥着基础性政策导向作用。

无论是传统的集体用地、村际关系的变化，还是生计手段和传统文化的变化，都是在计划生育变迁的同时期发生的。集体用地与村际关系的变化与当地计划生育政策的执行有潜在关联，一是计划生育本身就带有人均土地变少的背景，集体用地如何分配涉及隆岭坝村落的整体利益；二是 H 姓三村在传统上有着辈分排序，但在计划生育推开之后发生了变化，甚至影响到隆岭坝计划生育实施的严格程度。生计手段是隆岭坝村落社会变迁的经济基础，传统文化是民族文化的基础，现代公共政策则是对隆岭坝村起重要作用的外源性因素。

（一）集体用地与村际关系

隆岭坝和坪原村、莲山坳三个自然村属于同宗同姓村，但这三个村子在行政村归属与宗族辈分上存在差异。隆岭坝和莲山坳同属新建行政村，坪原村则属于龙川行政村。在土地革命之前，这三个自然村共同拥有一块土地，面积约 40 亩。它位于隆岭坝前往乡政府方向的公路右侧、莲山坳的前面，距坪原村较远。由于地势平缓、灌溉和排水便利、旱涝保收，这块地在中华人民共和国成立后的土地运动时期成为几个村争夺的焦点，它的归属和分配问题难以解决。坪原村在三村的"姓氏辈分"中属于长辈，按照瑶族传统划分，这块地应属于坪原村所有。但这块地与隆岭坝和莲山坳距离很近，且后两者又同属于一个行政村（当时同属于新建生产大队），按照中华人民共和国成立后土地改革运动办法，这块地应属于隆岭坝和莲山坳共有，三村由此产生争执。三村在上级政府的协调下做了很长时间的商议，最后的结果是土地由旧镇人民公社托管。隆岭坝村内一位参加过抗美援朝的老兵回忆：

> 那个时候是穷怕了，饿怕了。本来村子上的土地就少，开荒地种地太难了，那块集体土地地势好，水源也好，谁都想要。原先集体土地收成作为宗族收入集体花费，现在祠堂都没了，大家都想着怎么分一点。我们村里面的人想着自己独占了，另外的村子也想着独占。上面（政府）也劝说不了，安排很多次的调解，（坪原村）不同意平分土地，后来坪原想换地，（隆岭坝和莲山坳）不想把那块地换成另外一块离坪原近的地，最后怎么弄都没解决。那大队解决不了就找上边，那时候分管旧镇的政委说民族问题不好解决，政府先托管吧。

1981 年末，整个 L 县范围内以农业种植业为主的村落均完成了家庭联产承包责任制的改革。按照承包责任制的要求，这块集体土地被三村平分了。在新建村和龙川村领导的见证下，这块集体土地被分成三块：隆岭坝 15 亩，坪原村 15 亩，莲山坳 10 亩。隆岭坝所在地区土地资源极为珍贵，在 20 世纪五六十年代大量修建水利工程后，加上其间一些不合理开发导致的石漠化，中华人

民共和国成立初期人均 1.5 亩的土地到 1980 年代只有人均
0.8 亩。[①]

1988 年召开的村民大会上也讨论了集体土地问题。

> 那块集体土地本来按照政策规定就应该属于我们村，坪
> 原村换地都是因为他们村子在上面有人，无论是乡里面托管，
> 还是平分都应该是我们村占最多的，原本 H 氏祠堂就是我们
> 村出的份额最多，不能让我们吃亏。(HGY，村民)

讨论之后，隆岭坝付诸实施，但在实际操作上受到了新建村
干部的制止，最终在 1994 年 HZX 成为新建村村主任后彻底解决了
这块土地的问题。

在 1995 年，L 县作为传统农业大县和国家级贫困县，引进烟
草种植推动农业发展和结构调整是县政府工作的重中之重，隆岭
坝村有大块旱地适合种植烟草。隆岭坝地处喀斯特地貌区，烟草
种植需要重新布置和修筑水利设施。L 县要求烟草公司把村集体用
水和农业用水打包解决，以解决烟草种植的灌溉问题。新修建的
水利设施会占用大量土地，行政村商议后决定把这 40 亩集体土地
作为水利设施置换用地。隆岭坝、莲山坳和坪原村三村村民对于
这个解决方案没有异议，三村会从以后的烟草收益中获取一定的
集体资金。拖沓已久的土地问题能如此迅速地解决，与上级政府
对烟草种植的强力推行不无关系。20 世纪末的中国西部农村，伴
随着国家分税制改革，县域收入急剧下降，虽有国家贫困县的财
政补贴，但县级政府资金一直难以为继，烟草种植带来的税收很
大一部分归地税所有，充实了县财政收入。另外，隆岭坝村从宗
族用地置换中得到了很多好处，包括村内道路由砂石路变成柏油
路、乡政府默许隆岭坝开垦山腰荒地、村内六栋危房获得修缮补

---

① 中华人民共和国成立初期的数据根据乡土地数据和村人口数据推算，近期数据为
访谈得知。

贴等。

在与隆岭坝村民闲聊的过程中笔者发现，这40亩土地问题一直是村民的重要谈资，这一问题的妥善解决使村民获得了实惠，代表着隆岭坝村地位的上升。

（二）生计手段

隆岭坝是传统的农业村落，以水稻和玉米为主要作物。生计手段的改变最早出现在1987~1994年，这一阶段隆岭坝村容发生了很大的变化，通往乡镇的道路由土路变成了砂石路，荒废的水利设施也得到了修复。农业生产依然是隆岭坝村民最主要的生计手段，但产量增加明显，"每亩稻谷能产八九百斤"，脐橙种植和蔬菜种植开始在村内零星出现。

1980年代末的中国农村，生计手段单一且以务农为生。但随着劳动生产率的提高，农村部分人口逐渐摆脱了土地的束缚，成为"离散"劳动力。尤其是农闲时节，这股庞大的劳动力被政府视为某种潜在危险，被认为随时会对某些政策的推行造成麻烦，例如计划生育政策。1984年中央"一号文件"规定"农村人口自带口粮进城"，但出于几十年来的思想和信息封闭，隆岭坝在整个1980年代没一人外出务工。到了1996年，根据中北市的统计资料，L县无论是人均GDP还是GDP总量一直处于全省下游，这种经济上的压力迫使政府重新挖掘振兴的路子。L县本身就是一个少数民族自治县，民族文化成为首先被考虑的因素。1998年，隆岭坝被L县和旧镇乡选为中北市旅游试点村，之后进行了小规模的基础设施翻修，也是在此时隆岭坝出现了第一座两层小楼，新婚后的村民逐步从老宅里搬了出来。

HZX成为新建村村主任后，烟草种植的收益极大改善了隆岭坝的生计，这一阶段，也是外出打工逐渐兴盛的阶段。

我是1996年去广东打工的，当时只有17岁，进的是一个电子厂，在东莞长安镇。一个月有400块，当时400块钱已经是很多的钱了。我1999年的时候结的婚，之后就和老婆一块到东莞打工，当时的工作很好找，工资也不错。（HJZ，村民）

我们村最开始的那一批打工的人是在1997年到1998年外出的，那时候农村里面的人太多了，忙完农活在家里面啥事都没有。早几年去广东的说那边遍地都是工作，我们县离那边很近，说去大家一块都去了。一般是进电子厂和玩具厂，不用培训，进厂子不到半个月就学会了，都是体力活。我当时就是在一家玩具厂里面做橡胶软化，有点累但是工资高，加班多的时候一个月有600多元。（MQM，村民）

21世纪以来，隆岭坝村民的生计手段越发多样。2003年和2004年猪肉价格跳跃式增长，养猪业从那时起在村内得到了推广。2003年烟草公司完成改制之后，村内大面积种植烟草，种烟收入超过稻谷，成为村民的主要收入来源。L县脐橙也在隆岭坝小面积种植。相对而言，传统的水稻和旱地作物种植面积逐渐减少，生计结构发生了巨大变化，这座瑶族村落从未如此忙碌。

从2005年开始，随着中央政府通过《农村土地经营权流转管理办法》，以现代化和行政化的力量使劳动力和土地分离成为中国改革和城镇化的方向。2012年开始，L县进行了土地流转的尝试，村里开始出现种粮大户和经济作物种植大户（其中最主要的是烟草种植）。隆岭坝村民HDH对土地经营权的认识颇具代表性：

我们村本来就人多地少，但如果产量高的话，养活全村人不是问题。现在大家不都是要发展吗？我这样在村子里面种地的，一年下来每亩烟草能赚三四千元，总共七八万元。但全家的劳动力在外面打工比这个应该多一些，而且在家种地要承受的风险太大，谁知道哪一年会有洪水。每个家里面都有老人，有小孩，我儿子他们这一辈喜欢出去打工，喜欢闯荡，但家总要有人照看。等我们这一辈不能做事的时候，他们那一辈总要回来吧，虽然土地流转了，但人的根是转不动的，家里面没人，那还叫家吗？（HDH，村民）

土地是农村最为重要的生产要素之一，即便是现在村民大量外出务工、小部分定居城市的情形下，农民与土地之间的联系也难以割裂。在访谈中，村里的中年人和老年人对于以后的发展给出了基本类似的答案：留在村子里面。而访谈中的年轻人也是同样的答案，"我会在外面打工挣钱，但外面不是家，最终还是会回来的"。这种对于土地的依恋在民族地区表现得特别明显。

随着生计手段的变化，隆岭坝村民越来越富裕，但瑶族传统文化却呈现式微之势。隆岭坝村外通向乡镇的路两旁，两层小楼逐渐增多，远远望去如同城市一般。过去瑶族"还愿"舞蹈的场地，现如今已长满荒草。可以设想，在2020年中国全面小康社会建成的时候，隆岭坝村民的生活水平和村落建设将会摆脱贫困县的水平，不会比其他地区差，但如何找到民族特色却成为问题。这也是包括隆岭坝在内的少数民族地区在现代化发展中亟待解决的问题。只有保存民族特质的发展才是长久的发展。临近告别隆岭坝的时候，在和瑶族长鼓舞传承人HXS的聊天中，他一直强调隆岭坝是没有特色的村落，"很平常的一个瑶族村落"。也许隆岭坝真的毫无独特性，但发展需要用特色来表现和谐，隆岭坝未来一定会变成富有少数民族特色的村落。

（三）现代性：教育、宣明会、扶贫、文化复兴

传统文化变迁的时期也是现代性因素逐步进入的时期。隆岭坝计划生育变迁史和村落社会变迁史很多时候表现为现代性因素的进入和传统性因素的流失。对于隆岭坝而言，现代性表现在操作层面上的有教育、宣明会和扶贫，并且在传统文化重新被提升

与复兴的过程中，隆岭坝传统的长鼓舞和盘王节都裹上了现代性的外衣。

隆岭坝当地唯一的教育资源是东山完小。它在隆岭坝附近，班级从学前班到小学四年级，隆岭坝大多数青少年在此上学。据东山完小校长介绍，学校建立于1926年，原是一座寺庙，后修建为小学。东山完小是新建行政村和龙川行政村的"学区"内小学，除东山完小之外，隆岭坝周围并没有幼儿园或者托儿所之类的学前教育机构。东山完小占地面积4800多平方米，校内有一栋教学楼、一栋住宿楼和食堂等设施。笔者第一次调查的时候就住在东山完小，印象最为深刻的是学校周边有大量的养猪场。东山完小校园内一年四季弥漫着猪粪气味，受影响的还包括地下水，住宿期间笔者也深有体会。L县乡镇以下单位自来水设施是各家各户独自建设并抽水自用，东山完小的自来水也是小学筹集资金自建的。赵校长介绍，东山完小地下水一直不达标，但在笔者做调查的6月，经常有学生直接饮用地下水。2004年国务院公布实施的《2003年~2007年教育振兴行动计划》强调了在农村地区实施寄宿制学校建设工程，以保证西部地区学龄儿童正常入学。东山完小也是在当时建设了一座完整的宿舍楼，资金来源于世界宣明会的捐助。

世界宣明会是建立于1950年的世界性救援机构，在广西的项目主要是与中国慈善总会合作开展的"儿童为本区域发展"。L县也在这一项目中受益，东山完小的宿舍楼便是在2005年得到了项目的支持并迅速建成。宣明会还帮助学校里面的儿童购置书包和文具等学习用品，并且会定期做回访工作。笔者调查时巧遇了宣明会驻村代表，当时她正在村子里做妇女问卷调查：

> 宣明会在L县的工作主要是帮助儿童和农村教育事业，东山完小是重点扶持对象之一。这里太偏僻，而且基础设施很差，虽然帮助他们修建楼房并提供物资帮助，但对于青少

年的健康成长和全面发展我们能做的还是有限，儿童成长的事情很多也很复杂，宣明会只能保证在学校的时候这些青少年的基本需求得到一定程度上的满足，精神生活和健康成长还需要家庭和更多的社会因素的参与。

计划生育政策不仅包含人口数量的控制，还包括人口素质的提高。对于像隆岭坝这样的村落，学校是提升人口素质的基础性场所，但东山完小与整个村子比起来却显得破败。从2003年起，东山完小再也没有聘入新教师，因为没有教师愿意来。由于缺少教师，原本的"完全小学"在2012年缩减，变成了从学前班到四年级的非完全小学，五、六年级和初中都要去乡里上学。笔者调查期间，隆岭坝共有24名学生在东山完小上学，他们的父母大多在外打工，除了学前班和一二年级的14名学生外，其他的人都在校住宿。由于幼儿园的缺失，隆岭坝依然有很多适龄儿童无法入园。隆岭坝村主任告诉我们，隆岭坝四百多口人在他的记忆中只有五个上了高中，两个考进了大学。

在2006年版的《中国农村扶贫开发概要》中，L县位列其中，因而在基础建设中国家扶贫资金发挥重要作用。从2010年开始，旧镇乡进行了道路硬化工程，隆岭坝打通了通往县城的道路。除了基础设施的更新，隆岭坝传统文化的代表——盘王大会和长鼓舞分别于2006年和2008年成为当地非物质文化遗产名录之中的一员。盘王大会由民间自发的、小规模的瑶族节日演变成桂湘粤三省联动的重大节日，规模和影响都超越了传统中的"还愿"礼仪。长鼓舞也深受政府喜爱，经常在旅游大会和体育大会时演出，隆岭坝长鼓舞队长HXS告诉我们，"我们的演出得到了上级政府的认可，一般全队出演的话需要提前预订，每次演出一个人120块钱，交通费和差旅费由主办方承担，一般情况下每年都会有两三次演出"。

现在的长鼓舞依旧采用传统舞步。长鼓舞总共12套，对应着瑶族最初的 12 个姓氏，流传至今还剩下 9 套。HXS 对于芦笙长鼓舞作为隆岭坝民族特色不是很认同，"长鼓舞原来是祭祀盘王的，自己家的东西，只要是一个村的，谁都可以学"。隆岭坝的长鼓舞被纳入非物质文化遗产名录，但村民毫不知情。申报过程中旧镇乡的工作人员认为长鼓舞本身就是一个扶贫策略——"文化扶贫"。现在的隆岭坝每年除了罕至的政府领导视察，没有任何游客的影子。

村正中心的传统文化宣传院落内，整齐地摆放着三座乒乓球台，还有一座标准篮球场，都是摆设。在院子的角落里有一座两层的小楼，底下一间房屋外挂着"卫生室"的牌子，里面没有任何人员和设备；另一个屋子挂着"公共服务中心"的牌子，里面的桌面上灰尘堆积；二楼的房间内散乱地排放着一些书籍，村主任介绍说是广西某集团捐助的图书馆，还有一些庙宇祭祀时候吃饭用的炊具。"保护文化遗产，传承中华文明"的横幅挂在楼的醒目位置，院落内空无一人，隆岭坝村民或在外打工，或于田里劳作，或在家休息，无人顾及这座隆岭坝最具现代色彩的院落，以及"瑶族文化教育基地"的美誉。

六　小结

隆岭坝实行计划生育有着其人口土地矛盾的背景，中华人民共和国成立之后对于少数民族采取的鼓励生育政策，促进了包括隆岭坝在内的很多少数民族村落人口的增长。鼓励生育的政策更多地从政治角度考量，而不是从人口发展规律的角度考虑，所以会产生人口土地矛盾。这种矛盾在社会同质化较强时期不会显现，但当社会现代化和发展需要从农村获取资源时，这种矛盾就成为计划生育大范围展开的时代背景。但不论从村落层面看到的计划生育是否有实施的必要性，都难以改变政策推行过程中的"一刀切"。

　　一般认为计划生育包括生育控制、节育手段推广和计划生育服务项目。从隆岭坝的计划生育变迁史不难看出，计划生育服务项目总是缺乏的，科学的避孕方式一直没有得到推广，生殖保健和社会保障也没有跟进。伴随着村落计划生育变迁，计划生育在村落的实施机构和人员不断转变，村落治理手段也在不断更新。对于隆岭坝计划生育变迁史的考察，还需要从更为全面的角度入手，对隆岭坝做社会变迁史的分析。隆岭坝社会变迁由经济、文化和现代性因素各方面的变迁组成。

　　在考察隆岭坝计划生育变迁史中，从开始实施、自治，到正规与融入，可以看到作为公共政策的计划生育在基层村落中不断与传统力量互动，也正是这个互动的过程，结合村落治理和社会变迁诸因素，造就了隆岭坝的当下现实。

　　计划生育深入变迁的同时，中国也在进行税费制度的改革，这对于村级政府并没有太直接的影响，但对于贫困地区的县乡政府，却是急剧加深了其对上级政府的单方面依附，前文提到的自治也就更不可能实现了。回到瑶族传统上，计划生育手段在传统文化中存在过，但在计划生育推行中，传承出现断裂，他们的生育行为和生育意愿深受政策与治理的影响。

　　离开隆岭坝的时候，笔者想起在 HDC 家中的访谈，"你们可要记得把我们的情况说出去"，笔者不知如何回答。现在的隆岭坝，有计划生育干事，有妇女之家，有全国联网的人口信息系统和新生儿联网系统。驻村计生专员会指导各种生产性工作，隆岭坝村民也会在经济成本和精神支出的考量下选择合适的生育数量，完完全全是计划生育工作的模范村。再回到 1979 年，那时的隆岭坝在经历多年的洗礼之后，已不是传统文化意义上的瑶族村落，而是现代国家中的一环。现代政策来临的时候，村民采用了惯用的顺从与支持的态度。在新的农村治理手段出现后，尚存的传统文化与之有着长久的隔绝。这种隔绝造就了传统文化表现出的迟钝，在传统文化与现代政策对抗之后，在文化变迁的社会进程中，两者很快融为一体。

计划生育是一个长时段的公共政策，公共政策的根源是策略性政治行为下的利益最大化。计划生育实施的早期，这一政策在很短时间内得以快速推行就在于现代化和新时期文化态势的双重作用。计划生育规定了某个标准的生育数量，这种标准是最大化利益决定的，但之后作为政治行为外界就无法再去质疑这个标准。除公共政策以外，计划生育也是现代治理的一种，瑶族地区的现代化才刚刚开始。

费孝通先生曾在 1930 年代做过金秀大瑶山花篮瑶的研究，花篮瑶相对于本研究中的平地瑶在生活方式上更为"落后"，他们采取的"计划生育政策"出于保存种族势力、维护人口数量与自然生态之间的平衡的目的，弃婴和杀婴成为一种生存策略。现有资料无法让我们去估计过去时间内，这一批花篮瑶是否受到人口过多的冲击，是否存在过多人口导致的在生计手段无法快速更新时种族未来的存亡问题。在隆岭坝的访谈中，这种传统的"计划生育"手段一直保存到 1960 年代的土改运动，在生态与生存之间的平衡因为野蛮和违法而被禁止。但新的组织形态并没能给出良好的替代方案，即便没有鼓励生育的政策，节育技术的缺乏，也必然导致人口资源矛盾，最后也会做出计划生育的策略选择。

对于文化变迁，人类学领域在考察工业社会和传统社会的接触带来的文化变迁时运用"涵化"作为概述。一般认为，涵化是指当两个人群持续性和直接性的接触产生的变化，其结果往往是其中一个或两个人群出现文化模式上的变迁（转引自康拉德·菲利普·科塔克，2012：595）。涵化的内涵往往被大范围地扩张，就本研究而言，隆岭坝作为传统瑶族社区，与现代政策计划生育之间产生了接触，这种接触一定程度上引发了文化变迁，并且变迁的结果是隆岭坝几十年的剧烈变化。政府推行标准化，隆岭坝村民信奉乡土精神，如何平衡传统文化、现代乡村治理和发展目标之间的关系，需要更多的政治智慧，更需要挖掘"主位"因素。

政策在民族识别中进行了瑶族民族特质的认定，这种基本出发点决定了瑶族计划生育政策与其他地区存在不同。计划生育的实施过程本身与地方政府的行政是结合在一起的，所以计划生育的严厉程度更多地与地方政府的创收和政绩因素相关。国家设计的民族自治的体制，是为了维护瑶族人的民族特质，但实际上自治区在执行中央命令的过程中，反而容易丢失这种民族特质。治理模式和计划生育共同施加给地方政府很大压力，地方政府很容易在基层执行的过程中，忘记了保护民族性是组建政策的原因。如前文曾述说的一样，自治的手段也在执行过程中一定程度上影响民族特质。

计划生育在隆岭坝村的实施是具有特殊性的，政策条文中有很多特殊性的表达和条件，但这些都无法很好地回答民族特质从何而来，在政策执行过程中，更加无法寻找到特殊性的影子。在一个瑶族聚居区，一个与汉族社区极其接近的平地瑶村落，隆岭坝瑶族更像是混淆在汉族社群内部的其他类别的"汉族"，祖先崇拜，祭祀亡灵，日常生计，无不与笔者耳濡目染下的汉族社区类似。现代治理不能控制隆岭坝人口的合理流动，也不能很好地引导村落传统文化的复兴，在中国做社会主义道路尝试的过程中，任何的社会行动都是一种试验，计划生育也不例外。在第一次预调查时，直接谈起计划生育，村民和村干部给出了不一样的态度，村民对此毫不在意，经历过最早期的计划生育的中年人微微一笑，略过政策留下的社会记忆；村干部则讳莫如深，只是表示隆岭坝很多年没有过超生的现象了，好似其中蕴藏着很多秘密。但当历史材料清晰地摆放在面前，计划生育如同盘王节时的一台大戏，人山人海期盼演出，结束之后毫无评述。

当调查者正式进入隆岭坝的时候，不自觉地与调查者所在的传统汉族社区做了细致的比较：文化景观上存在因地域因素和历史条件造成的不同，而在文化上隆岭坝受到了汉族的极大影响，如前文所述，隆岭坝的很多"文化"因素，与汉族社区极为类似。

笔者想到了很多汉族社区的研究，汉族作为"他者"出现，成为试验器皿中的单核细胞，如若西方学者看到了另一种"西方文化"，那这个"他者"是否还存在？瑶族，无论是平地瑶族还是高山瑶族，既然在民族识别的过程中被定义为具有独特性，就应当具备民族特质。在研究中隆岭坝村民成为"他者的他者"，利用我们学到的西方体系去解释东方体系，这在学理上本身就是一种变迁，是一种中国化，也是对于特质的追逐。

本研究与以往相关研究有所不同。首先是研究视角上，传统意义上的计划生育研究，多从政策出发然后回归于政策，本研究除了对政策进行了梳理，还在政策整理的基础上，从方法论角度对于政策研究做了补充，即从一个微观社区政策上的变化去理解政策变迁。本研究尝试解释和回答计划生育政策在执行上出现的问题，以便更好地理解现代中国农村地区的变迁。其次是研究内容上，为实现多民族国家的团结统一与共同进步，少数民族研究特别是对民族地区经济和文化的研究必不可少。本研究从一个瑶族村落出发，最后回归到村落的现实形态，对于国家政策的制定和在瑶族地区推行现代化发展有着一定的启示和意义。

然而本研究也存在深刻性不足的遗憾。未来的研究要认识到瑶族传统文化不仅需要从历史的角度做解析，也需要对隆岭坝世系关系和社会网络做梳理，这些在本研究访谈中虽有涉及但并不深入。此外如果调研时间足够长，我们也期待对隆岭坝这样一个民族文化十分丰富的村落做更长时段的社会变迁回顾。本研究最终呈现的并不是一个现代政策与传统文化之间互动的宏大命题，而仅仅是微观视角下的对于现实问题的回答，并做出较为简单的历史描写。瑶族以及少数民族计划生育方面的研究需要更多学者的参与，期待更多研究者关注瑶族村落以及少数民族传统社区的变迁。

参考文献

艾尼瓦尔·聂吉木，2006，《新疆少数民族计划生育状况调查》，《南京人口管理干部学院学报》第 1 期。

编写组，2008，《L 县瑶族自治县概况》，民族出版社。

费孝通、王同惠，1988，《花篮瑶社会组织》，江苏人民出版社。

费孝通，1980，《关于我国民族的识别问题》，《中国社会科学》第 1 期。

贺东航、孙繁斌，2011，《公共政策执行的中国经验》，《中国社会科学》第 5 期。

康拉德·菲利普·科塔克，2012，《人类学：人类多样性的探索》，中国人民大学出版社。

鲁思·本尼迪克特，1990，《菊与刀》，吕万和等译，商务印书馆。

露丝·本尼迪克特，2009，《文化模式》，王炜译，社会科学文献出版社。

毛雪颖，2006，《我国少数民族人口与计划生育政策探讨》，《西北人口》第 3 期。

米莉，2014，《国家、传统与性别——现代化进程中花瑶民族的社会发展与制度变迁》，中国社会科学出版社。

渠敬东，2012，《项目制：一种新的国家治理体制》，《中国社会科学》第 5 期。

王金营、赵贝宁，2012，《论计划生育政策的完善和调整——基于公共政策视角》，《人口学刊》第 4 期。

王有星，1998，《少数民族计划生育政策初探》，《前沿》第 3 期。

文永辉，2010，《民族习惯、权威与法律——一个水族支书的乡村治理》，《原生态民族文化学刊》第 1 期。

徐建，2015，《西部少数民族地区乡村治理问题研究》，《贵州民族研究》第 3 期。

徐晓光，1995，《我国少数民族计划生育立法状况》，《中央民族大学学报》第 4 期。

徐勇，2002，《县政、乡派、村治：乡村治理的结构性转换》，《江苏社会科学》第 2 期。

杨书章，1993，《中国少数民族人口的增长与计划生育》，《人口与经济》第 3 期。

杨一星,1984,《少数民族的人口现状和计划生育》,《人口研究》第4期。

张立、张晖,2000,《浅谈少数民族自觉实行计划生育》,《民族论坛》第2期。

钟年,2000,《社会记忆与族群认同——从〈评皇券牒〉看瑶族的族群意识》,《广西民族学院学报》(哲学社会科学版)第4期。

周飞舟、王绍琛,2015,《农民上楼与资本下乡:城镇化的社会学研究》,《中国社会科学》第1期。

（中国银行无锡分行　李　庆）

第九章　主要研究结论及展望

近年来，我们研究团队在教育部的支持下开展了"少数民族地区生育水平与个体生育意愿"研究。研究团队选取了藏族、维吾尔族、瑶族三个少数民族为代表，研究少数民族妇女当前的生育意愿，从人口政策、经济发展、宗教和民族文化、家庭和个人决策、婚姻制度等多角度深入分析了生育意愿形成的原因，同时结合历次人口普查数据、局部数据以及少数民族人口政策，对少数民族人口的生育水平加以分析。本研究有助于了解少数民族人口规模的变化趋势，发现生育在人口变动中的角色。在我国已经处于低生育水平、国家已经放开二孩政策的当下，对少数民族人口生育意愿的研究将有助于探讨少数民族人口自然变动的特点，反思生育水平与国家人口政策的关系，预测汉族乃至整个国家人口的生育水平。

本章主要从内容和方法两方面对全书进行总结。内容上，本章从梳理各篇文章的主要结论入手，指出每篇文章独特的研究视角，并从整体的角度对不同民族生育意愿的各种研究进行对比。方法上，本章将总结全书研究方法的特点，也就是人口人类学研究方法。全书各章的研究方法主要倚重人类学的调查方法研究人口问题，以实地调研为基础，通过参与观察和访谈等方式收集资料，并用描述性展示和逻辑分析方法解释所获资料。人口人类学方兴未艾，本书作为人口人类学研究视角与方法的一次尝试，有必要对这一方法进行总结和反思。

一　少数民族的生育意愿

少数民族人口是我国人口的重要组成部分。1980年代以来，少数民族人口增长速度不断加快，占总人口的比重不断提高，年均增长率高于汉族的水平。2010年"六普"显示，我国共有少数民族人口1.14亿人，占总人口的8.49%。随着城镇化的发展，少数民族人口的分布越来越广。与少数民族人口总量和分布正向发展的趋势不同，1980年代之后少数民族的生育水平相比较其之前的水平大幅度降低。1992年少数民族生育水平还能维持在更替水平之上，但2000年之后总和生育率远离更替水平，而且相差的距离越来越大。

由于少数民族独特的人口特征，出于各民族共同发展的目标，我国在执行计划生育政策时，对少数民族采取了"特殊化"的方式。第一章和第八章对少数民族宏观人口政策以及西藏、新疆和广西少数民族地域人口政策均有详细的梳理。整体来讲，1980年代初期，以独生子女政策为核心的计划生育政策成为我国的基本国策。1982年，宪法规定"夫妻双方有实行计划生育的义务"，计划生育政策在全国普遍实施，少数民族也提倡计划生育，但在数量要求上有所放宽。1984年国家计划生育委员会在《关于计划生育工作情况的汇报》中提出，"人口在1000万以下的少数民族，允许一对夫妇生育二胎，个别的可以生育三胎，不准生四胎"。其他章节在分析生育意愿影响因素时也多结合当地特殊的少数民族人口政策进行解释。研究结果均说明，在我国汉族严格执行独生子女政策时代，少数民族地区普遍施行着"二孩半"政策。

与生育研究相关的生育意愿研究主题，全书主要涉及藏族、维吾尔族和瑶族三个少数民族。选择这三个民族进行研究的理由在"编者序"中有所提及，主要考虑到几个少数民族在地域分布上的特点、民族人口比例的特征以及地区文化的独特性。

（一）藏族的生育研究

本书对藏族的生育研究主要集中在生育意愿方面，共有三篇文章，分别是对西藏农牧区的育龄妇女、西藏拉萨市育龄妇女以及北京市部分藏族年轻人群进行的研究。

熊瑜好于 2002～2003 年，对西藏自治区中部拉萨河流域一个传统农业村落（德庆村）的藏族群众进行了调研。她的研究发现，已婚育龄妇女的生育数量已经逐渐由上一代的 5～6 个降低到现在的 2～3 个，2 个孩子是受访妇女理想的生育数。当地的计划生育政策可以概括为"最多只许生 3 个，鼓励生 2 个，禁止生 4 个或 4 个以上"。但由于村民自觉自愿地限制了生育数量，1998 年开始当地政府已不再宣传计划生育政策。该村妇女对初育时间以及胎次间隔的人为安排尚无概念，初婚年龄和初育年龄间隔较短，一般相隔在 2 年之内；但是她们开始通过计划生育的下乡服务有意识地终止生育，她们的生育行为已具备"半计划"的特点。经济因素是影响该地区妇女生育决策的首要因素，主要包括对家庭经济状况、孩子的抚养成本以及控制生育成本的考量。其次是藏传佛教与文化习俗的影响，主要体现在对性别无偏好上有着积极作用，佛教讲求众生平等，而藏传佛教本身也不强调性别。从计划生育政策来看，农牧区家庭对计划生育政策的了解远不如城区家庭。由于政策本身对藏族女性生育的约束力小，基层政策执行也较为宽松，计划生育对所调研地区村民生育数量的决策影响甚微。受访地区计划生育服务工作开展情况良好，能够满足当地妇女的避孕需求，对当地藏族妇女减少生育数量有着促进作用。她的研究显示了没有计划生育政策压力下的藏族妇女的生育意愿和生育行为。

周云于 2013 年秋季在西藏拉萨市收集了有关个体生育意愿的个人访谈资料。其研究发现，近一半的被访者只想生育一个孩子，另有不到一半的人想生两个孩子。人们对子女的性别没有太多的偏好。对于不想多生孩子的原因，被访者提到最多的是经济因素，例如"养不起""上学贵"。第二位因素是"累、麻烦、精力不够或没有时间"。也有受访者提到不想再生的原因是身体状况。很少有受访者提及国家人口政策是不多生的原因。接下来，她从婚姻形式和妇女在婚状态、宗教信仰、人口政策三个方面，考察了宏观因素对藏族妇女生育意愿的影响。研究发现，佛教信仰与生育子女数之间多有一种负相关关系。西藏妇女不婚比例相比其他地区要高，不婚人群中不育比例也高。西藏地区特殊的一妻多夫或多夫多妻的婚姻形式，对人们的生育意愿和行为会有间接的影响。由于藏族的计划生育政策执行得宽松，现实生活中较少发生超生罚款的现象，因而西藏藏族的生育水平更遵从自然生育模式，更少受到政府政策的影响。她的研究很好地展示了宏观数据与微观定性研究的结合。

叶薇于 2013~2014 年对北京的 20 位未婚藏族女大学生进行了访谈。研究发现，在京藏族女大学生的生育意愿现状如下：在意愿生育数量上，年青一代藏族大学生已较其母辈实际生育数量（3~4 个）少，85%的受访者意愿生育 2 个孩子。在访谈过程中她们讲述意愿子女性别时，提到最多的词语是"平衡"，没有对于男女性别的特别偏好，而更追求孩子性别的平衡状态（即有男有女）。生育动机已从"种续型"目的向"发展型"目的转变，生孩子主要是为了获得心理慰藉。意愿初育年龄与意愿生育间隔直接相关，受访者既不愿意在上学期间生孩子（即初育年龄不能低于 26 岁），又不希望当"高龄产妇"（在她们看来，超过 30 岁生孩子就属于"高龄产妇"），因而她们希望在毕业后的 3~4 年集中生育 1~2 个孩子。藏族女大学生的在京就学经历造成了其所代表的藏文化与现代都市文化的碰撞、交织和融合。叶薇的文章综合考察了计划生育政策、家庭模式及藏文化传统等社会、文化和家庭因素对于个体生育意愿的影响，探讨藏族女大学生关于学习、工作、婚育之间的权衡过程，为北京地区大学生群体及少数民族地区育龄女性的生育意愿研究提供了可比较的数据和详细的个案材料。

　　上述三篇文章的调研地点横跨农村和城市，分别考察了传统农业村落人口、城市常住人口及在京藏族女大学生的生育意愿，对了解当代藏族人口的生育意愿具有一定的代表性。不同藏族人群的生育意愿呈现一致性特征。受访者的生育意愿比上一辈的明显减少，普遍希望生育两个孩子，对孩子的性别没有明显偏好。经济因素和宗教信仰是影响人们形成这种生育意愿的主要因素。其中经济因素主要限制了生育数量，解释了"为什么不愿多生"的问题；宗教因素主要影响了生育性别观念，揭示了"无性别偏好"的文化根源。三篇文章中的受访者都极少提及计划生育政策对自身生育意愿的影响。上述研究显示，藏族人口目前已经接近一个人口自然变动、生育自然控制的人群，几位研究者则记录和展示了藏族群众对生育意愿现状的当下自我解释与说明。

（二）维吾尔族的生育研究

　　对维吾尔族的研究和藏族一样，也偏重于生育意愿方面。沈洁于2014年对新疆哈密地区近城维吾尔族育龄妇女进行了调研。受访者虽全部为农村户口，但居住在城市边缘、交通便利的城郊地区或城中村，有的拥有少部分土地，另一些家庭则因为拆迁而受到就业安置，家庭收入来源多样化。从城乡谱系来看，受访者处于从农村到城市的过渡地带，是正在城市化中的人口。受访者年龄集中在40岁左右，她们上一辈平均生育了6.13个孩子（最少3个，最多10个），她们一致认为2个孩子是最佳选择。实际上75%的受访者也只生育了2个孩子，另外25%由于离异、身体原因等只生育了1个孩子。她们最理想的子女性别结构是一儿一女，有一定的男孩偏好，但并不歧视女孩。她们的初育年龄均在21岁之后，理想的生育间隔在3年以上；生育最主要的目的是满足心理需求。受访者的意愿生育数量受到传统村庄生活的影响，但因为工作、居住地与城市的密切联系，她们更加倾向于学习、模仿城市维吾尔族以及汉族的生活习惯和思想观念，她们的生育意愿逐渐向城市人靠拢。

沈洁的研究中特别有趣的一点是，研究用受访者原汁原味的话语展现了谚语、宗教对维吾尔族女性生育观念的影响。在回答期望子女性别的时候，有受访者用"生男生女都是真主恩赐"解说自己认为"生男生女一样好"的观念，也有受访者以"《古兰经》里面都说了，生了儿子宰两个羊，生了女儿宰一个羊，虽然生男生女都一样好，但是生了男孩还是好一点""生女默默无语，生男叫好连连""马车走过的路不狭窄，儿子多的人不受欺"等来解释、表达自己的男孩偏好。在回答生育目的的时候，有受访者则引用"有孩子的家好比巴扎（闹市），无孩子的家好比麻扎（墓地）"、生与不生或生多生少都是"安拉前定"等予以说明。这些被引用的谚语或教义既阐述了她们的观念，又解释了她们的观念，不仅是受访者的观念，也是她们的行为准则。谚语和教义是浓缩的表达和意义体系。研究者仅仅通过这些还不足以推断出受访者的生育意愿，只有通过访谈、参与观察等定性研究的方法，获得了受访者使用这些话语的语境，并结合她们的家庭背景、工作、文化水平、生活境遇等多方面情况加以深入了解和解读，才能抽丝剥茧地阐述和解读受访者的生育观念。

（三）瑶族的生育研究

本书对瑶族生育的研究包括三篇文章。与前述三篇藏族生育意愿研究的文章不同（三位藏族生育研究者是在不同时间、不同地点、对不同藏族人口进行的调查研究），也与维吾尔族生育相关研究不同（尽管其研究时点均为一个时点，但研究问题相对单一），瑶族生育的三位研究者于2014~2015年对广西壮族自治区内相近且相似的瑶族村落进行了驻村深入研究，展示了同一时间、同一地点、对同一个群体进行生育相关问题研究的不同视角。

秦婷婷的研究表明，从理想子女数来看，瑶族绝大多数人口的理想子女数为两个，想生三个孩子的比例略高于只想生一个孩子的比例，实际生育四个及以上孩子的情况极少。受访者越年轻，越倾向于生育一个子女，但她们也常受到家人（尤其是婆婆）的影响而生二胎。收养也是当地可以接受的养育状况，收养的孩子享受与亲生孩子同样的待遇。从理想子女性别来看，瑶族人口对生男生女没有明显偏好，但部分受访者表示老人更偏好男孩。不过由于女孩在当地习俗中也可以继承香火，即具有传统中男子养老和祭祀的社会功能，因而老人对生女孩也看得开；部分受访的女性因为女孩更乖巧、好养育而更加喜欢女孩。从生育间隔来看，瑶族人口的平均生育间隔约为 4.72 年，生育间隔的个体差异较大。计划生育政策改变了瑶族女性多育的传统，但对当前受访者生育数量的影响是潜在的、不明显的，受访瑶族农村人口已经从政策性少生转向了自愿性少生，经济理性而非政策限制是瑶族育龄女性少生的首要原因。

郑观蕾的研究从生育意愿扩展到生育文化，用以解释生育这一自然现象背后的文化要素。她以人类学者的敏锐观察，系统地梳理了平地瑶的生育文化，包括婚姻制度、家庭模式、求子习俗、孕产习俗、抚育习俗等。她的研究展示了习俗和传统观念对于受访者生育意愿的影响，以及瑶族传统中控制生育的手段。平地瑶盛行"祖先崇拜"和"香火"观念，她们认为生育是延续后代的根本；同时她们也具有鬼神观念，相信生育能使人死后得到祭祀而避免成为孤魂野鬼，因此当地人十分重视生育。如果妇女婚后久不怀孕，人们则通过祭拜创世神盘王或送子娘娘的方式来求子，也有人借助现代医学手段。她的研究也体现了瑶族传统生育观念的转变。

李庆的研究从微观视角梳理了计划生育政策在村落层面的执行历史，并将计划生育史放入更大的村庄变迁的维度下进行考察。受访村的计划生育是全国计划生育推广过程中的产物，经历了计划生育政策从无到有、从宽到严再到宽的过程。计划生育政策的落实不仅在大的方面受到国家宏观政策、省级相关政策的影响，小的方面如村庄经济发展水平、村庄领导人的风格等多种要素也都会对计生政策落实产生影响，政策执行的差异化可见一斑。计划生育政策在基层实践中与传统力量不断地互动，这一过程与村落治理和社会变迁密切相关。少数民族地区计划生育的推行与控制在时间上晚于汉族地区，在严格程度也低于汉族地区。少数民族计划生育政策在执行的过程中存在重生育控制轻生育服务的问题，从受访村的计划生育变迁史来看，计划生育的服务项目一直不足，科学的避孕方式一直没有推广，生殖保健也没有跟进。他的研究使微观生育史与村落变迁史互相关照，不仅解释了计划生育政策在执行上出现的问题，也有助于通过计划生育政策的变迁来理解少数民族地区的社会变迁。

（四）少数民族生育意愿的特点

本研究从生育数量、期望孩子性别、生育间隔、生育目的等几个维度来研究受访民众的生育意愿，并从文化和社会变迁的角度解释生育意愿的成因。受访少数民族都曾具有多生多育的传统，除了家庭劳动力的考虑以外，宗教因素的影响不容小视。例如，藏族受佛教教义的影响戒杀生，维吾尔族受伊斯兰教的影响相信生多生少是安拉前定，禁止以任何手段流产四个月以上胎儿。此外，一些少数民族地区由于缺乏必要的避孕手段和技术也助长了多生多育的传统。但1980年代之后少数民族的生育水平大幅度降低。目前，受访的藏族、维吾尔族、瑶族育龄妇女大多数希望生2个孩子，也有少部分只想要1个孩子，少有期望生3个及以上孩子的。意愿生育子女数的陡降，会受到计划生育政策的一些影响（例如，最多可生2~3个子女），但少数民族从政策性少生转变为自愿性少生，最根本的原因还是经济因素的影响。这既包括养育孩子成本的提高，如花销大、孩子生多了养不起，也包括生养孩子带来的时间成本，例如生产休假、照料、陪读等减少了获得劳动报酬的时间。一些受访者也通过与城市汉族、城市少数民族的比较，直观地感受到应该少生孩子，减轻生活负担。计划生育服务的推广和现代医疗技术的便捷也使得少数民族妇女提高了控制生育的能力。

从期望子女性别来看，受访藏族主要由于佛教众生平等的教义而对孩子性别没有偏好；受访瑶族由于入赘制度和女儿也能传宗接代的传统而没有明显的男孩偏好，一些受访者出于个人原因还表达了女孩偏好；受访维吾尔族期望子女的性别是有男有女，有一定的男孩偏好，但受宗教的影响禁止歧视女孩。有趣的是，这些民族在回答性别偏好的问题时，都将自身观念与汉族进行对比，并一致认为汉族具有明显的男孩偏好（他们常举汉族杀女婴的例子），而自己民族即使有些微性别偏好也不像汉族那么明显。受访者的生育间隔十分多样，从一年到十几年不等。从生育目的来看，受访者常对"为什么生孩子"持有天经地义、不需回答的态度，细究起来则主要包括家庭延续、获得欢乐和心灵慰藉、养老、祭祀等多种原因。

受访者的生育意愿是多种因素共同作用的结果。除前文已经分析的人口政策、经济发展、宗教和民族文化等方面外，一些少数民族独特的婚姻制度也影响了生育意愿，例如藏族占人口一定比例的不婚不育人口、瑶族的入赘习俗等。在这些因素之外，还应该注意到少数民族内部个体生育意愿的多样化，这些家庭和个人的生育决策中不能被宏观因素所解释的部分，体现了生育的个体自主性。

二　人口人类学方法的反思

人口人类学是人口学（demography）和人类学（anthropology）的交叉学科。有学者将人口人类学定义为"综合了人口学的总体归纳与量化方法与人类学的微观考察与定性分析方法，并由此进行相互比较与验证的新的理论分析范式"（吕昭河、晏月平，2010）。本文接受这种定义，并认为可将人口人类学简要地表述为，主要依靠人类学的研究方法来研究人口问题，即在以自然科学方法建构的、排斥文化因素的传统人口学方法中引入定性研究和文化解释的方法探究人口问题的学科。人口人类学这一交叉学科对人口问题研究的价值也体现在可加深我们对不同族群的认识，深入了解人口与社会文化的关系，促进人类学对定量研究的认识与采用，同时促进人口学更加多元地发展（陈长平，2013：1~3）。

　　人类学家对人口问题的研究由来已久，人类学家人口研究的特点是定量分析相对较少，定性分析、描述性的研究比较多，研究对象有一定的特殊性（周云，1995）。但他们对人口研究的深度和问题解释力度不容忽视。以往人口人类学的研究让我们意识到不同的民族和文化都有一套符合自己群体和社会发展的人口控制或调节机制，包括文化习俗和社会组织形式，这些机制与目前的计划生育政策和手段相似，能够保证地区或群体人口合理并平稳地发展下去。大型问卷调查和定量研究分析方法通常无法捕捉到这些机制的作用，因为它们通常是无法量化分类和量化分析的。这就提醒我们应该注重质性研究方法在人口问题研究中的分量和位置，人类学的田野调查方法就属于质性研究方法范畴。

　　质性研究方法，或者定性研究方法，早在 19 世纪就在人类学研究中得以兴起。它与定量研究方法一样是认识和解释社会问题的重要的、相互不可替代且具有互补作用的一种科学研究方法（周云，2007）。周云在其 2007 年的文章中对定量和质性研究方法在样本量的规定、数据收集过程、研究人员的参与度以及调查结果展示方面的不同做了简明扼要的说明，指出无论采用哪种方法，研究的目的都是要最大限度地发现和解释事实。属于定性研究的人类学田野调查拥有如下的一些特点：调查周期长、涉及的被调人员相对少、调研问题的开放式结构、调查语言和问题的本土化、研究人员本身参与到资料的收集过程中并与被访者有较多交往等。正是这些特点，促使人口人类学的研究能够解释更为细致和"为什么"的人口问题。

本书对生育意愿的研究采取的正是人口人类学的定性研究方法。研究团队深入调研地点，主要通过访谈、参与观察等方式获得第一手研究资料。在对定性资料的分析中，除了概括生育意愿的现状外，更加关注个体的生育决策过程，考察各种社会文化因素对于个体生育意愿的作用机制和影响方式。人口人类学与传统的人口学对社会现象采取了不同的分析路径：相比于传统人口学着眼于对群体的均值和差异的关注，人口人类学更加注重个体和个案研究，通过对个人、家庭或村庄等微观研究单位多角度、多层次的探讨来发现个案背后的普遍规律。相比于传统人口学对数据的描述，并主要通过数据模型所展示的相关关系对数据进行解释，即从数据内部来解读数据，人口人类学则在数据之外解读数据，注重从文化的角度对人口现象进行解释。

对人口现象的解释是人口人类学的核心。以本书的生育意愿研究为例，人口人类学并不止步于概括某一群体的生育意愿是什么，更重要的是对生育意愿进行理解和阐释。本书各章的研究结果显示，一些群体虽然具有同样的或相似的生育意愿，但其背后的原因是复杂多样的，可能包含宗教的、传统文化的、政策的、家庭的等诸多原因。如果没有人类学个案研究的微观视角，有关生育问题的丰富多彩的现实及其背后的机理是很难被定量研究捕捉到的。从研究者对被研究对象的观察方式来看，定量研究更像是一种以研究者为核心的、高高在上的观看，主张研究者应该首先建立假设，而后通过收集被研究者的资料来证明或证伪这一假设；定性研究更倾向于一种以被研究者为核心的、自下而上的观看，主张研究者应该"悬置"自己的价值观，努力进入被研究者的世界。生育作为一种文化现象，在生育动机、生育观念、对孩子的期望等涉及意义和价值观念的问题上，定量研究方法最大的局限在于无法量化。其原因可能是问卷中问题的选项无法做到完备与互斥并存，也可能在于话语无法脱离语境和文化情境存在，同一种表述可能具有多面的、复杂的含义。传统人口研究中无法量化的部分正是人口人类学可以发挥作用的地方。

此外，人口人类学所分析的资料应该具有包容性和多样性。相比于定量研究，人口人类学主要借助于定性的方法研究人口问题，但并非完全抛弃定量研究的视角。官方的人口统计资料、各类机构的问卷调查数据及其他既有的定量研究等，为人口人类学的研究提供了历史背景、总体趋势判断等宏观信息。例如，本书各章作者在进入访谈之前，会先查找历次人口普查基础数据，收集受访者所在自治区实施的计划生育政策条例，所在村委会、社区计划生育服务手册等，通过总结人口发展基本趋势和人口政策的主要内容，形成对受访民族生育状况的初步认识，从而有助于访谈的推进。然而，由于研究成本较高，人口人类学个案研究的数量远不及传统的人口学研究对人群数量上的把握。传统的人口学常常以数据代表性来批评人类学的个案研究，认为大规模问卷调查比个案研究代表性高。事实上，由于抽样和问卷调查具体实施过程的复杂性，统计数据的代表性往往成为一个理论预设。如果再加上文化多样性的视角，大规模统计数字的代表性还需要人类学的帮忙，即需要通过人类学的深入调查来获得对人口现象的社会文化的解释，以支持和印证统计数据（王丹宇，2011）。要求个案研究在数量上对人口现象进行把握常有失偏颇，也是不合理的。这种量化思维阻碍我们深入认识人口问题。应当看到，很多个案研究已在利用日渐增多且宏观解释力度强的定量研究结果，思考自己研究群体的思维和行为的合理性并予以解释。

人口人类学具有广阔的应用前景。随着我国经济发展和全面二孩政策的放开，越来越多民众的意愿生育数量符合政策要求，人口研究的重点将逐渐从人口数量偏向人口质量，对人口问题的研究也将朝着更为精细化的方向发展。我国人口管理的模式也将从"独生子女"时代的行政命令、经济惩罚逐渐转变为更具有引导性和人文关怀的手段。注重现象解释和受访者视角的人口人类学恰好符合这一现实需要。我们期待人口人类学能够更好地利用其人口问题研究角度及方法的优势，同时保持开放的研究胸怀，理解并吸纳定量研究中的精华为己所用，特别是定量研究所得出的宏观性、趋势性和相关性类的基本结论。人口人类学应以人类学的定性研究之长，补传统人口学定量研究之短。期待人口人类学在研究、揭示和解释人口现象方面发挥优势，使人口研究成为一个更注重文化、更具人文关怀、对人类生活的本质更具穿透力的领域。

参考文献

陈长平，2013，《人类学的人口研究》，载陈长平主编《村寨人口与文化——中国人类人口学的田野实践与探索》，中央民族大学出版社。

吕昭河、晏月平，2010，《人口人类学若干理论问题——基于与民族人口学的比较分析》，《北方民族大学学报》（哲学社会科学版）第 4 期。

王丹宇，2001，《关于人类学的人口研究——与 Kertzer 教授一席谈》，《中国人口科学》第 1 期。

周云，1995，《人类学对人口研究的启示》，《人口研究》第 3 期。

周云，2007，《质的研究方法对人口学研究的贡献》，《人口与经济》第 2 期。

（中国发展研究基金会　秦婷婷）

图书在版编目（CIP）数据

少数民族生育意愿新观察 / 周云，秦婷婷主编. --
北京：社会科学文献出版社，2018.1
ISBN 978-7-5201-1753-1

Ⅰ.①少… Ⅱ.①周… ②秦… Ⅲ.①少数民族-生
育-社会问题-研究-中国 Ⅳ.①C923

中国版本图书馆 CIP 数据核字（2017）第 273323 号

少数民族生育意愿新观察

主　　编 / 周　云　秦婷婷

出 版 人 / 谢寿光
项目统筹 / 佟英磊
责任编辑 / 佟英磊　崔晓璇

出　　版 / 社会科学文献出版社·社会学出版中心（010）59367159
　　　　　地址：北京市北三环中路甲 29 号院华龙大厦　邮编：100029
　　　　　网址：www.ssap.com.cn
发　　行 / 市场营销中心（010）59367081　59367018
印　　装 / 三河市尚艺印装有限公司

规　　格 / 开　本：787mm×1092mm　1/16
　　　　　印　张：17.5　字　数：235 千字
版　　次 / 2018 年 1 月第 1 版　2018 年 1 月第 1 次印刷
书　　号 / ISBN 978-7-5201-1753-1
定　　价 / 79.00 元